미학 비엔날레 총서 1

미학이 필요한 순간:
문학과 미술의 동시대적 모색

미학 비엔날레 총서 1

미학이 필요한 순간:
문학과 미술의 동시대적 모색

2025년 11월 15일 초판 인쇄
2025년 11월 20일 초판 발행

지은이 | 박기순, 이동신, 문혜진, 노태훈, 안소현
교정교열 | 정난진
펴낸이 | 이찬규
펴낸곳 | 북코리아
등록번호 | 제03-01240호
주소 | 13209 경기도 성남시 중원구 사기막골로45번길 14
       우림2차 A동 1007호
전화 | 02-704-7840
팩스 | 02-704-7848
이메일 | ibookorea@naver.com
홈페이지 | www.북코리아.kr
ISBN | 979-11-94299-62-2 (93100)

값 20,000원

미학 비엔날레 총서 1

미학이 필요한 순간

문학과 미술의 동시대적 모색

박기순
이동신
문혜진
노태훈
안소현
지음

북코리아

발간사

이해완(서울대학교 미학과)

안녕하십니까? 한국미학회의 전임 회장, 서울대학교 미학과의 이해완입니다. 지난해 저희 학회가 기획하여 치른 '제1회 미학 비엔날레'의 결과를 묶어 『미학이 필요한 순간: 문학과 미술의 동시대적 모색』으로 발간하게 된 것을 축하하며 기쁘게 생각합니다.

2024년 6월 29일 서울대학교에서 열린 이 행사는 한국미학회가 새롭게 시도하는 학술대회 시리즈의 첫 번째 행사였습니다. 한국미학회는 머지않아 창립 60년을 맞게 될 적지 않은 연륜을 가진 학회입니다. 그동안 회원들의 적극적인 참여로 창립 이래 매년 봄과 가을에 내실 있는 학술대회를 조직해 연구자들 간에 교류의 장을 마련해왔습니다. 학회와 같은 나이를 먹어가는 학술지 『미학』은 현재 연 4회 발간되며, 미학계의 대표 학술지의 위상을 유지하고 있습니다. 철학적 미학을 표방하는 순수 인문학 학회로서 이 정도만으로도 그 소임을 충분히 잘하고 있다고 자평해도 될 듯하지만, 그래도 우리가 가진 역량을 끌어올려 조금 더 까치발을 해보자는 마음에 2년에 한 번씩 '미학 비엔날레'라는 이름의 별도의 학술대회를 개최하기로 했습니다. 한편으로는 미학이라는 학문 영역에 연구할 문제들을 제공하는 예술 현장과 실천에 조금 더 접근하고, 다른 한편으로는 철학적 미학을 연구하는 학자들 외에도 비슷한 주제를 다른 방식으로 공부하는 다양한 목소리와 소통하여 서로 자극받고 영감받자는 취지에서 기획된 것입니다.

이번 행사는 한 해 전부터 준비되었습니다. 이를 위해 학회의 특임 학술이사직을 신설했고, 조주연 교수께 이 의미 있는 행사의 출발을 관장해주십사 부탁드렸습니다. 맡아주신다고 할 때부터 예견된 일이었지만, 실로 조주연 교수의 노고가 없었다면 대회는 가능하지 않았을 것입니다. 기획과 섭외부터 포스터 디자인과 당일 진행에 이르기까지, 알파와 오메가 모두를 추진력과 섬세함으로 진두지휘해주신 조주연 교수께 큰 감사를 드립니다. 발표자로 참여해주시고 이 책을 위해 다시 정돈된 옥고를 보내주신 박기순, 이동신, 문혜진, 노태훈, 안소현 다섯 분께도 감사 인사를 드립니다. 시의적인 주제와 면밀한 준비, 내공 있는 발표자들의 면면, 그리고 홍보에 힘써주신 전예완 학회 이사의 지혜와 감각 덕분에 당일 200석 규모의 행사장이 거의 다 채워지는 것을 보게 되어 뿌듯했습니다. 진행과 함께 매끄러운 토론 사회를 맡아주셨던 김남시 교수, 학회 실무의 오랜 기둥인 권정현 조교, 대학원생 이아름의 긴요했던 수고에도 감사드립니다.

비록 2년에 한 번이지만 학술대회를 기획하고 책을 발간하는 일은 학회의 재정에 부담을 주는 일이 분명합니다. 이 문제 역시 조주연 교수가 돌파구를 마련해주셨는데, 한국미학회의 의지와 새로운 학술대회의 취지를 널리 홍보하신 결과 서울대학교 미학과 동문인 하이브 방시혁 의장이 이에 공감해주셨습니다. 방 의장은 개인 자격으로 대회에 필요한 비용을 후원해주었고, 이번 대회뿐 아니라 총 다섯 번의 행사를 지속적으로 지원해주기로 약속했습니다. 그 넉넉한 기부 덕분에 미학 비엔날레의 취지를 살리고 총서 발간의 지속성을 확보할 수 있게 되었습니다. 방시혁 후원자에게 이 지면을 빌려 다시 한번 큰 감사를 드립니다.

　　감성의 학으로 출발한 미학이 예술뿐 아니라 현재와 미래에 걸친 인간의 삶을 이해하는 데도 최일선에 서서 역할을 할 것이라는 점은 그저 희망사항 이상의 진지한 가능성이라고 생각합니다. 반성적이고 비판적이고 대안이 될 수 있는 첨예한 사유들이 시도되고 시험받는 곳이라는 점으로부터 미학의 매력, 난해함, 때로는 불손함과 위험함도 유래하는 듯합니다. 다양한 방향에서 서로 다른 목소리의 미학 연구가 지속되길, 그리고 앞으로도 계속해서 그 목소리들이 학회에서 모이고 검증되고 격려받을 수 있기를 소망합니다. 이 책과 향후 발간될 미학 비엔날레 총서들 역시 그러한 소망이 실현되는 하나의 기회가 되리라 믿습니다.

제1회
미학 비엔날레
기획 취지

조주연(서울대학교 미학과)

　　제1회 미학 비엔날레는 2024년 6월 29일에 개최되었지만, 한국 미학회의 역사에서 새롭게 추진된 미학 비엔날레의 기획에 대한 고민은 한 해 전인 2023년 겨울부터 시작되었습니다. 한국미학회 회장 및 임원진의 위임과 재가를 받아 기획한 제1회 미학 비엔날레는 두 가지 중요한 목표를 설정했습니다. 미학의 접근성 제고와 저변 확대입니다. 이 두 목표는 미학이 전문 학술 분야로서 그동안 쌓아온 학문적 성과를 널리 알리자는 미학 비엔날레의 근본 취지에서 서로 연결되며, 봄과 가을에 개최되는 정규 학회와 달리 미학 전문 연구자만이 아니라 일반 청중도 참여하는 행사, 그리고 미학이 인접 학문 분야와 교류하는 행사의 기획으로 이어졌습니다. 이를 위해 2024년도 제1회 미학 비엔날레에서는 미학과 문학 그리고 미술 분야의 연구자들을 초청하여 우리가 살아가는 오늘날의 시대적 특성, 즉 동시대성에 대한 이론적 성찰과 예술적 탐색을 조망해보았습니다. 초청에 응해주신 다섯 분의 발표자 선생님들 그리고 열띤 관심과 질의로 참여해주신 모든 청중께 깊이 감사드립니다. 기획의 상세한 내용은 아래 이어지는 제1회 미학 비엔날레 개최 계획으로 갈음합니다.

예술에서 동시대의 시점을 1989년으로 보는 관점은 서구에서 이제 관례적 견해로 자리 잡았고,[1] 이와 더불어 동시대 예술의 독보성을 제시하는 담론들이 성행해왔다. 어느덧 30여 년, 즉 한 세대의 시간이 흐르는 동안 동시대 예술에는 제시된 담론의 수만큼이나 많은 용어와 개념이 제안되었다. 일부만 순서대로 간추려보아도 Remodernism(2000), Performatism(2000/2008), Hypermodernism(2004), Automodernism(2007), Renewalism(2007), Altermodernism(2009), Digimodernism(2009), Metamodernism(2010) 등이 있다.[2] 그러나 저마다 나름의 관점에서 동시대 예술의 상황을 진단하고 특성을 규정하는 동시대 담론들은 근본적으로 현대와의 단절을 강조하는 입장, 그리고 단절과 연속을 동시에 고려하는 입장으로 대별된다. 두 입장은 상이하지만, 공유하는 것이 있다. 현대와의 '단절'인데, 여기서 단절의 대상으로 간주되는 '현대'란 구체적으로 포스트모더니즘을 가리킨다.

포스트모더니즘의 성취에 대해서는 잘 알려져 있다. 서구 중심적 자유주의 휴머니즘 타파가 그것이다. 그러나 포스트모더니즘은 성취에 못지않은 부작용도 초래했는데, 냉소주의, 반(예술적)예술주의, 현학적 담론성, 상대주의가 대표적이다.[3] 이런 부작용으로 인

1 Peter Osborne, *Anywhere or Not at All: Philosophy of Contemporary Art*, Verso. Alexander Dumbadze and Suzanne Hudson, eds. (2013), *Contemporary Art: 1989 to the Present*, Wiley-Blackwell, 2013 참고.

2 David Rudrum and Nicholas Atavris eds. (2015), *Supplanting the Postmodern: An Anthology of Writings on the Arts and Culture of the Early 21st Century*, Bloomsbury, 2부 참고.

3 Thomas Vaessens and Yra van Dijk eds. (2011), *Reconsidering the Postmodern: European Literature Beyond Relativism*, Amsterdam University Press, 서론 참고.

해 포스트모더니즘은 전후 아방가르드의 기세를 몰아 모더니즘을 쓰러뜨리는 데 성공한 지 얼마 지나지도 않아 속절없이 힘을 잃어 버리고 말았다.[4]

예술에서 동시대에 대한 담론은 당연히 포스트모더니즘의 이 같은 여파에 대한 비판과 반성이 출발점이다. 이러한 비판과 반성은 때로 포스트모더니즘을 벗어나 그 너머로 나아가기도 하고, 때로는 포스트모더니즘의 성취를 저버리지는 않은 채 부작용을 극복하려는 노력으로 이어지기도 한다. 혹자는 전자를 '포스트포스트모더니즘(Post-Postmodernism)'이라 하고 후자를 '후기포스트모더니즘(Late-Postmodernism)'이라고 이른다.[5] 어떤 이름을 취하든, 어떤 노선을 택하든 포스트모더니즘에 대한 비판적 반응에서 출발하는 동시대 예술 담론은 포스트모더니즘이 초래한 냉소주의와 상대주의의 파국에 대처하고자 하는데, 이는 2000년대에 등장한 서구 여러 나라의 문학에서 찾아볼 수 있다. 동시대 서구 문학은 포스트모더니즘이 자유주의 휴머니즘과 동일시하여 묵살한 문학의 가치, 가령 충직성(sincerity), 진정성(authenticity), 진실(truth) 등을 재고한다. 따라서 "휴머니즘을 향한 방향 전환은 많은 동시대 소설이 공유하는 특성 중 하나"이지만, 그것이 포스트모더니즘을 마치 없었던 일처럼 싹 무시하고 그 이전으로 돌아가자는 단순한 복귀를 뜻하는 것은 아니다. 오히려 이 같은 동시대적 노력은 포스트모더니즘의 문제들을 극복하거나 넘어서려는 시도다. 이런 관점에서 동시대 서

---

4 핼 포스터(1996), 『실재의 귀환』(이영욱 외 역, 경성대학교 출판부, 2010), 특히 7장 「포스트모더니즘에 무슨 일이 벌어졌는가?」 참고.

5 Thomas Vaessens and Yra van Dijk eds., 앞의 책 참고.

미학이 필요한 순간: 문학과 미술의 동시대적 모색

구 문학에서 두드러지는 여섯 가지 경향으로, 1) 아이러니의 (거부가 아니라) 문제시, 2) 현실로의 선회(픽션과 논픽션의 경계 흐리기), 3) 사회적·정치적 참여(앙가주망)의 증대('현실에 대한 허기'), 4) 관례적 형식들로의 복귀(서사에 대한 재평가), 5) 문학의 임무와 기능에 대한 성찰, 6) 청중과의 화해(대중적 매체를 통한 공적 지식인으로서의 저자, 새로운 '가독성', 자서전적 흐름 등)가 꼽히기도 한다.[6]

예술의 다양한 분야가 각자의 경계를 넘나들며 서로를 확장시키는 데 기여하는 것은 포스트모더니즘이 동시대 예술에 남긴 생산적 유산이다. 이 유산의 영향은 전방위적이지만, 문학과 미술 영역에서 특히 두드러진다. 미술이 순수주의를 고수했던 모더니즘의 짧은 시기를 제외하면, 문학과 미술은 각자의 기나긴 역사 속에서도 오랫동안 긴밀한 동반자 관계를 맺어왔고, 오늘날 또다시 맺고 있기 때문이다. 이는 문학과 미술에 대한 이론적 성찰 영역에서도 마찬가지인데, 서로 주고받은 긴밀한 영향에 비해 실제 논의의 장을 공유한 경험은 매우 적었다. 이에 2024년 제1회 미학 비엔날레는 예술의 많은 분야 가운데서 우선 문학과 미술 영역에 집중하고, 이를 통해 여러 예술 영역이 이론과 실제를 직접 교류하는 물꼬를 트고자 한다. 1부에서는 그동안 서구에서 진행된 문학과 미술의 동시대성에 대한 이론적 논의의 성취와 한계를 검토한다. 2부에서는 동시대(대략 최근 20여 년간) 한국의 문학과 미술 현황을 돌아보면서, 서구 같은 그리고/또는 다른 한국의 동시대적 특징을 가려볼 수 있는지 토론해본다.

6　같은 책 참고.

CONTENTS

발간사 _ 이해완   5

제1회 미학 비엔날레 기획 취지 _ 조주연   8

I
포스트모던 다음에는 무엇이 오는가?
박기순

1. 서론   17
2. 21세기 자본주의적 모더니티와 현대적 우울   21
3. 포스트모던의 윤리적 전회   27
4. 포스트모던을 통해 재사유된 모던: '무한'의 모더니티   33
5. 근대적 주체: 무한의 공포에서 벗어나기   44
6. 무한과 '자유와 평등'의 이념   49
7. 모더니티와 '보편의 정치'   55
8. 결론: 모더니티의 두 양상   64

미학이 필요한 순간: 문학과 미술의 동시대적 모색

II
먼지의 시대:
포스트모더니즘과 동시대 문학 이론
이동신

1. 들어가며: 포스트모더니즘 회고　　　　73
2. 책 먼지의 시대　　　　81
3. 비인간 먼지의 시대　　　　95
4. 나가며: 우주 먼지와 미래　　　　114

III
포스트모던, 알터모던, 메타모던:
포스트모던 이후 미술에서 동시대성 논의
문혜진

1. 들어가며　　　　121
2. 알터모던: 세계화 시대의 군도화된 모더니티　　　　126
3. 메타모던: 모던과 포스트모던 사이의 진동　　　　145
4. 나가며　　　　163

IV
현장에서 문학하기
노태훈

1. 문학을 한다는 것   179
2. 한국문학이라는 제도   184
3. 순문학이라는 장르   197
4. 독립이라는 대안   205

V
동시대 한국 미술의 동시대성:
독립미술공간의 분화와 자생을 중심으로
안소현

1. 동시대와 동시대   221
2. 동시대의 윤곽과 징후   225
3. 대안공간과 제도비판적 포스트모더니즘   232
4. 신생공간과 동시대적 생존주의   240
5. 글을 마무리하며: 전기밭의 고민   254

찾아보기   259

I

포스트
모던

다음에는
무엇이
오는가?

박기순
충북대학교 철학과

1
서론

포스트모던 다음에는 무엇이 오는가? 이 질문은 그 자체가 문제적이다. 그 이유는 우리 모두가 알고 있는 것처럼 1차적으로는 '포스트모더니즘'이라는 개념 자체가 문제적이기 때문이다. 가장 근본적으로는 그러한 것이 실체로서 존재했는지(혹은 여전히 존재하는지)도 명확하지 않을 뿐 아니라, 설령 있었다고 하더라도 그것이 무엇인지에 관해 연구자들 사이에서 의견이 분분하다. 누군가는 그것의 본질을 사회경제적 토대에서 찾고, 누군가는 예술적 양식으로 이해하기도 하며, 또 누군가는 특정한 철학적 입장(포스트구조주의)과 동일시하기도 한다. 그리고 누군가에게 포스트모더니즘은 잘못된 해석 혹은 담론에 불과하다. 포스트모더니즘이 갖는 이러한 개념적 모호성은 그것이 단절하고자 했던 모더니즘과의 관계, 더 정확히 말해 그것과의 구별을 불분명하고 혼란스럽고 논쟁적인 것으로 만들기도 한다. 실제로 동일한 것을 누군가는 모더니즘으로 이해하고, 또 누군가는 포스트모더니즘에 속하는 것으로 보는 일이 종종 일어난다. 이렇게 포스트모더니즘은 논의되는 영역이나 관점이 워낙 다양해서 일관되고 통일적인 정의를 찾기가 어렵다. 사정이 이렇기 때문에 대표적인 포스트모더니즘 이론가 가운데 한 사람이었던 이합 핫산이 말한 것처럼 포스트모던 '이후'에 관한 질문, 즉 '포스트모던 너머에 무엇이 있는가?'라는 질문에 답하는 것은 거의 불가능한 일이다.[1]

'포스트모던 다음에는 무엇이 오는가?'라는 질문이 갖는 또 다른 난점은 '다음에'라는 표현과 연관되어 있다. '포스트모던 다음에'라는 표현은 포스트모더니즘 시대가 끝나고 이제 새로운 시대가 열리고 있음을 함축한다. 그런데 정말로 끝났는가? 그렇게 생각한다면, 그 이유는 무엇인가? 이와 관련된 의문은 더 이어질 수 있다. 이때 '다음에'는 단절을 의미하는가, 아니면 연속성을 의미하는가? 좀 더 근본적으로 이 '다음에'에 관한 질문은 궁극적으로 선형적인 시간 개념에 갇힐 수밖에 없지 않은가?라는 의문도 제기될 수 있다.

그럼에도 우리는 왜 답하기도 어렵고, 더 나아가 오해를 불러일으킬 소지가 다분한 이 질문을 던지고 있는가? 사실 이 질문의 핵심은 포스트모더니즘에 있지 않다. 이 질문이 주목하는 것은 그 이후, 즉 현재, 동시대다. 요컨대, 우리는 이 질문을 통해 현재 무슨 일이 일어나고 있는지를 묻고 있다. 어제와 다르게 오늘은 어떤 새로운 일이 일어나고 있는가? 오늘은 어제와 어떤 차이가 있는가?

프랑스 철학자 미셸 푸코는 이 질문의 중요성을 무엇보다 강조한 바 있다. 그에게 '현재에 대한 진단'은 철학의 과제 그 자체였다.[2] 그런데 흥미롭게도 그는 이 현재에 대한 진단 혹은 관심을 모더니티 개념의 본질로 제시한다. 여기에서 '모던' 혹은 '모더니티'는 이중적으로 나타난

---

1 Cf. I. Hassan, "Beyond Postmodernism: Toward an Aesthetic of Truth," in *Supplanting the Postmodern. An Anthology of Writings on the Arts and Culture of the Early 21ˢᵗ Century*, ed. by D. Rudrum and N. Stavris, Bloomsbury, 2015, p. 15.

2 M. Foucault, *Dits et écrits*, t. I, p. 620.

미학이 필요한 순간: 문학과 미술의 동시대적 모색

다. 이것이 가장 잘 드러나는 곳은 그가 칸트의 「계몽이란 무엇인가에 대한 답변」에 대해 분석하고 있는 「계몽이란 무엇인가」라는 글에서다.[3]

칸트는 자신의 시대를 '계몽의 시대'로 이해했다. 물론 그 시대는 오늘날 우리가 '모던'이라는 이름으로 규정하고 있는 역사적 시대다. 이때 모더니티는 어떤 특성들로 규정되고, 바로 그것에 의해 다른 시대와 구별되는 시대를 지시한다. 따라서 이 모더니티는 그에 선행하는 '프리모더니티(prémodernité)'와 그 뒤를 이은 '포스트모더니티(postmodernité)'와의 선형적 관계 속에서 고려될 것이다. 그런데 푸코는 칸트의 텍스트에서 다른 의미의 모더니티 개념을 이끌어낸다. 그것은 현재를 바라보는 어떤 '태도' 혹은 '에토스'를 지시한다. 칸트가 계몽이란 무엇인가를 물으며 자신이 살고 있는 현재를 탐문할 때, 그는 그 현재를 거대 서사의 한 국면으로 이해하지도, 미래를 알려주는 어떤 징후로 바라보지도, 또 어떤 거대한 전환이 일어나는 결정적인 지점으로 파악하지도 않는다. 그는 단지 현재 속에서 차이만을, 어제와는 다른 차이만을 보고자 했다. 푸코가 보기에 이것은 칸트를 또 다른 의미에서 모더니티의 철학자로 만든다. 이 모더니티의 계승자는 19세기에는 보들레르 같은 시인, 그리고 니체 같은 철학자가 될 것이며, 20세기에는 푸코 자신이 될 것이다.

우리는 이미 여기에서 서로 구별되는 두 가지 모더니티 개념을 만나게 된다. 하나가 특정 시대를 지칭하고, 그래서 역사화되는 모더니티라면, 다른 하나는 철학적 태도로서의 모더니티로서 이전과 이후의 범주들을 벗어난다. 이러한 이유로 다음과 같은 역설이 가능하다. 21세기에 '포스트모던 이후'를 탐구하고 이해하고자 하지만, 우리는 여전히 모더니티의 계승자일 수 있다. 물론 이 현재에 대한 관심은 그 현실에 대한 개입

---

3 Cf. M. Foucault, "Qu'est-ce que les Lumières?," *Dits et écrits*, t. 4, pp. 562-578.

과 변형의 실천을 동반하는 것이며, 더 나아가 이 과정을 통해 스스로를 혁신하고 재구성하고자 하는 의지의 표명이기도 하다.

결론적으로 '포스트모던 다음에 무엇이 오는가?'라는 질문의 1차적 관심은 포스트모더니즘이 무엇이었고, 그것이 왜 끝났는지를 설명하는 데 있지 않다. 오히려 그것은 현재에, 더 정확히 말하면 현재에 일어나고 있는 새로운 것이 무엇인지를 파악하고자 하는 노력에 있다. 그리고 이러한 탐구 가운데 우리는 포스트모던, 그리고 더 나아가 모던이 무엇이었는지를 보게 될 것이다. 그리고 이것을 통해 궁극적으로 우리는 시대구분이라는 문제의 바탕에 놓여 있던 더욱 본질적인 철학적 질문들이 무엇이었는지 새롭게 발견하게 될 것이다.

미학이 필요한 순간: 문학과 미술의 동시대적 모색

2
21세기
자본주의적 모더니티와
현대적 우울

포스트모던 이후의 현재를 진단하고 있는 다양한 시도에서 나타나는 공통점 가운데 하나는 21세기 현재가 여전히 '모던'이라는 명칭을 통해 사유되고 규정되고 있다는 점이다. 예를 들면, 디지모더니즘(digimodernism), 하이퍼모더니즘(hypermodernism), 리모더니즘(remodernism), 오토모더니즘(automodernism), 알터모더니즘(altermodernism), 메타모더니즘(metamodernism), 트랜스모더니즘(transmodernism) 등이 그러하다.[4] 그렇다면 '포스트모던 이후'가 '모던'이라는 이름으로 규정되고 있는 이 역설적 상황, 말하자면 우리가 여전히 모던이라는 이름을 떠날 수 없는 이유는 무엇일까? 물론 이 모든 다양한 명칭이 포스트모던 이전 모던으로의 회귀를 표명하는 것은 아닐 것이다. 그러나 그것들은 현재가 모던과 분리해서 고려될 수 없는 최소한의 연속성 혹은 연관성을 가지고 있다는 점을 암묵적 혹은 명시적으로 인정하고 있는 셈이다.

그렇다면 현재는 어떤 점에서 여전히 '모던'의 시대인가? 가장

---

[4] 물론 퍼포머티즘(performatism), 리뉴얼리즘(renewalism) 같은 예외가 있기는 하다.

명확해 보이는 이유 중의 하나는 우리가 지금도 여전히 자본주의 경제체제 속에서 살고 있다는 사실에서 찾을 수 있을 것이다. 실제로 시대적 규정으로서의 모던은 자본주의의 형성과 더불어 시작되었다. 물론 그것의 발전과 더불어 그 규정적 내용이 변화했지만, 모던은 자본주의 발전의 각 단계를 지시하고 규정하는 이름으로 계속해서 존속해왔다. 주지하다시피, 자본주의 형성의 초기 단계였던 르네상스 시기에 '모던'이라는 개념은 과거의 것과 새로운 것의 대립 속에서 사유되었고, 17~18세기 계몽시대에는 합리성과 진보를 의미했으며, 19세기와 20세기 초 산업자본주의의 본격적 발전과 더불어 그것은 상품화폐경제, 대도시, 기계, 혹은 이 개념들로 표현되는 새로운 생활방식과 지각방식을 지시했다. '후기자본주의(late capitalism)'라고 일컬어졌던 20세기 후반의 사회문화적 현상을 규정하기 위해 '모던'이라는 이름 대신에 '포스트모던'이라는 이름을 사용하기도 했지만, 여전히 포스트 '모던'이었다. 이러한 점들을 고려하면, 자본주의체제가 지속되고 있는 한 현재를 여전히 '모던'이라는 이름을 통해 정의하려는 시도는 자연스럽고 또 어떤 의미에서는 필연적이기까지 하다.

이렇게 현재를 '모던'이라는 이름으로 규정해야 하는 1차적 이유가 자본주의라는 사회경제적 체제에 있다면, 현재에 대한 규정으로서의 'x-모던', 말하자면 어제의 모던과 다른 오늘의 '모던'은 1차적으로 현 단계의 자본주의가 그 이전과 어떻게 다른지를 통해 설명되어야 할 것이다.

일부 논자는 포스트모던 시대의 종말을 1989년으로 잡는다. 베를린 장벽의 붕괴와 함께 냉전체제가 종식되고 자본주의의 승리가 확인되면서 '전 지구적 자본주의(global capitalism)' 시대가 본격적으로 발전하기 시작했기 때문이다. 포스트모더니즘과의 관계에 대해서는 이견이 있기는 하지만, 대부분 사람들은 우리가 현재 전 지구적 자본주의 시대에 살고 있다는 점에서는 동의한다. 그리고 표현은 다양하지만, 전 지구화가 의미하는 것은 일종의 '보편화', 말하자면 자본주의적인 것의 보편화(universalization)와 강화(intensification)라는 점에 대해서도 대체로 동의하는 듯 보인다. 자본주의적 시장은 외연적으로 확장되고 있을 뿐만 아니라 '생활양식의 보편적 상업화'라고 부를 수 있을 만큼 내포적으로도 강화되어 우리의 삶을 전반적으로 지배하고 있다. 더 나아가 자본주의의 발생과 더불어 모던 시대에 탄생한 개인은 파편적 고립화라고 부를 수 있는 수준의 개인주의화를 겪고 있다. 흥미로운 것은 이 극단적 개인주의화는 다양성과 차이가 아니라 동질화를 동반하고 있다는 점이다. 요컨대, 우리는 서로 떨어져 있지만 동일한 욕구를 가지고 동일한 것을 소비하고 있기 때문이다.

　자본주의는 이제 절대적인 체제가 되었다. 그것을 제한하고 한계를 부여할 수 있는 외부가 더 이상 존재하지 않기 때문이다. 그것은 마치 모든 것을 집어삼키는 거대한 괴물과 같다. 그런데 이러한 자본주의적 절대화를 가속화하는 것이 있다. 그것은 많은 사람이 포스트모던 이후의 시대를 그 이전과 구별해주는 변별적 특징으로 제시하고 있는 디지털 기술의 혁신과 새로운 미디어의 발전이다. 이러한 관점은 특별히 앨런 커비(Alan Kirby)가 제시하고 있는 디지모더니즘, 로버트 사무엘스(Robert Samuels)의 오토모더니즘, 그리고 질 리포베츠키(Gilles Lipovetsky)가 기술하고 있는 하이퍼모더니즘 등에서 두드러지게 나타난다.[5]

　이들에 따르면 자본주의는 21세기에 접어들면서 새로운 형태의 모더니티를 구성한다. 이 모더니티는 포스트모더니티와의 단절도 아

5　Cf. D. Rudrum and N. Stavris (eds.), *Supplanting the Postmodern*.

니고, 더 나아가 그 이전의 모더니티에 대한 극복도 아니다. 오히려 우리는 이렇게 말할 수도 있을 것이다. 오늘날 우리가 목도하고 있는 것은 자신의 정점에 이른 모더니티다.[6] 앞에서 언급했듯이 그 추동력은 디지털 혁명이다.

주지하다시피 1차 산업혁명을 통해 자본주의는 대량 상품생산의 시대로 접어들었고, 그와 더불어 상품화폐경제가 확립되었다. 그리고 이것은 생활방식의 커다란 변화를 동반하게 된다. 19세기에 이르러 이제 인간은 삶의 터전을 자연으로부터 일자리가 있고 다양한 상품이 유통되고 소비되는 대도시로 옮기게 되었다. 대도시라는 새로운 삶의 환경 속에서 인간은 새로운 정체성을 갖게 된다. 에드거 앨런 포와 샤를르 보들레르 같은 예술가들이 주목했던 예술적 대상이었고, 이들을 따라 발터 벤야민 같은 사상가가 철학적 사유의 대상으로 삼았던 '군중(crowd)'이 그것이다. 포가 단편소설 「군중 속의 사람」을 시작하면서 쓰고 있듯이 "그것은 읽히기를 거부한다". 군중은 욕망의 흐름에 따라 움직이면서 끊임없이 서로 조우하고 마주치지만, 이 마주침은 우연적이고 일시적이며 일회적이다. 따라서 그것은 과거도 없고 미래도 없는 만남이다. 우리는 우리가 마주친 그의 이름을 알지 못했고, 그리고 영원히 알지 못할 것이다. 이렇게 우리는 서로에게 영원히 익명으로 남아 있게 될 것이다. 이 익명성이 지배하고 있는 삶의 환경에서 만남은 '소통'이 아니라 '기계적 반응'이 된다. 따라서 나의 시선은 응답으로 되돌아오지 않는다. 나를 둘러싼 모든 것은 시선을 되돌려줄 수 있는 눈을 갖고 있지 않기 때문이다.[7] 보들레르

---

6   G. Lipovetsky, "Time Against Time, or The Hypermodern Society," in *Supplanting the Postmodern*, p. 157.

7   주지하다시피 벤야민은 시선을 되돌려줄 수 있는 이러한 능력을 '아우라'로 규정한다. 그에 따르면 "시선에는 그 시선이 향하는 대상에게서 응답이 올 것이라는 기대가 내재해 있

가 감지했던 대도시 '파리의 우울'은 바로 여기에서 온 것이다. 그것은 자본주의적 모던의 삶의 양식이 된 익명성과 기계성 속에서 우리가 잃어버리게 된 모든 것에 대한 상실감에 다름 아니다.

그런데 21세기 디지털 혁명은 19세기의 런던이나 파리와 비교할 수 없을 정도로 큰 대도시, 전 세계인 모두를 아우르는 대도시를 만들어냈다. 오늘날의 인터넷 공간은 21세기의 대도시다. 따라서 그것은 19세기 대도시의 삶의 양식이 가졌던 특징들을 더욱 보편적이고 강화된 형태로 갖는 대도시다. 이러한 의미에서 21세기의 모더니티는 정점에 도달한 모더니티라고 할 수 있다.

우리가 보기에 앞에서 언급했던 다양한 'x-모더니즘'의 주창자들은 21세기 자본주의 사회에서 19세기에 보들레르가 가졌던 우울을 경험하고 있는 것처럼 보인다.[8] 그들이 포스트모던 이후의 현재를 바라보는 관점이 전반적으로 비관적이기 때문이다. 사실 이 우울한 비관주의는 그들이 포스트모던 시대의 종말을 선언하는 중요한 이유 가운데 하나이기도 하다. 돌이켜보건대 소위 '포스트모더니즘'은 해방을 향한 열망과 포부를 가지고 있었고, 그러기에 그것은 사회적 현실에 대한 비판의 기능을 가지고 있었다.[9] 그러나 이 포스트모던적 열정은 소멸되었다. 그것

다. 이 기대가 응답되는 곳에서는 아우라의 경험이 충만하게 이루어진다."(벤야민, 「보들레르의 몇 가지 모티프에 관하여」, 『발터 벤야민 선집 4』, 김영옥 · 황현산 역, 도서출판 길, 240쪽) 반대로 되돌아오지 않는 시선은 아우라의 붕괴를 의미한다.

8 오토모더니즘의 주창자 로버트 사무엘스의 경우는 다르다. 그는 디지털 환경이 개인 주체의 자율성(autonomy)을 가능케 한다고 본다는 점에서 디지털 기술에 대해 긍정적인 관점을 가지고 있다. Cf. R. Samuels, "Auto-Modernity after Postmodernism: Autonomy and Automation in Culture, Technology, and Education," in *Supplanting the Postmodern*, pp. 175-206.

9 포스트모더니즘을 데리다와 푸코 같은 소위 '프렌치 이론(French Theory)'에 준거시키고 있는 존 맥고완은 이들 이론에서 사회질서에 대한 대안을 찾으려는 열정을 확인한다. 따라

의 비판정신은 제도 속에서 형해화되었고, 아카데미적 담론 속에서만 소비되고 있을 뿐이다. 또한 포스트모더니즘이 찬양했던 다양성과 차이는 현실 속에서 타자에 대한 존중으로 귀결되지 않았다. 오히려 현실이 보여주었던 것은 다양한 인종적·문화적·계층적 집단 사이의 충돌, 더욱이 어떤 보편적 가치도 매개되지 않는 직접적 대립, 즉 '잔혹성(cruauté)'이었다.[10]

포스트모던 이후의 21세기 모더니티는 절대적으로 보편화되고 강화된 모더니티다. 그런데 정점을 향해 가고 있는 이 자본주의적 모더니티는 많은 사람에게 희망적이기보다는 절망적인 듯하다. 그리고 이러한 우울한 진단은 그 이전의 시대인 포스트모던 시대가 가졌던 한계가 무엇이었는지, 그리고 현재의 시대가 또 요청하고 있는 것이 무엇인지를 반성하도록 이끈다. 그들이 제시하고 있는 다양한 'x-모더니즘'은 21세기 자본주의가 만들어내고 있는 현대적 우울의 표현이며, 더 나아가 그것을 극복하고자 하는 그들의 응답으로 볼 수 있을 것이다.

서 그에게 포스트모더니즘의 종말의 징후는 이 열정의 소멸이다. Cf. J. McGowan, "They Might Have Been Giants," in *Supplanting the Postmodern*, pp. 61-73.

10 에티엔 발리바르는 현대사회에 고유한 폭력의 양상을 '잔혹성'으로 규정한다. 그것은 어떤 보편적 이념이나 가치에 근거하지 않는 폭력이라는 특징을 갖는다. 이에 대해서는 E. Balibar, "Violence: idéalité et cruauté," dans *De la violence 1*, Séminaire de Françoise Héritier, Odile Jacob, 2005, pp. 55-87 참조.

미학이 필요한 순간: 문학과 미술의 동시대적 모색

3
포스트모던의
윤리적 전회

앞서 논의되었던 현대적 우울과 짝을 이루는, 포스트모던 이후 동시대 담론에서 주제적으로 드러나는 또 다른 공통점은 '윤리적 전회(ethical turn)'라고 불리는 것이다. 실제로 *Supplanting the Postmodern*의 편집자들은 'x-모더니즘'의 논의들에서 나타나는 공통점 가운데 하나가 "포스트모던적 아이러니보다는 진정성과 진실성, 포스트모던적 회의주의보다는 믿음과 정신성, 그리고 포스트모던 숭고보다는 아름다움의 중요성"[11]에 대한 강조라는 점을 언급하고 있다.

윤리적 전회는 우리 시대의 지배적 정조인 우울에 대한 처방책이다. 그래서 둘은 하나의 짝을 이룬다. 이것이 그 이전의 윤리-정치적 담론과 오늘날의 윤리를 구분 짓는다. 오늘날 사람들이 포스트모더니즘이 거부했던 것들, 예를 들면 진리, 주체, 재현, 정체성, 통일성 등을 다시 주장할 때, 그것은 모더니즘 전통으로의 회귀를 의미하지 않는다. 그 개념들의 형이상학적 토대를 파괴했던 포스트모던적 해방을 경험한 이후,

---

[11] D. Rudrum and N. Stavris, "Introduction," in *Supplanting the Postmodern*, p. xxiii.

그것으로 다시 돌아가는 길은 봉쇄되었기 때문이다.

포스트모더니즘의 철학적 기원 가운데 하나로 종종 언급되고 있는 니체가 신의 죽음을 선언한 이후, 그와 더불어 그의 형상을 닮은 인간도 죽었다. 신과 인간을 대체한 것은 비인격적인(impersonal) 무형의 힘이었다. 프랑스 철학자 알랭 바디우는 그것을 만델스탐(Mandelstam)이 1923년에 쓴 시 「세기」(Le siècle)에서 주제적으로 등장하고 있는 '짐승(bête)'이라는 형상과 동일시한다.[12] 이에 따르면 20세기는 짐승의 세기다. 사람들은 이 거대하고 강력한 생명체를 신뢰했다. 그렇기에 문제는 "어떻게 우리 인간은 동물이 될 수 있는가?" 하는 것이었다. 이 생명체와 합치하는 한에서, 즉 동물이 되는 한에서 인간은 사회적 삶의 중압감(pesanteur)에서 벗어나 신적인 경쾌함과 생동감을 얻을 수 있다고 믿었기 때문이다.[13] 그런데 20세기 역사가 보여주고 있듯이 이 짐승은 '피와 죽음을 토해내는 생명체'이기도 하다는 점이 드러나게 된다. 따라서 인간은 그것을 통제할 필요가 있었다. 이러한 분열적 짐승을 제어하려 한 대표적인 '정치적' 시도가 바로 파시즘이었다. 파시즘은 생명을 대립과 분열을 넘어서는 통일적 운동으로 만들고자 한 인간의 대항의지였다. 그러나 이후에 드러났듯이 이러한 정치적 시도는 공포만 만들어냈을 뿐이다.

오늘날의 윤리적 전회는 주체의 죽음 이후 비인격적인 것에 대한 인간의 믿음이 의문과 경계로 뒤바뀌고, 더 나아가 21세기의 짐승이 더 거대해지고 절대화되고 있는 파국적 현실을 목도하면서, 그리고 그 파국을 정치적으로 제어하고자 했던 시도가 또 다른 파국으로 귀결될 수밖에 없다는 것을 자각한 이후, 말하자면 포스트모던적 '정치'가 불가능함

---

12 Cf. A. Badiou, *Le siècle*, Seuil, 2005, pp. 23-43.

13 잘 알려진 들뢰즈의 개념 '동물 되기(devenir-animal)'는 이러한 믿음의 철학적 표현이다.

을 깨달은 이후 인간이 의지하게 된 최후의 방책이다.

이러한 윤리적 전회에 이르는 사유의 경로를 가장 잘 보여주는 철학자가 바로 포스트모더니즘 철학자로 간주되고 있는 데리다이다. 실제로 데리다는 해체주의는 윤리-정치적인 문제를 다룰 수 없다는 비판에 응답하기라도 하듯, 1990년대 이후 『마르크스의 유령들』(1993), 『법의 힘. 권위의 신비한 토대』(1994), 『우애의 정치』(1994), 『환대에 대하여』(1997) 등 일련의 저작을 통해 해체주의의 윤리적 전회를 꾀한다. 이러한 점을 고려할 때, 데리다 철학의 전개 과정은 '포스트모던 이후'에 두드러진 현상으로 나타나는 윤리적 전회가 어떤 경로와 이유를 통해 등장하게 되었는지를 잘 보여줄 수 있다.

해체주의의 가장 근본적인 전제 가운데 하나는 앞서 바디우가 말했던 것과 유사하게 살아 있는 것(말)이 죽은 것(문자)에 의해 오염되어 있다는 사실이다. 좀 더 일반화된 형태로 말하자면, 오랫동안 철학자들이 설정해온 본질, 말하자면 외부로부터 분리된 내부는 하나의 신화에 불과하다는 것이다. 모든 것은 이미 오염되어 있고, 내부는 외부의 침입을 겪고 있다. 이 오염(contamination) 혹은 강탈(usurpation)을 데리다는 '원초적 폭력(originary violence)', '전윤리적 폭력(pre-ethical violence)' 혹은 '차이의 폭력' 등의 이름으로 부른다.

데리다에게 폭력은 1차적으로는 이렇게 원형적 사실로서 이해된다. 이것은 다음을 의미한다. 존재를 떠받치는 안정적 토대의 부재. 예를 들면, 우리는 법의 토대가 '정의(justice)'라는 것을 알고 있다. 그렇다면 정의란 무엇인가? '전체의 좋음', 혹은 '각자에게 그의 몫을 주는 것(suum cuique tribuere)'? 소크라테스는 『국가』에서 정의는 '강자의 이익'이라고 주장한 트라시마코스를 논박하지 못했다. 이것은 법이 절대적으로, 말하자면 어떤 독립적 원리를 통해 정당화될 수 없다는 것을 함축한다. 그래서 데리다는 몽테뉴와 파스칼을 따라, 소크라테스나 트라시마코스와는 다른 제3의 길을 제안한다. 그에 따르면 법은 자신의 타자이자 외부인 '힘'과 분리될 수 없다. 앞서 언급한 방식으로 말하자면, 법은 이미 힘에 의해 오염되어 있다.

그럼에도 법이 단순히 힘으로 환원되지 않고 정의롭다고 일컬어질 수 있는 이유는 무엇인가? 정의로운 법과 그렇지 않은 법을 구별해 줄 수 있는 절대적 기준이 존재하지 않는 상황에서 어떤 결정을 정의롭다고 말할 수 있는 이유는 무엇인가? 토대의 부재, 즉 비결정성의 상황 속에서 이루어지는 우리의 선택은 자유롭지만, 이 선택에는 위험이 존재한다. 그것은 악의 위험, 악을 선택할 수 있는 위험이다. 이 비결정성이 피할 수 없는 불가피한 것인 한, 저 위험은 더욱 큰 것일 수밖에 없다.

이 위험을 없애기 위한 시도, 원초적 사실로서의 폭력을 없애고자 하는 정치적 시도는 최악의 폭력을 만들어낼 뿐이라는 것은 앞서 바디우를 통해 이미 확인한 바 있다. 따라서 정의는 위험 속에서의 선택일 수밖에 없다. 그리고 데리다에 따르면, 그 위험을 제어할 가능성은 어떤 힘이나 제도 혹은 새로운 종류의 합리성에 기반한 정치에 있는 것이 아니라, 책임이라는 윤리적 원리에 있다. 데리다는 『마르크스의 유령』에서 이렇게 쓰고 있다.

"모든 현재 살아 있는 것을 넘어서, 현재 살아 있는 것을 어긋나게 하는 것 안에서, 아직 태어나지 않았거나 이미 죽은 사람들(이들이 전쟁의 피해자든 아니든 간에, 정치적 폭력이나 다른 폭력, 민족주의적, 인종주의적, 식민주의적, 성차별적 절멸이나 다른 절멸의 피해자든 아니든 간에, 또 자본주의적인 제국주의나 모든 형태의 전체주의적 억압의 희생자든 아니든 간에)의 유령들 앞에서 갖게 되는 어떤 책임의 원리 없이는 어떠한 정의도 … 가능하거나 사고 가능하지 않은 것 같다."[14]

　　여기서 데리다가 말하는 '책임'은 결국, 그것이 역사적 기억에 관련되어 있든 아니면 미래의 약속과 관련되어 있든 타자, 좀 더 구체적으로 말하면 희생자에 대한 책임이다. 이 책임은 "고착화되어왔던 정의 개념, 법, 권리, 가치들, 규범들, 규정들의 한계들을 상기하는 책임성"[15]이라는 점에서 정의의 원리가 된다. 따라서 그것은 윤리적 규범이나 의무를 넘어서는 윤리이고, 같은 의미에서 '종교 없는 종교성'이며, '메시아주의 없는 메시아적인 것'이다. 이렇게 데리다의 윤리적 전회는 궁극적으로 포스트모던 이후 시대의 또 다른 경향인 '종교적 전회(religious turn)'이기도 하다.

　　미학의 영역에서 데리다와 유사한 윤리적 전회를 보여주는 철학자가 장-프랑수아 리오타르다. 그가 주제화하고 있는 '숭고'는 재현 불가능한 타자(즉, 절대적 희생자)에 대한 증언과 무한한 연대라는 윤리적 요청에 상응하는 미학적 개념이다. 이 윤리적 요청은 삶의 근원적 지평을 구성하는 분열, 갈등, 대립, 불화를 정치적으로, 말하자면 어떤 대립적이고 대안적인 질서와 담론의 구성을 통해 해소하거나 제어하는 것은 불가능하며, 그것은 오직 윤리적으로만, 말하자면 특정한 윤리적 규범이나 가치를 넘어서는 윤리를 통해서만 가능하다는 확인이다.

　　이러한 의미에서 분열 혹은 불일치 등을 제어하려는 모든 시도는 '윤리적'이라고 할 수 있다. 그리고 바로 이러한 이유에서 자크 랑시에르는 알터모더니즘의 주창자 니콜라 부리오의 관계미학을 '윤리적인' 것

14　데리다, 『마르크스의 유령들』, 진태원 역, 이제이북스, 2007, 12-13쪽.

15　J. Derrida, *Donner la mort*, Galilée, 1999, p. 98.

으로 규정한다. 왜냐하면 관계미학은 "공통세계의 잃어버린 의미를 되돌려주고 사회적 연대의 균열들을 수리하는"[16] 기능으로 전화되었기 때문이다.

　　　포스트모던 이후의 윤리적 전회가 확인하고 있는 것은 정치의 소멸, 아니 좀 더 정확히 말하면 정치의 불가능성이다. 그런데 우리는 이것을 이해하기 위해 대표적인 포스트모던 철학자로 알려진 데리다와 리오타르를 참조했다. 이것은 다음을 함축한다. 포스트모더니즘 담론과 동시대 담론 사이에는 단절보다는 연속성이 존재한다. 그럼에도 '포스트모던 이후'의 담론들이 그것의 종말을 말하는 이유는 포스트모더니즘의 자기인식, 좀 더 정확히 말하면 자신의 한계에 대한 의식 때문이다. 잘 알려진 것처럼 포스트모던 사상가들의 윤리적 전회가 거론되고 논의되기 시작한 것은 1990년대 이후의 일이다. 이때는 포스트모더니즘이 자신이 가졌던 해방의 열정을 소진한 시기였고, 그래서 자신의 한계, 즉 자신의 정치적 무능력을 첨예하게 의식하기 시작한 때였다. 윤리적 전회는 포스트모더니즘의 자기한계에 대한 의식에서 성립한 것이다. 이 전회를 통해 포스트모더니즘은 자신의 무능력을 자신의 운명으로, 자신의 본래적 기원으로 만들면서 다시 태어났다.

16　J. Rancière, *Malaise dans l'esthétique*, Galilée, 2004, pp. 160-161.

4
포스트모던을 통해
재사유된 모던:
'무한'의 모더니티

　　그런데 포스트모더니즘의 이러한 자기성찰이 잘못된 논거에 기반해 있다면 어떻겠는가? 만약에 그렇다면, 포스트모던과 그 이후 사이의 분리는 그 정당성을 잃게 될 것이다. 따라서 이러한 의문을 품고, 포스트모던이 무엇이었는지를 따져볼 필요가 있다. 그와 더불어 포스트모던의 그 '이후'로의 이행은 필연적이었는지를 검토해보아야 한다.

　　다소 거친 일반화의 위험을 무릅쓰면서 말하자면, '포스트모더니즘'으로 일컬어지는 것의 철학적 원리는 불변적이고 확고한 토대(foundation)의 부정이다. 철학자들은 이것을 사건, 열린 가능성, 다양성, 차이, 타자, 아포리아, 파국 혹은 폭력 등의 개념을 통해 사유했다. 이 개념들은 전통적인 '안정성의 형이상학'을 대체하는 '불안정성의 형이상학(metaphysics of instability)'을 구성한다. 그런데 이 불안정성은 우리가 앞서 언급했던 바디우의 '짐승'처럼 양면성을 지니고 있다. 그것은 한편으로는 창조성이나 새로운 세계의 구축 가능성을 의미하지만, 다른 한편으로는 혼란, 분열, 갈등, 위험 등을 함축한다. 그런데 포스트모더니즘이 전개되어가면서 사람들이 전자에서 발견했던 비판과 해방의 파토스는 두 번째 부정적 요소를 제어하고자 하는 의지에 점차 자리를 내주게 된다. 그 결과가 우리가 앞서 논의했던 윤리적 전회다. 따라서 포스트모던 이후로의 이행은 어떤 욕구 혹은 의지의 소산이라고 할 수 있다. 그 의지란 존재론 차원에서는 주어져 있지 않은 안정적 지렛대를 주체 안에서 윤리적 책임이라는 형태로 되찾으려는 의지다. 물론 이러한 의지를 만들어낸 원인이 있다. 그것은 최소한의 합리성을 통해서도 설명될 수 없는 파멸이다. 따라서 그것은 마치 블랙홀처럼 사유의 자유를 몰수한다. 20세기가 겪은 아우슈비츠 같은 비극 이후 일부 사람은 "우리는 다른 것을 사유할 권리를 더 이상 갖고 있지 않다"고 선언한다. 우리에게 남아 있는 유일한 사유의 과제는 절대적 희생자, 타자에 대한 무한한 책임이 된다. 이렇게 '다르게 생각하기'의 정치는 타자의 윤리로 전환되었다.

그러나 이러한 윤리적 전회는 포스트모더니즘 자체를 구성하고 있는 내적 긴장, 모순, 불안정성을 해소한다는 점에서 포스트모더니즘의 자기거세에 다름 아니라는 역설적 귀결을 갖는다. 요컨대 포스트모더니즘을 그 위험으로부터 구원하고자 하는 시도가 그것을 소멸에 이르게 한 것이다. 따라서 포스트모던의 윤리적 전회는 그것이 보여줄 수 있는 한 경로, 그것도 자기소멸에 이르게 된 경로에 불과하다. 따라서 다른 경로, 말하자면 종말에 이르지 않는 경로도 가능할 것이다. 당연히 그것은 앞서 언급한 불안정성의 형이상학이 지닌 양면성, 특히 분열, 혼란, 불화, 우연, 일시성 등을 온전히 자신의 위험으로 받아들임으로써만 가능할 것이다. 분열과 혼란은 다르게 생각하기의 또 다른 이면이기 때문이다.

결국, 사람들이 말하는 '포스트모던의 종말과 그 이후'는 포스트모던에 대한 한 가지 '해석'이며, 거기에서 발원하는 전환의 '담론'이다. 이것은 앞에서 언급했듯이 그 해석에 대립하는 논쟁적인 대안 담론의 구성 또한 가능하다는 것을 함축한다. 요컨대 사람들이 '포스트모던'이라는 다소 불명확한 이름으로 부르기는 했지만, 그것이 핵심적으로 지시하고자 한 것은 여전히 유효하며, 따라서 그것의 극복과 전환이 아니라 오히려 그것의 본질적 의미를 재사유하는 것을 우리의 철학적 과제로 삼을 필요가 있다.

이렇게 우리는 서두에서 언급했던 난제, 즉 '포스트모더니즘'은 무엇인가라는 질문으로 다시 돌아왔다. 그런데 '포스트모던 이후'라는 질문이 우리를 '포스트모던'에 관한 질문으로 인도했듯이, 후자는 우리를 다시 '모던'에 대한 질문으로 이끌 수밖에 없다. 포스트모던은 모던과 어떤 차이가 있는가? 전자는 후자와의 절대적 단절인가? 그렇다면 그것은 정확히 무엇에 대한 부정과 단절인가?

이 질문들을 성찰하기 위해 하나의 사실을 언급하는 것으로 시작해보자. 소위 포스트모더니즘의 주창자들이 자신들의 준거로 언급하는 철학자들이 있다. 앞서 논의한 바 있는 데리다와 리오타르, 그리고 푸코와 들뢰즈 같은 프랑스 사상가들이다. 그런데 흥미로운 것은 리오타르를 제외하면 그들 자신은 '포스트모더니즘'이라는 꼬리표를 거부하고 있다는 점이다. 그 이유는 그들이 문학이나 예술 분야에서 언급되는 포스트모더니즘과 자신들의 철학 사이에 거리가 있다고 생각하기 때문일 수 있다. 그러나 우리가 보기에 거기에는 좀 더 중요한 이유가 있어 보인다. 그것은 그들이 '포스트모던적 단절'을 설정하는 것에 동의하지 않거나, 최소한 그것에 불편함을 느끼고 있다는 점이다. 심지어 포스트모던적 단절을 주장한 리오타르도 그것을 모던의 내부, 즉 몽테뉴나 칸트 같은 철학자들에서 발견한다. 그래서 그는 이렇게 말한다. "포스트모더니즘은 종말기의 모더니즘이 아니라 발생 상황에 있는 모더니즘이다. 그리고 그 상황은 되풀이된다."[17] 이러한 사실은 우리에게 '모던'이 무엇이었는지를 다시 묻고 성찰할 것을 요구한다. 모던 안에 내재하는 포스트모던적 단절이란 무엇인가?

흔히 사람들은 포스트모던적 단절의 결정적 지표 가운데 하나로 '주체의 소멸', 혹은 '인간의 죽음'에 대한 선언을 언급한다. 따라서 모던으로 다시 돌아가 첫 번째로 탐구해야 할 것은 바로 이러한 주체 개념과 '인간의 탄생'이라는 논제다.

주지하다시피 데카르트는 철학적 모던의 출발점으로 간주된다. 과거와의 단절과 절대적 새로움(nemo ante me)을 표명하고 있다는 점에서 그 누구보다 모던이라는 이름에 어울리는 철학자임에 분명하다. 그리고 코기토 주체는 이러한 모던적인 철학을 구성하는 주춧돌로 간주되곤 한다. 그런데 이 주체는 불안 속에서 되찾은 주체라는 점에 주목할 필요가 있다. 사실 모던의 철학을 그 이전의 철학과 구별 짓는 가장 중요한 차이는 주체가 아니라 '무한(infinite)' 개념의 도입이기 때문이다. 따라서 모더니티를 이해하기 위한 열쇠는 '주체'나 '인간'이 아니라 무한 개념에서 찾아야 한다.

고대인에게 무한은 미성숙하고 불완전한 것(예를 들면, 알 혹은 씨앗)이다. 그것은 분할과 경계가 없는 것이고, 뒤섞여 있기 때문에 규정할 수 없는 것이다. 그렇기에 그것은 사유의 대상이 될 수 없다. 반면에 그들에게 완전한 존재는 유한한 것, 말하자면 분할과 경계를 가지는 것이다. 만개한 꽃이나 성장한 닭에서 볼 수 있듯이, 명확하게 분할되고 나누어진 부분들로 이루어진 조화로운 전체(cosmos)가 완전한 존재다. 이 전체에서 각 부분은 자신에게 할당된 고유한 자리와 그 자리에 합당한 역할을 갖는

---

17 J.-F. Lyotard, *The Postmodern Explained*, University of Minnesota Press, 1992, p. 13.

다. 예를 들면, 구두공의 자리는 작업장이며 그의 덕은 좋은 구두를 만드는 일에 전념하는 데 있다. 그러나 만약 그가 이 경계와 할당된 역할에서 벗어날 때, 예를 들면 작업장에서 벗어나 아크로폴리스에 가서 국가의 일에 대해 토론한다면, 전체 질서는 무너지고 혼란(chaos)에 빠질 것이다. 플라톤이 가장 경계했던 것이 바로 이 혼란이었다. 잘 알려진 민주주의와 소피스트에 대한 그의 비판은 여기에서 비롯된다. 그에게 민주주의는 말할 위치와 자격을 갖지 못한 사람들이 말을 하고 의견을 제시하는 것으로, 그것은 자격과 자리들 사이의 구별을 파괴하는 행위이기 때문이다. 소피스트들이 비판받아야 하는 이유도 여기에 있다. 참된 것과 그렇게 보이는 것, 진정한 말(logos)과 한갓 소리(phonê) 사이의 구별을 부정하는 소피스트들은 사회적 혼란의 주범이다.

고대인은 윤리와 정치를 자연을 모델로 삼았는데, 이 자연을 그들은 유한한 것으로, 즉 분할과 분별에 기초해 있는 조화로운 질서로 이해했다. 그렇다면 왜 그들은 자연을 무한한 것이 아니라 유한한 것으로 생각했을까? 그들은 있는 그대로의 자연이 아니라 자신들이 그랬으면 좋겠다고 생각한 대로의 모습으로 자연을 표상한 것은 아닐까? 왜냐하면 인간은 공포를 불러일으키는 혼란보다는 평안함과 안전을 보장해주는 안정적 질서를 선호하기 때문이다. 이러한 관점에서 보면, 고대인의 자연은 이미 '인간적인 것'에 의해 침윤된 자연이다. 달리 말해 그것은 '인간화된 자연'이다.

모더니티는 이러한 인간화된 자연에 대한 부정, 즉 자연을 인간적인 것으로부터 분리해서 그 자체로 사유하고자 하는 시도와 더불어 시작된다.[18] 그리고 그것의 이론적 귀결은 무한을 존재의 모델로, 완전한 존

---

18 코이레(A. Koyré)는 이 이행을 "닫힌 세계에서 열린 우주로"라는 표현으로 요약하고 있다.

재로 이해하는 것으로 나타난다. 이러한 모던적 전복은 단순히 자연관의 변화만 의미하지 않는다. 그것은 철학체계 전체의 혁신, 새로운 사유체제의 구성으로 이어진다. 모더니티의 역사는 한편으로는 무한의 긍정에 뒤따라 나오는 귀결들을 사유체제 속에서 수용하고, 그리고 다른 한편으로는 그것들이 불러일으키는 문제들에 응답하면서 전개되는 역동적 과정에 다름 아니다.

우리는 무한 개념의 도입이 만들어낸 철학적 변혁을 크게 세 가지로 요약할 수 있다.[19] 첫째, 자연이 무한하다는 것이 긍정되면서 인간이 스스로에게 부여했던 존재론적 중심성이 박탈된다. 인간이 다른 존재들에 대해 갖는 우월성은 1차적으로 그것이 자리한 위치의 중심성에서 찾아질 수 있다. 그런데 당연하게도 무한한 우주에서 중심은 존재하지 않는다. 다르게 말하면 모든 곳이 중심이다. 인간의 중심적 지위를 뒤흔들었던 코페르니쿠스의 지동설은 자연의 무한성이 갖는 논리적 귀결의 과학적 입증일 뿐이다. 그런데 인간의 우월성에 대한 이러한 문제제기는 곧바로 그 인간을 예외적인 존재로 만드는 것, 요컨대 정신의 물질에 대한 우월성, 또는 정신의 능동성과 물질의 수동성이라는 논제에 대한 문제제기이기도 하다. 물질을 단순히 수동적인 것이 아니라 독립적이고 자율적인 것으로 내세웠던 데카르트의 이원론(dualism), 그리고 이 이원론이 여전히 정신과 물질의 평등(equality)에까지 다다르지 못했음을 비판하

Cf. A. Koyré, *From the Closed World to the Infinite Universe*, The Johns Hopkins Press, 1957.

[19] 그런데 여기에서 제시되는 철학적 혁신들은 무한 개념이 함축하는 '논리적 귀결들'임을 잊어서는 안 된다. 요컨대 이 귀결들은 어떤 근대 철학자에서도 온전한 모습으로 나타나지 않는다. 오히려 그 논리성은 '역사적 과정'을 통해 점진적으로, 말하자면 다양한 저항과 변형을 겪으면서 구체화된다.

면서 데카르트가 내디딘 근대적 전환을 더 밀고 나갔던 스피노자의 평행론(parallelism)은 탈인간주의 형이상학을 발전시키게 된다.

정신과 물질 사이에 설정된 이러한 평등은 모더니티의 형성과 전개에 매우 결정적인 역할을 하게 된다. 우선 그것은 존재들 사이의 위계적 질서를 해체함으로써 존재론적 평등을 확립한다. 그리고 더 나아가 그것은 칸트와 실러가 미학적 모더니티를 체계화하면서 보여주는 것처럼 감성의 수용 능력과 지성의 규정 능력 사이, 또는 감각적 충동과 형식 충동 사이에 인식론적 평등을 함축한다. 뒤에서 다시 보겠지만 미학적 모더니티는 바로 이 평등에 기초해서 성립한 새로운 사유체제라고 할 수 있다. 그런데 이러한 철학적 혁신은 사회경제적 구조의 변화와 밀접한 연관을 가지고 있었다. 자본주의의 발전과 더불어 신분적 예속에서 벗어난 자유로운 개인들이 형성되고, 이와 함께 필연의 논리에 얽매여 있는 '몸의 존재'인 생산대중과 자유로운 '정신계급'인 귀족 사이에 설정되었던 위계적 구별이 해체되었기 때문이다. 물질과 정신의 평등은 이러한 사회경제적 변화의 철학적 표현이었다고 할 수 있다.

둘째, 앞에서도 언급했지만 고대인은 자연을 '닫힌 세계'로 이해했다. 우리가 세계를 닫혀있는 전체로 본다는 것은 그 세계가 특정한 법칙에 의해 규제되고 있음을 확인하는 것이다. 그리고 그것은 전체의 부분들이 규칙성에 벗어나 다르게 변이할 가능성, 다른 것이 될 가능성을 배제하는 것이다. 따라서 이러한 세계관에 상응하는 윤리(ethos)는 그 말의 어원적 의미가 보여주고 있듯이 사물들이 자신들에게 할당된 자리에 어울리는 존재방식을 갖는 데 있다. 근대인이 긍정했던 무한 개념은 바로 이 닫힌 세계를 해체했다. 푸코는 이 점을 누구보다 잘 간파했다. 그에 따르면 이 해체는 갈릴레오와 더불어 시작되는데, 그것은 그가 지동설을 재확인했기 때문이 아니라 "무한한 공간, 그리고 무한히 열려있는 공간을 구성했기"[20] 때문이다. 닫힌 전체의 부정은 전체의 법칙으로 설명할 수 없는 변이가 전체의 부분들에서 일어날 수 있음을 긍정하는 것이다. 그런데 이러한 변이는 전체 자체가 외부의 작용을 통해 갖게 되는 변이를 통해서만 가능하다. 요컨대, 전체의 변이 가능성이 설정되어야 한다. 그런데 이 가능성은 역설적으로 전체가 외부를 가지고 있는 한에서만 사유될 수 있다. 이것이 역설적인 이유는 전체는 그 개념상 외부를 갖지 않는 것이기 때문이다. 그렇다면 '외부를 갖는 전체', 혹은 '열린 전체'라는 역설은 어떻게 정합적으로 사유될 수 있을까? 이를 위해 먼저 주목해야 할 것은 여기에서 말하는 외부가 물리적 외부를 의미하지 않는다는 점이다. 우리가 '자연 전체'를 말할 때, 여기에 외부가 있을 수 없다는 것은 명확하기 때문이다. 따라서 전체 자체의 변이 가능성을 가능케 하는 '외부'는 '닫힘(closure)'의 부정을 지시하는 '개념적 외부'로 보아야 한다. 근대인은 이 개념적 외부에 더 정확한 이름을 부여한다. 무한이 그것이다. 이와 관련하여 무한의 사유를 끝까지 밀고 나갔던 근대 철학자 스피노자는 한 편지에서 이렇게 쓰고 있다. "우주의 본성은 [⋯] 절대적으로 무한하기 때문에 그 부분들은 이 무한한 역량의 본성에 의해 무한히 많은 방식으로 규율되고, 무한히 많은 변용을 겪을 수밖에 없습니다."[21] 요컨대 무한은 경계/한계(limit)의 부정, '닫힘'의 부정이며, 바로 이 점에서 그것은 일종의 외부, 즉 '외부 아닌 외부' 혹은 '내부 안의 외부'라고 할 수 있다. 우리는 여기에서 근대인이 사유한 무한이 푸코 같은 현대 철학자가 사유의 패러다임으로 개념화한 '외부의 사유(pensée du dehors)'와 공명하고 있음을 확인

---

20 M. Foucault, "Des espaces autres," conférence au Cercle d'études architectorales, 14 mars 1967, publié dans *Dits et écrits*, vol. 4, Gallimard, 1994, p. 753.

21 Spinoza, "Letter to H. Oldenburg," in *Collected Works of Spinoza*, Vol. 2, edited and translated by E. Curley, Princeton University Press, pp. 19-20.

미학이 필요한 순간: 문학과 미술의 동시대적 모색

할 수 있다.[22]

셋째, 앞서 인용한 편지에서 스피노자가 쓰고 있듯이 사물들의 무한한 변이 가능성은 전체의 무한성, 좀 더 정확히 말하면 그것의 '무한한 역량'에서 온다. 근대인은 이전의 전통에 따라 이 무한한 역량을 '신'이라는 이름으로 부른다. 신은 모든 것을 할 수 있는 절대적 역량이고 만물의 제1원인이기에 그것을 강제할 수 있는 것은 어떤 것도 없다. 이러한 의미에서 신은 곧 '절대적 자유'로 이해될 수 있다. 그런데 여기에서 주의해야 할 것은 이 자유를 이해하는 방식이다. 그리고 여기에는 무한을 이해하는 서로 다른 두 해석이 상응한다.

우선 그리스도교 신학 전통에 따라 이 자유를 '자신이 원하는 것을 자의적으로 선택하거나 결정할 수 있음'으로 이해할 수 있다. 이 경우에 이 절대적 무한자는 자연의 법칙으로부터 자유로운 존재, 그리고 더 나아가 그 자연법칙을 중지시킬 수 있는 예외적인 존재가 될 것이다. 이러한 의미에서 그것은 일종의 '타자'로 규정될 수 있다. 규정될 수 없고, 따라서 재현 불가능하다는 의미에서 그러하다. 이렇게 무한자를 절대적 자유의지의 존재로 설정하게 되면, 그와 상관적으로 의지적 자유가 자연 안에서 유일하게 신과 닮아 있는 존재로 간주되는 인간, 특별히 인간 정

---

22 Cf. M. Foucault, *La pensée du dehor*, Fata morgana, 1986. 다른 한편 발리바르도 스피노자 형이상학을 해석하면서 알튀세르를 따라 스피노자가 "닫힘 없는 전체를 사유한 최초의 그리고 유일한 증인"이라고 결론짓고 있다(E. Balibar, "Causalité, individualité, substance: Réflexions sur l'ontologie de Spinoza," in *Spinoza: Issues and Directions*, ed. by E. Curley and P.-F. Moreau, 1990, p. 75).
같은 관점에서 발리바르는 헤겔에 준거하면서 무한을 다음과 같이 규정하기도 한다. "무한자, 즉 절대자는 재현의 전복을 가리키며, 경험이나 역사의 재현 불가능한 요소를 명명한다. 이는 세계가 그 자체로 폐쇄되거나 완전하거나 완성된 것의 형태로 '전체화'되는 것을 막는다."(E. Balibar, *On Universals: Constructing and Deconstructing the Universal*, trans. by J. D. Jordan, Fordam University Press, 2020, p. 21)

신에 부여된다. 그리고 이렇게 자연 안에서 인간의 예외성과 우월성이 재확립된다. 이러한 귀결은 무한 개념의 도입이 가져오게 될 위험, 즉 인간 중심주의의 해체라는 위험 앞에서 일부 근대인이 보여주었던 한 대응 방식이었다고 할 수 있다.

그렇다면 우리가 앞서 무한 개념으로부터 이끌어낸 논제들, 즉 물질과 정신의 평등 혹은 존재론적 평등이라는 논제에 일치하는 자유 개념은 어떤 모습으로 나타나는가? 그리고 그러한 자유 개념에 상응하는 무한자 혹은 신 개념은 어떤 것인가? 그것은 능동과 수동, 자유와 필연의 대립이 아니라 오히려 둘 사이의 동일성에 기반해야 할 것이다. 따라서 이 자유는 의지의 자유와 정반대로 아무것도 원하지 않기 때문에 오히려 모든 것이 될 가능성으로서의 자유가 될 것이다. 무엇을 의지하거나 목적한다는 것은 그것에 얽매인다는 것을 의미한다. 따라서 진정한 의미의 자유는 아무것도 원하지 않는 것, 즉 무의지와 무목적성에 의해 규정되는 자유가 될 것이다. 이러한 의미에서 그것은 무관심성 혹은 초연함의 자유라고 할 수 있다. 스피노자는 신을 자연과 일치시키고 자유와 필연의 대립을 파괴함으로써 이 자유를 형이상학적으로 정초했다. 그리고 이 형이상학은 '무관심성'과 '상상력과 지성의 자유로운 유희'를 통해 심미적 경험을 설명했던 칸트 미학으로, 그리고 이 유희를 신의 본질적 특성으로 간주하면서 자유의지의 신을 '유희하는 신'으로 대체하고 있는 헤겔 미학으로 확장된다.[23]

무한은 인간에게 익숙한 것이 아니다. 오히려 절대적으로 이질적이고 낯선 것이다. 그것은 경계가 없고, 따라서 특정한 형태를 가지고

---

23 이에 대한 자세한 논의는 박기순, 「무관심성과 미학적 모더니티」, 『미학』 88(4), 2022, 37-68쪽 참조.

있지 않은 것으로 이해되었기 때문이다. 이러한 이유로 그것은 종종 '괴물' 같은 것에 비유되기도 한다. 그래서 인간에게는 무한에 대한 공포가 있다. 신이 창조한 우주가 무한하다고 주장했다는 이유로 철학자 브루노를 화형시킬 만큼 인간에게 무한을 받아들이는 것은 어려운 일이었다. 그러나 근대인은 결국 비인간적인 것이 인간적인 것보다 더 근원적이며, 오히려 그것이 후자의 발생적 토대가 된다는 것, 다시 말해 후자는 전자로부터 나오고 또 그것에 의해 끊임없이 변이한다는 것을 받아들였다.

이와 더불어 인간과 자연 사이의 유대 혹은 친화라는 관념은 해체되었다. 고대 그리스에서 이 유대의 끈은 로고스 개념이었다. 자연의 로고스와 인간의 로고스 사이의 합치. 성서는 신이 이 세계를 말(logos)로써 창조했다고 주장하면서 이 합치를 재확인한 바 있다. 그러나 무한의 긍정과 더불어 두 로고스 사이에는 간극이 존재하게 된다. 혹자는 이 간극을 넘어설 수 없는 심연으로, 즉 세계는 로고스를 넘어서 있는 것, 인간의 인식능력이 도달할 수 없는 것으로 이해하기도 하고, 혹자는 니체의 경우처럼 인간의 로고스는 '작은 이성'일 뿐이며, 따라서 몸이라는 '큰 이성'의 소리를 들어야 한다고 주장하기도 한다. 또 다른 경우에 혹자는 이 간극을 인정하면서도 세계에 대한 이성의 '무한한' 탐험을 주장하기도 한다. 이 경우에 우리는 푸코 같은 철학자에서 볼 수 있는 것처럼 '이성의 역사'라는 독특한 문제 설정을 마주하게 될 것이다.

5
근대적 주체:
무한의 공포에서
벗어나기

인간은 무한한 세계에서 살아간다. 그것은 이제 더 이상 부정할 수 없는 사실이 된다. 이전에 우리가 살고 있다고 믿었던 세계는 비유하자면 평온한 농촌마을과 같았다. 잘 구획된 길들을 통해 가옥들이 질서정연하게 배치되어 있어서 우리가 여기에서 길을 잃고 헤맬 가능성은 거의 없었다. 반면 근대인의 거주지는 이제 거대한 도시가 된다. 무수히 많은 크고 작은 길들과 건물들이 복잡하게 얽혀 펼쳐져 있어서 이 대도시는 차라리 무질서에 가깝다.[24] 모든 것이 자신의 존재를 드러내며 시선을 끌기 때문에 우리의 혼란과 동요는 가중된다. 그리고 그만큼 시골에서 갓 상경한 사람처럼 길을 잃고 헤맬 수 있다는 두려움은 커질 것이다.

그렇다면 이 혼란과 불안, 두려움에서 어떻게 벗어날 수 있을까? 어떤 사람들은 이 혼란을 가능성으로 여기며 이 도시의 탐험에 나설

---

24 무한을 무질서로 이해하는 것과 '무질서에 가깝다'고 간주하는 것 사이에는 커다란 차이가 있다. 전자는 무한을 본성상 재현 불가능한 것, 즉 타자로 보는 반면, 후자는 무한을 본성상 이해 가능한 것이지만 '무한한' 탐험에 열려 있는 것으로 본다는 점에서 다르다.

미학이 필요한 순간: 문학과 미술의 동시대적 모색

것이다. 애초에 이러한 대도시에서는 어떤 종류의 안전지대도 없다는 것을 인지하고, 오히려 그 불확실성을 자신을 변화시키고 성장시킬 기회로 받아들이고 그것을 즐기고자 할 것이다. 니체의 초인처럼 말이다. 그러나 다르게 반응하는 사람들도 있었다. 그것의 전형적인 예를 제공했던 것이 소위 모던 시대의 철학을 열었다고 평가되는 데카르트다.

　　　무한한 세계에 대한 데카르트의 응답은 존재의 영역에서 부재한 중심 혹은 지렛대를 인간 안에서 확보하고, 그것을 통해 무한의 세계를 제어하는 것이었다. 요컨대, 그는 자아라는 하나의 독립적이고 분리된 성(城)을 구축하고자 했다. 그것이 바로 코기토다. 요컨대, 코기토 주체는 불안과 공포 속에서 그것을 제어하고자 찾은 최후의 보루였다. 그는 무한한 자연, 그리고 그 자연을 창조한 신을 이해할 수 있다는 생각을 포기했다. 그것은 불가능에 도전하는 것일 뿐만 아니라, 애초에 알 수 없는 것에 대해 말하는 것은 결코 확실성을 가질 수 없기에 불필요한 혼란과 논쟁을 만드는 죄악을 저지르는 일이라고 생각했다. 따라서 그에 따르면 인간의 지혜는 자신의 한계를 인식하는 일이며, 자신이 확실하게 알 수 있는 것만 인식의 대상으로 삼는 데 있다. 그렇다면 인간의 인식능력은 무엇을 확실하게 알 수 있는가? 이제 이 질문은 근대인에게 그들의 철학을 이끌어가게 될 가장 중요한 물음이 된다. 이 물음을 통해 그들은 인간 안에서 불안정하고 불확실한 세계로부터 자신들을 지켜줄 일종의 안전지대를 찾고자 했다.

　　　데카르트의 경우 인식능력에 대한 탐구를 통해 제한적이지만 확실한 인식, 사물들을 오직 양적인 관계하에서만 파악하는 '보편수학(mathesis universalis)'을 학문의 모델로 제시함으로써 불확실한 세계 안에서 확실한 어떤 것을 마련하고자 했다.[25] 이러한 계산적 합리주의의 한계는 명확했지만, 그것은 무한의 세계를 살아가는 인간이 찾을 수 있는 가장 지혜로운 방식으로 간주되었다. 세상이 주지 못하는 안정성을 이렇게 인간 안에서, 특히 인간의 정신 안에서 찾으려는 노력은 근대의 경험론자들로 알려진 철학자들의 경우에도 예외는 아니었다. 더욱이 합리론과 경험론을 통합했다고 간주되는 칸트도 마찬가지였다. 잘 알려져 있듯이 그는 인식은 인간의 인식능력 안에 이미 갖추어져 있는 것을 사물들에 투여함으로써 구성된다고 주장함으로써 인식 대상에서 인식 주체로의 코페르니쿠스적 전환을 명확히 선언하고 있기 때문이다.

이와 같이 소위 모던을 대표하는 개념으로 알려진 주체는 모더니티를 추동하고 구성했던 좀 더 근본적인 것, 즉 무한 개념의 2차적 파생물이었다. 그것은 근대인이 무한한 우주 안에서 상실했던 인간의 중심적 지위를 되찾고, 그것을 통해 혼란과 불안을 극복하고자 했던 노력의 결과였다. 그런데 이러한 방식으로 코기토라는 근대적 주체를 발견하고, 그것을 통해 무한의 공포에서 벗어나려 했던 사람들은 이 주체 개념에 상응하는 특별한 무한 개념, 더 나아가 모더니티의 특정한 한 유형을 구성하게 된다. 그들이 인간의 내부에서 치외법권적 안전지대를 찾을 수 있었던 것은 인간의 내부 깊숙이 파고 들어가게 되면 거기에서 이 세계의 논리를 벗어나는 초월적이고 신적인 어떤 것을 발견하게 될 것이라는 믿음을 가지고 있었기 때문이다. 바로 이를 통해 인간은, 그리고 오직 인간만이 이 무한한 세계의 창조자이자 그 세계를 초월해 있는 절대적 존재와 만날 수 있다. 그리고 이것을 매개로 인간은 고대인이 상정했던 인간과

---

25 '보편수학'에 대한 데카르트의 논의는 고대에서 근대로의 전환을 알리고 있다고 평가되는 데카르트의 초기 저작 『정신지도를 위한 규칙들』, 특히 제4규칙에 등장한다.

자연 사이의 유대 혹은 친화성과는 다른 방식으로 사물들과 관계한다.

　　여기에서 근대적 주체에 고유한 매우 역설적인 특징, 즉 인간 주체의 수동성이라는 논제가 등장한다. 사물들에 대한 인식이 전적으로 인식 주체가 갖는 능력의 본성에 의지한다면, 자연스럽게 이러한 능력의 존재론적 위상에 관한 질문을 던져야 한다. 그것들은 어디에서 온 것인가? 이 질문은 우리를 인간을 포함한 만물의 창조자인 신에게로 인도한다. 신은 자신이 창조한 사물들을 인식할 수 있는 능력을 마찬가지로 자신이 창조한 인간에게 주었다. 사물들을 인식하는 인간의 방식, 인간적인 시선은 신이 그렇게 정한 것이다. 데카르트는 이것을 '신의 설립(institution de Dieu)' 혹은 '자연의 설립(institution de la Nature)'이라고 불렀다.[26] 그런데 우리는 이러한 인식 방식을 이해하거나 설명할 수 없다. 말하자면 우리가 어떤 것을 왜 x가 아니라 녹색으로 지각하고, 또 어떤 것은 추한 반면 다른 것은 아름답다고 느끼는지 그 이유를 알지 못한다. 신이 그렇게 만들어놓았다는 것만 알고 있을 뿐이다. 이유를 알지 못하고 주어진 대로 행위 한다는 점에서 이러한 인식행위는 철저하게 예속적이고 수동적이다. 따라서 우리는 이렇게 말할 수 있다. 인간은 수동적인 한에서만 주체가 될 수 있다.

　　이렇게 고유하게 인간적인 것은 오직 자신 안에 주어져 있는 신적인 것을 따르는 한에서만 정립될 수 있다. 그런데 앞에서 살펴본 것처럼 이 신적인 것은 인간적인 것을 넘어서는, 인간에 의해 규정될 수 없는 것, 현대적인 용어로 말하자면 재현 불가능한 '타자'다. 일반적인 통념과는 반대로, 주체가 타자를 정립하고 지배하는 것이 아니라 오히려 타자에

26　데카르트는 합리적 설명의 한계에 부딪히는 지점에서 '신이 그렇게 설립한 것'이라고 말하거나 '자연의 설립'이라고 말한다.

의해 정립된다는 생각은 소위 포스트모던 시대의 새로운 통찰이 아니라 모던 시대가 시작되었던 시점에 이미 나타났다.

이렇게 말함으로써 우리는 앞에서 논의한 바 있는 포스트모던의 '윤리적 전회'와의 유사성을 암시하고 있는 셈이다. 물론 데리다, 리오타르, 레비나스 같은 철학자들에게서 타자와의 관계는 철저하게 윤리적인 반면, 데카르트에서 그것은 인식론적이라는 점에서 둘 사이에는 차이가 존재한다. 그러나 본질적 핵심은 동일하다. 타자에 대한 수동성 혹은 예속이 그것이다. 타자에 대해 갖는 '책임'의 윤리는 나를 주장하는 능동성이 아니라 타자의 부름에 응답하고 그 앞에 무릎 꿇는 예속성에서 성립하기 때문이다.

결론적으로 무한한 세계에 대한 근대인의 응답 가운데 하나는 인간 주체와 초월적인 절대적 타자(신)라는 개념쌍을 구성하는 것으로 귀결했다. 이것은 앞서 들었던 비유를 이어 말하자면, 복잡하고 혼란스럽기 그지없는 대도시의 광장으로 나아가기보다 외부로부터 자신을 지켜줄 성을 짓고 그 안에 침잠하는 것과 같은 것이다. 이 성은 외부의 어떤 공격으로부터도 무너지지 않을 만큼 견고한 것이었다. 왜냐하면 실제로 이 성을 구축한 것은 절대적 역량을 가진 초월적 존재자이기 때문이다.

6
무한과
'자유와 평등'의
이념

우리는 앞서 무한한 세계는 '존재론적 자유와 평등'의 세계라는 것을 무한 개념의 함축을 논하면서 보여준 바 있다. 그런데 이 추상적이고 원리적인 이념은 자본주의의 형성 및 발전과 더불어 구체적인 형태를 띠게 된다. 자본주의는 신분적 예속에서 벗어난 자유로운 개인들을 출현시켰다. 물론 이들의 자유는 실제로 자신들의 노동력을 자본가에게 팔 자유를 의미했다. 그러나 그것은 동시에 모든 정치적 예속 관계에 독립적인 존재들, 말하자면 그러한 관계 이전의 자유롭고 평등한 존재들을 승인하는 것이다. 그리고 모든 형태의 정치적 위계질서는 바로 이 자유와 평등의 상태를 기반으로 형성된다고 보아야 한다. 요컨대 후자는 전자의 발생적 토대인 셈이다.

잘 알려져 있듯이 근대인은 이를 '자연상태'라는 이름으로 불렀다. 이것은 '존재론적 자연상태'의 정치적 번역이라고 할 수 있을 것이다. 그런데 여기에서도 이 자연상태에 대응하는 상이한 방식이 존재했다. 일부 사람은 '만인 대 만인의 투쟁상태'라는 부정적 용어를 사용하면서 그것을 극복하고 단절해야 하는 어떤 것으로 간주했다. 거기에는 어떤 관계나 질서도 없는 절대적 혼란과 갈등의 상황인 것처럼 말이다. 그래서 그것에서 벗어나 '시민사회'를 구성해 살고 있는 사람들에게는 그곳으로의 회귀에 대한 공포가 존재한다. 그리고 이는 홉스 같은 철학자에서 잘 나타나고 있듯이, 절대적 통제 권력을 요청하게 되는 이유가 된다. 인간이 존재론적 불안성에서 벗어나기 위해 절대자를 요청하는 것과 같은 이치다.

그러나 존재론적 자연상태를 발생적 장으로 인식하고 그 가능성을 탐험하고자 했던 형이상학이 있었던 것처럼, 마찬가지로 자연상태가 모든 정치질서를 발생시키고 그것을 변이시키는 내재적 토대라는 점을 강조하는 다른 정치철학적 입장도 존재했다. 여기에서 시민사회는 자연상태와의 단절을 의미하지 않는다. 홉스와 다른 길을 개척했던 동시대 철학자 스피노자가 주장하고 있듯이, 시민사회는 자연상태의 연속이다.[27] 자연상태에서 시민사회로의 이행을 단절적이고 불가역적인 것으로 만드는 소위 '계약'이라는 이성적 개입은 욕망과 감정이라는 더욱 자연적인 역량 앞에서 무력하기 때문이다. 따라서 사실상 계약은 존재하지 않는다. 정치질서를 만드는 것도, 또 그것을 파괴하는 것도 인간의 자연적 역량이다. 이러한 이유로 정치공동체는 계속해서 해체되고 또 재구성될 수밖에 없다.

근대인에게 자연은 조화로운 전체가 아니었다. 그들에게 그것은 자유롭고 평등한 개체들이 다양한 관계와 질서들을 형성하고 해체하면서, 그리고 그러한 과정에서 자신들을 끊임없이 재구성하는 상태다. 이렇게 조화로운 질서라는 고전적 이념은 자연상태 이론을 통해 자유와 평등이라는 모던적 이념으로 대체된다. 그리고 바로 이 이념에 기초해서 민

---

27 Cf. Spinoza, "Letter to J. Jelles," in *Collected Works of Spinoza*, Vol. 2, p. 406.

주주의라는 정치체제가 정치적 모더니티로서 성립하게 된다. 이 정치적 모더니티는 '모던'이라는, 지금은 과거가 된 시대의 유물(遺物)이 아니라 사람들이 포스트모던으로 불렀던 시대는 물론이고, 포스트모던 이후가 운위되는 지금도 여전히 보편적으로 주장되고 실천되고 있는 모던의 유산(遺産)임을 우리는 잘 알고 있다.

그런데 정치공동체의 무한한 발생적 토대인 '정치적 자연상태'가 존재론적 자연상태가 구체화되어 나타났던 유일한 양상은 아니었다. 또 다른 종류의 자연상태, 우리가 '미학적 자연상태'라고 부를 수 있는 개념이 근대 민주주의가 탄생한 바로 그 시기에 그것과 병행하여 등장했다. '미학'이라는 새로운 학문의 정초자 가운데 한 명인 실러가 『미적 교육에 관한 편지』에서 제시하고 있는 '심미적 상태(ästhetischer Zustand)' 개념이 바로 그것이다. 실러는 이 심미적 상태를 이성에 의한 분할과 구별에 독립해서 사물들을 바라보는 심미적 경험의 상태로 규정한다.[28] 이 시선의 자유에 의해 귀한 것과 천한 것, 중요한 것과 그렇지 않은 것의 구별이 사라지고 모든 것이 동등하게 관심과 재현의 대상이 된다. 따라서 이 심미적 상태에서 사물들은 이성적 분할의 논리와 유용성의 논리를 통해 구성되는 세계와는 다른 세계, 감각적 형태로 재구성되는 사물들의 공동체를 형성한다. 요컨대, 자연상태가 정치공동체의 발생적 토대인 것과 마찬가지로 미학적 자연상태인 심미적 상태는 감각공동체의 무한한 발생적 토대가 된다.

어떤 점에서 보면 이 미학적 모더니티는 무한 개념의 도입과 더불어 개시된 새로운 사유체제의 완결적 형태라고 할 수 있다. 칸트와 실

---

28 실러, 『프리드리히 실러의 미적 교육론』, 하선규 외 역, 대화문화아카데미, 2015, 181-182쪽 참조.

러가 잘 보여주고 있듯이 심미적 경험의 본질은 '자유로운 유희'라는 개념이 지시하고 있는 것처럼 지성에 의한 감성의 지배 혹은 포섭이 아니라 두 능력 사이의 평등이다. 그런데 이 평등은 철학적 모던을 열었던 데카르트에서는 온전히 긍정되지 못했다. 그것은 칸트에 이르러서, 그것도 이성의 권위에 대한 다양한 도전에 직면하여 그것에 적극적으로 응답할 필요에 의해 『판단력비판』에 이르러서야 비로소 확립된다.

물론 이것은 칸트라는 한 개인의 천재적 발상에 의해 이루어진 것은 아니다. 사실 이것을 가능케 했던 물질적 토대가 존재했다. 근대 정치적 민주주의가 신분적 예속에서 벗어난 자유로운 개인들의 출현에 의해 가능했던 것처럼, 미학적 민주주의는 자유로운 대중의 정치적 평등에 수반하는 인식론적 평등에 기초하고 있었다. 이 평등은 18세기에 본격적으로 발전하기 시작한 미술관(museum)이라는 제도적 발전과 관련이 있다. 미술관이 대중에게 열리기 시작했다는 것은 그들이 거기에 전시된 예술 작품들을 이해할 능력이 있다는 것을 전제한다. 그리고 이것은 그들에겐 삶에 필요한 것들의 생산에 얽매여 있기 때문에 스스로 생각하고 판단할 시간과 능력이 없고, 사유하는 일은 오직 여가의 계급에게만 허락된다고 했던 고전적 분할을 폐기하는 것을 의미했다.

그런데 미술관 대중에게 동등한 인식능력이 있다는 것을 주장하기 위해서는 특별한 부류의 사람들만 소유한 지성이 아니라 모든 사람에게 공통적인 지성, 즉 '보통의 인간 지성'이 개념화될 필요가 있었다. 그렇게 성립된 것이 칸트의 '공통감(Gemeinsinn)'이다. 공통감은 인간에게 요구되는 최소한의 것이고, 그래서 '보통감각'으로 불릴 수도 있다고 칸트는 기술한다.[29] 그에 따르면 이 공통감은 인식력의 자유로운 유희, 다시

---

29 칸트, 『판단력비판』, §40(하선규 역, 미출간 원고) 참조.

미학이 필요한 순간: 문학과 미술의 동시대적 모색

말해 지성과 감성이 평등하게 참여하는 인식과정의 결과다.

그런데 누구나 가지고 있는 보편적이고 통속적인 인식능력의 새로운 개념화는 그것에 상응하는 새로운 인식 대상의 성립을 동반할 수밖에 없다. 그것이 바로 자본주의의 발전을 통해 가능해진 자유로운 개인들의 출현이라는 정치적 변화, 대중을 위한 미술관이라는 새로운 제도의 성립 및 발전 등과 함께, 그리고 그것들을 배경으로 등장한 '자율적 예술'이다.

예술에 대한 고전적 이해에서 예술을 예술로 규정하는 것은 이성적 가치와 규범이었다. 동일하게 기예(art)에 속하지만 예술(fine arts)이 수공업적 기예(mechanical arts)와 구별되는 이유도, 또 같은 예술이라도 고귀하고 정신적인 것을 재현하는 역사화나 귀족의 초상화가 고급 장르로 이해되는 반면 서민의 일상적 삶을 그리는 풍속화나 한갓 물질적 풍경을 재현하는 풍경화 또는 '죽은 것(still life)'을 소묘하는 정물화가 예술의 위계에서 낮은 단계에 속하는 것으로 간주되는 이유도 여기에 있었다.

'자율적' 예술은 이러한 이성적 분할과 위계적 구분에 대한 중지를 통해 성립한다. 물론 이것을 가능케 했던 것은 우리가 앞에서 누차 강조했던 평등의 이념이었다. 미학적 관점에서 평등은 무엇보다 재현 주제들 사이의 위계 파괴를 의미한다. 따라서 이제 모든 것이 재현의 대상이 된다. 일상적 삶을 구성하는 다양한 것들, 말하자면 아주 작고 하찮은 것들이 이제 예술의 영역으로 침입해 들어오게 되고, 이를 통해 일상세계와 구별되는 새로운 지각세계 혹은 감각공동체가 구성된다. 그리고 이와 더불어 아리스토텔레스가 『시학』에서 주장했던 재현 주제에 따른 재현 양식의 구별도 사라진다. 모든 것이 재현될 수 있고, 또 그것이 재현되는 양식 또한 절대적으로 자유로워진다. 그렇기에 일부 논자들이 하고 있는 것처럼 여기에서 포스트모던적 단절을 말할 이유가 없다. 더욱이 이 자유로운 양식과 문체를 한갓 유희에 불과한 것으로 이해하면서 그것을 포스트모더니즘의 한계로 지적하는 것도 적절하지 않다. 플로베르가 말했던 것처럼 자유로운 문체는 '사물을 보는 방식'이기 때문이다. 그것도 사물들을 다르게 보고 생각하는 방식이며, 그러하기에 그것은 새로운 감각세계를 구축한다는 정치적 의미를 가진다.

요약하자면, 미학적 모더니티는 무한 개념을 통해 개시된 모더니티의 완성이라고 할 수 있다. 그리고 사람들이 20세기에 '포스트모던'이라는 이름으로 주장한 것의 기원은 이러한 미학적 모더니티에 있었다고 할 수 있다. 따라서 우리는 이렇게 말해야 할 것 같다. 포스트모던적 단절은 존재하지 않았으며, 우리가 그 이름으로 불렀던 것은 모던의 20세기 형태였다.

7
모더니티와
'보편의 정치'

앞선 논의들을 통해 우리는 모던이 단순히 포스트모던에 의해 비판되고 극복된 과거가 아니라 여전히 현재적이라는 점을 직간접적으로 강조했다. 그러나 이 주장이 좀 더 설득력을 가지기 위해서는 모더니티에 제기되었던 비판 가운데 어쩌면 가장 강력하고, 또한 가장 본질적일 수 있는 것에 응답하는 것이 필요해 보인다. 그 비판은 바로 근대적 보편주의에 관한 것이다. 소위 포스트 담론들은 20세기 이후 인류가 겪은 극악한 폭력들의 뿌리가 근대적 보편주의에 있다고 주장해왔기 때문이다. 대표적으로 포스트모더니즘을 상징하는 철학자 리오타르는 아우슈비츠라는 현대사의 비극은 근대적 사유가 이를 수 있는 궁극적 결과에 다름 아니며, 그러한 점에서 그것은 근대적 이성의 한계를 보여주는 사건이고, 동시에 우리에게 그것과 단절할 것을, 그리고 진정한 사유는 무엇이 되어야 하는지를 성찰하도록 요청하는 사건임을 분명히 한 바 있다. 그리고 이러한 요청에 대한 응답의 결과가 우리가 앞서 논의한 바 있는 포스트모던의 윤리적 전회였다.

근대적 합리성에 대한 비판은 다른 곳에서도 제기되었다. 과거의 구습과 제도를 혁파하고 합리적인 인간사회를 건설하겠다는 기치를 내건 계몽주의는 궁극적으로 유럽중심주의로 전환되어 자신의 타자를 동질화하려는 제국주의적 폭력으로 귀결되었다는 비판이 그것이다. 또한 동일한 합리주의적 정신이 포드 시스템 같은 자본주의 생산체제나 소비에트연방의 관료제가 보여주었던 것처럼 인간에 대한 철저한 통제시스템으로 발전했다는 것이 그것의 또 다른 한계로 지적되었다.

　　그런데 여기에서 비판의 대상이 되고 있는 '근대적 합리주의'가 정확히 무엇인지를 이해할 필요가 있다. 우리는 앞에서 모던의 핵심을 무한 개념으로 제시하면서, 이에 대한 하나의 반응 방식이 코기토 주체 개념이라는 점을 설명한 바 있다. 이 주체 개념을 중심으로 모더니티의 한 양상이 형성되는데, 그것은 서로 불가분의 관계를 맺고 있는 두 논제를 통해 구성된다. 하나는 인간이라는 인식 주체에 의해 구성되는 사물 인식, 앞에서 계산적 합리주의 또는 제한적 합리주의라고 불렀던 학문의 보편 모델이 그것이고, 다른 하나는 세계에 대한 인간 주체의 초월성을 매개로 다다르게 되는 초월적 존재, 즉 절대적 타자의 발견과 그것에 대한 수동성과 종속이 그것이다.

　　이러한 역사적 기원은 포스트 담론들이 대립시키고 있는 근대적 합리성과 타자의 윤리가 사실 하나의 뿌리에서 나온 쌍둥이임을 우리에게 확인시켜주고 있다. 우리가 데카르트에 대한 논의를 통해 보여주었던 것처럼 둘은 이론적으로 서로를 요청하고, 서로가 서로에게 의지하는 관계에 있기 때문이다. 따라서 포스트 담론들이 이 둘을 대립시키면서 하나는 비판하고 다른 하나를 내세우는 것은 둘이 동일한 뿌리를 가지고 있다는 사실을 망각하는 것이고, 나아가 모던에서 포스트모던으로의 이행, 또는 포스트모던적 단절이 허구에 불과한 것임을 은폐하는 것이다. 그것들이 요청하는 포스트모던적 요소는 모던의 한 양상 속에서 한 계기를 구성하고 있기 때문이다.

그러나 그렇다고는 해도 모더니티, 특히 근대적 합리성에 드리워진 모든 의구심이 해소되는 것은 아니다. 포스트모던이 비판적으로 겨냥하는 가장 본질적인 것은 보편주의의 폭력성이기 때문이다. 이 폭력은 앞에서 언급한 제국주의에만 관련된 것이 아니다. 포스트모더니즘의 주창자들은 폭력은 보편주의에 필연적으로 내재한다고 생각한다. 보편주의는 차이와 다양성을 부정하고 억압하기 때문이다.

그런데 모던은 바로 이 보편주의에 의해 규정되는 시대다. 이전 시대에 세계는 위계적 구별을 통해 구성되었다. 그런데 모던은 이 구별을 철폐하고 모든 인간을 자유롭고 동등한 존재로 인정했다. 이렇게 '자유와 평등'의 보편성이 성립하게 된다. 자유롭다는 것은 특정한 부분에 귀속되어 있지 않다는 것을 의미한다. 그렇기 때문에 이 자유는 특정한 장소나 계급의 관점에서 사물을 보지 않을 수 있도록 해준다. 말하자면 자유롭기 때문에 인간은 보편적 담론을 구성할 수 있다. 한 노래 가사가 말하고 있듯이 "아무것도 아니기 때문에 전체가 될 수 있는 것이다(nous ne somme rien, soyons tout)". 한마디로 자유롭고 평등한 인간은 '보편의 주체(subject of the universal)'다. '보편적 주체(universal subject)'라는 의미가 아니라 보편을 산출하는 주체라는 의미에서 그렇다.

이러한 의미에서라면 자유와 평등의 이념에 기초해 있는 모던은 확실히 보편의 시대라고 할 수 있다. 그런데 보편은 사람들이 주장하는 것처럼 차이를 배제하는 폭력을 필연적으로 함축하는가? 적어도 역사는 그것을 증언하고 있는 것처럼 보인다. 다른 어디에서보다 일찍 자유와 평등의 보편성을 긍정했던 유럽인은 스스로를 보편의 주체일 뿐만 아니라 더 나아가 보편적 주체로 생각했다. 그래서 그들은 자신들이 산출한 보편적 인식과 가치들을 유일하게 보편적인 것으로 생각하기에 이르게 된다. 유럽중심주의의 논리는 이렇게 성립하게 된다. 이제 계몽된 주체인 유럽인에게는 아직 보편적 주체가 되지 못한 내부 계층과 외부 민족들을 보편의 길로 인도해야 할 과제가 부여된다. 이렇게 또 '진보'라는 근대적 이념이 출현한다. 그리고 이 유럽 보편주의와 진보의 이념은 우리 모두가 알고 있듯이 제국주의의 논리와 지배 이데올로기가 되어 식민지 침략과 계급 지배에 이용되었다.

그러나 보편주의의 침략과 지배 논리로의 이러한 전환은 사실 보편주의 자체에 내재적인 것은 아니다. 왜냐하면 그것은 서구 강대국들이 주변 국가들을 침략하고 지배하려는 욕망을 정당화하기 위해 보편주의를 정치적으로 이용한 것이기 때문이다. 그렇지만 이것이 곧 보편주의가 폭력의 가능성을 자신 안에 함축하고 있다는 것을 반박하는 결정적인 논거가 되지 못한다는 것도 우리는 인정해야 한다. 오히려 발리바르 같은 사상가는 폭력과 배제, 혹은 차별이 보편주의에 내재적이라고 주장하고 있다. 그렇다면 이것은 소위 '보편의 정치'를, 더 정확히 말하면 정치가 어떤 보편적 이념들에 근거한 요구이거나 행위인 한에서 '정치 자체'를 넘어서야 한다는 요청을 정당화해주는 것은 아닌가? 그리고 우리가 앞에서 현시대의 지배적인 사상적 경향으로 제시한 '윤리적 전회'는 궁극적으로는 바로 이 보편주의 정치에 대한 부정을 통해 성립한 것으로 볼 수 있지 않은가?

이러한 점은 유대교 전통에 입각해서 서구의 합리주의 전통을 비판적으로 바라보는 레비나스, 베니 레비(Benny Lévy)나 장클로드 밀네르(Jean-Claude Milner) 같은 사상가들에게서 분명한 형태로 나타난다. 이들에 따르면 보편의 정치는 법적 질서로부터 배제되고 보호받지 못하는 희생자들의 목소리를 듣지 못한다. 이것은 정치의 한계, 좀 더 정확히 말하면 보편주의의 한계다. 따라서 필요한 것은 이 배제된 자들, 혹은 호모 사케르(homo sacer)의 호소에 응답하는 것, 성서가 가르치고 있는 것처럼 그들의 정체성을 묻지 않고 받아들이고 사랑하는 윤리다. 그들에 따르면 유대교는 이러한 점에서 서구 전통이 오랫동안 정당화해온 보편의 정치에 대한 대안이 될 수 있다.[30] 왜냐하면 이들의 재해석에 따르면 유대교에서 예언(prophecy)은 타자, 예를 들면 고아, 이방인, 희생자들로부터 들려오는 호소에 대한 응답에 다름 아니기 때문이다.

따라서 이제 검토할 필요가 있는 것은 모던이 본격적으로 우리에게 제기하고 있는 문제, 즉 레비가 주장하듯이 우리는 보편의 정치에서 벗어나야 하는가, 더 근본적으로는 그것이 가능한 일인가라는 질문이다. 앞에서 언급했던 발리바르의 테제로부터 시작해보자. 그에 따르면 보편자는 구별과 차별을 내적으로 함축할 수밖에 없다. 그런데 발리바르에게 이 주장은 레비의 경우처럼 보편의 정치를 넘어서야 한다는 요청으로 이어지지 않는다. 오히려 그는 우리가 보편을 벗어날 수 없다는 점을 강조한다. 개별적으로 경험하고 느끼는 것은 그것이 보편적인 것으로 전환되지 않고서는 말해질 수 없고, 따라서 존재한다고 말할 수도 없기 때문이다.[31] 따라서 필요한 것은 보편주의를 옹호하거나 아니면 폐기해야 할 것으로 보는 단순한 관점에서 벗어나 보편이 갖는 내적 모순과 역설을 사유하는 것이며, 보편자와 개별자라는 대립항이 아니라 보편주의의 상이한

---

30 "정치에는 오직 절대자만이 존재하는데, [⋯] 이는 근원적인 예언적 경험의 부정을 통해서다. 우리가 더 이상 예언을 듣지 않을 때, 우리는 정치적 세계관으로부터 오는 목소리를 듣게 된다. 정치적 세계관으로부터, 정치에 존재하는 절대자의 형상으로부터 물러설 때만, 우리는 다시 이러한 [예언적] 목소리들을 들을 수 있을 것이다. 왜냐하면 이 목소리들은 모든 세대를 위해 새겨져 있기 때문이다."[B. Lévy, *Le meurtre du pasteur: Critique de la vision politique du monde*, cited in J. Stetter, "Spinoza and Judaism in the French Context: The Case of Milner's *Le Sage Trompeur*," *Modern Judaism*, 40(2), p. 232]

31 Cf. E. Balibar, *On Universals*, p. 42, 70.

형태들과 그것들의 갈등을 고찰하는 것이다. 이러한 탐구는 우리가 역사 속에서 실제로 보아왔고 현재에도 목도하고 있는 것처럼 하나가 아닌 여러 보편주의 담론들이 존재했고 존재한다는 점, 그리고 그것들은 서로 대립하고 갈등하면서 다른 형태의 보편주의 담론으로 전화된다는 점을 보여줄 것이다.

이러한 문제의식 속에서 다시 우리가 모더니티의 본질적 핵심으로 주장했던 '자유와 평등'의 보편성으로 돌아가 보자. 유럽의 지배 집단이 스스로를 '보편적 주체'로 삼음으로써 저 보편성을 지배의 논리로 전용했다는 것은 앞에서 살펴보았다. 그런데 이러한 정치적 이용을 논외로 하더라도 '자유와 평등'이라는 보편성은 특정한 분할과 배제를 함축하는 보편주의 담론으로 전화될 수밖에 없다는 점에 주목할 필요가 있다. 왜냐하면 보편성은 그 자체로 존재할 수 없고, 특정 주체들에 의해 '특정한 방식으로' 전유되는 한에서, 특수한 형태의 보편주의 담론으로만 존재할 수 있기 때문이다.[32] 이렇게 보편성은 '보편적 주체'란 있을 수 없고 오직 삶의 다양한 맥락 속에서 상이한 언어와 사유를 가진 개별 주체들만이 존재하기 때문에 그들의 해석과 전유를 통해 필연적으로 특수한 것으로 전화될 수밖에 없다. 예를 들면, 20세기 냉전체제를 형성하면서 서로 대립하고 반목했던 두 진영, 즉 '사회주의'와 '자유주의'는 모두 자유와 평등이라는 보편적 원리를 전유했던 '특수한' 보편주의 담론들이었다. 이러한 관점에서 발리바르는 한 걸음 더 나아가 인간학적 보편주의와 인종차별

---

32 발리바르는 헤겔에 준거하여 이렇게 쓰고 있다. "**보편성은 그 대립자로 전환된다.** 언제가 되든 보편성은 의식적이든 무의식적이든 타자들을 배제하는 **특수한** 담론으로 나타나며, 그리고 이 특수한 담론은 이번에는 그 배제된 타자들에 의해 배제된다(저항에 부딪히거나 위협을 받는다)."(E. Balibar, *On Universals*, p. 24. 강조는 저자)

미학이 필요한 순간: 문학과 미술의 동시대적 모색

주의는 내적으로 서로 연결되어 있다고 주장하기도 한다.[33] 인간본성의 보편성이라는 테제는 그것을 전유하는 주체들에 의해 특정 인간본성의 모델로 해석될 수밖에 없고, 그리고 이 모델에 얼마나 가깝고 먼가에 따라 여러 유형의 사람들이 구별되기 때문이다.

발리바르는 보편으로부터 특수로의 이러한 필연적 이행을 '보편의 모순', 혹은 '보편의 역설'이라는 개념으로 요약한다.[34] 보편이 폭력을 내적으로 함축하고 있다고 할 수 있는 이유는 바로 이 모순 때문이다. 모든 것을 하나의 범주로 포괄한다는 의미를 갖는 보편이 차별과 배제의 분할선을 가질 수밖에 없는 '특수한 것'로 전환되기 때문이다. 보편성에 내적인 이 모순은 보편으로부터, 말하자면 그 보편의 구체화된 형태인 법과 제도로부터 벗어나야 할 필요성을 정당화해주기보다 모든 보편적 담론들이 지속적으로 전환되고 재구성될 수밖에 없다는 필연성을 입증한다. 특수한 것으로 전화된 보편주의 담론은 그것이 가지는 분할과 배제 때문에 다른 보편주의 담론들의 저항에 부딪힐 수밖에 없기 때문이다. 따라서 보편이 폭력을 함축하고 있다면, 그 폭력이 이중적이라는 점 또한 주목해야 한다. 요컨대, 폭력은 차이와 다양성을 억압하는 데서만 오는 것이 아니라 이 폭력에 대항하는 데서, 말하자면 대항적 보편주의 담론으로부터도 오기 때문이다.

보편성은 보편주의 담론으로 전환되면서 특정한 분할의 선들을 통해 세계를 구성한다. 따라서 분할과 차별이 없는 세계는 존재하지 않는다. 그러나 또한 마찬가지로 어떤 차별과 배제도 항구적이고 영속적

---

33   Cf. E. Balibar, "Racism as Universalism," in *Masses, Classes, Ideas: Studies on Politics and Philosophy before and after Marx*, trans. J. Swenson, Routledge, 1994.

34   E. Balibar, *On Universals*, p. viii, 12-16, 70.

일 수 없다. 왜냐하면 그것은 필연적으로 저항에 부딪힐 수밖에 없기 때문이다. 그런데 이 저항이 근거하게 되는 것은 어떤 종류의 책임의 윤리, 즉 보편성 자체를 부정하면서 어떤 절대적 선에 호소하는 도덕이 아니다. 배제에 대한 배제도 마찬가지로 보편주의 담론에 근거한다.

자유와 평등의 보편성은 「인권선언문」에 기입되어 성문화되었고, 이것은 이후 법과 제도로 구체화되었다. 그러나 어디에서도 인권은 보편성 그 자체로 실현되지 않았다. 그리고 이것은 앞으로도 영원히 그러할 것이다. 20세기 전까지 여성은 보편적 인간의 범주에서 배제되었고, 그래서 그들의 인권은 제한적이었다. 물론 이것은 현재도 마찬가지다. 그러나 전혀 변화가 없는 것은 아니다. 이전에 분할선이 투표권이나 피선거권에서 그어졌다면, 이 분할선이 저항에 의해 폐지된 지금 그것은 또 다른 분할선으로 대체되었다. 여기에서 분명해지는 것은 인권의 보편성은 한갓 이름일 뿐인 것도, 또 실제적인 것도 아니라는 점이다. 인권을 특정하게 제한된 방식으로 규정하면서 그것을 제도화하는 것도 인권의 정치이고, 부과된 제도적 제한성에 저항하는 것도 인권의 정치다. 따라서 인권의 보편성은 지배자의 담론만도 아니고 피지배자의 담론만도 아니다. 오히려 그것은 발리바르가 말하고 있는 것처럼 '전투의 장(site of struggle)',[35] 그 해석을 둘러싸고 무수히 많은 담론이 격돌하는 장으로 규정할 수 있을 것이다.

결국, 인권의 보편성이 선언되고 난 이후, 우리는 인권의 정치를 벗어난 적 없고 또 그럴 수도 없었다. 이 정치는 모더니티를 토대 짓고 형성시킨 무한 개념, 그리고 그것의 정치적 번역인 자유와 평등의 이념에 기초하고 있다. 이는 우리가 앞에서 언급했던 무한에 대한 안전주의적 반

---

35 E. Balibar, 앞의 책, p. 4.

응으로 출현했던 또 다른 모더니티, 주체-인간의 발명과 절대적 타자의 요청을 그 핵심 내용으로 하는 모더니티와는 구별되는 것이다. 그것은 안전과 안정을 택하기보다 유동적이고 불확실하지만 현실을 있는 그대로 긍정하면서 그 열린 가능성을 시험하고자 하는 에토스를 보여준다. 바로 이 점에서 그것은 우리가 이 글을 시작하면서 언급했던, 푸코가 일종의 에토스로서 정의하고 있는 모더니티 개념과도 합치한다.

8
결론:
모더니티의 두 양상

앞에서 말했듯이 '포스트모던 다음에는 무엇이 오는가?'라는 질문은 어려움과 위험을 모두 안고 있다. 그럼에도 우리가 이 질문을 던져야 했던 것은 무엇이 우리가 진정으로 마주해야 할 질문인지를 찾기 위해서였다. 우리는 앞에서 '포스트모던 이후'에 관한 탐구는 우리를 '포스트모던'에 대한 질문으로, 그리고 이것은 궁극적으로 '모던'에 대한 성찰로 이끌고 있음을 보여주려고 했다. 그리고 이를 통해 우리에게 진정으로 중요하고 필요한 질문은 '모던이란 무엇인가?'라는 점을 강조하고자 했다. 아마도 혹자는 이러한 태도를 모더니티를 탐구하는 가장 반모던적인 태도라고 비판할 수도 있을 것이다. 그러나 우리의 탐구는 현재, 즉 '포스트모던 이후'의 관점에서 다시 바라보고, 또 거기에서 재발견하게 된 모더니티에 관한 것이다.

이러한 관점에서 모던, 포스트모던, 포스트모던 이후에 관한 앞선 논의들을 정리해보자. 앞에서 우리가 말하고자 했던 것은 포스트모던이나 포스트모던 이후의 x-모던은 모두 모더니티에 대한 상이한 해석들이라는 점이다. 그리고 우리가 보기에 모더니티에 대한 해석은 크게 두

미학이 필요한 순간: 문학과 미술의 동시대적 모색

진영으로 나뉜다. 둘 사이의 차이는 근본적으로 우리가 앞에서 모더니티를 설명하면서 주제화한 무한에 대한 태도, 유한한 우리 인간이 그것에 대해 가질 수 있는 관계 설정에서 찾아질 수 있다.

모던의 출발점인 데카르트는 무한의 세계에 마주하여 자신을 보호하고 잃어버린 안정성을 되찾기 위해 자아라는 성을 구축하기 원했다. 이렇게 그에게 세계는 이원화된다. 이러한 의미에서 우리는 데카르트의 모더니티를 '이원론적 모더니티(dualistic modernity)'라고 부를 수 있을 것이다. 물질세계의 침범으로부터 인간을 구원하고자 했던 데카르트의 또 다른 계승자는 철학에서는 현상학이었고, 사회학 쪽에서는 게오르크 지멜이었다. 현상학은 철학사에 '의미'의 문제를 본격적으로 도입하면서 의미 발생의 토대인 순수의식으로 돌아갈 것을 요청했다는 점에서, 그리고 지멜은 한편으로는 자본주의의 본격적 발전에 따른 상품화폐관계의 전일화와 다른 한편으로는 그 속에 매몰되지 않을 개체성의 구축이라는 이원성을 모더니티의 양상으로 그리고 있다는 점에서 둘 모두 데카르트의 이원론적 모더니티를 계승한다고 할 수 있다. 그리고 우리는 오늘날 이 모더니티의 21세기 형태를 앞에서 논의했던 포스트모던의 윤리적 전회에서 발견하게 된다. 자본주의라는 거대한 파멸적 힘에 휩쓸리고 파괴되지 않을 지렛대를 윤리적 주체 속에서 찾으려 한다는 점에서 그러하다. 이러한 해석적 전통의 핵심은 윤리적 전회에 관한 논의에서 언급했듯이, 정치의 불가능성이라는 테제다. 이들이 선택한 것은 광장이 아니라 내면의 성이기 때문이다.

모더니티에 대한 또 다른 해석적 전통은 무한이 함축하고 있는 자유와 평등뿐만 아니라 그것의 위험도 온전히 받아들이면서 다양한 가능성을 실험해보고자 하는 시도라고 요약할 수 있을 것이다. 주지하다시피 자본주의의 형성과 발전은 개인들의 자유를 확립했는데, 그것은 이중적 의미에서 그러했다. 하나는 자본으로부터의 자유로서, 이 자유는 자본주의 생산관계에 대한 예속을 의미한다. 그러나 다른 한편으로는 신분적 예속으로부터의 자유, 사유하고 말하고 표현할 자유가 있다. 두 자유는 서로 묶여 있어 분리될 수 없다. 따라서 필요한 것은 자본주의라는 거대한 힘의 흐름 속에서, 그것을 가능케 했던 자유와 평등의 이념에 따라 새로운 가능성을 계속해서 실험하는 것이다. 여기에서 자본주의적 모더니티와 자유·평등의 모더니티는 분리될 수 없는 짝을 이룬다.

우리가 앞에서 살펴보았던 미학적 모더니티는 자유와 평등이라는 모던적 이념의 미학적 표현이다. 이러한 의미에서 그것은 앞서 논의한 첫 번째 해석적 전통과는 정반대로, 정치의 가능성을 옹호한다. 이와 관련하여 에드거 앨런 포, 보들레르, 그리고 벤야민에서 등장했던 '군중 속의 사람'이라는 테마는 주목할 만하다. 자본주의적 대도시의 군중을 자신의 집 안에서 거리를 가지고 바라보는 호프만(E. T. A. Hoffman)의 소설 『사촌의 구석 창문』의 관찰자와 달리 '군중 속의 사람'은 군중과 함께 그 속에 있다. 자본주의가 만들어낸 새로운 삶의 환경을 지배하는 일시성, 우연성, 일회성을 승인하면서, 그 가운데서 새로운 아름다움을 찾으려는 예술적 노력은 사물들을 새롭게 봄으로써 세계를 재구성하려는 정치적 실험이자 그것을 통해 자기 자신을 혁신하고자 하는 윤리적 노력이기도 하다.

결론적으로 말하자면, 중요한 것은 모더니티의 해석 문제다. 모던, 포스트모던, 포스트모던 이후라는 시대적 변화가 있는 것이 아니라 모더니티에 대한 상이한 해석들이 있다. 다시 한번 우리의 질문으로 되돌아가 보자. 포스트모던 다음에는 무엇이 오는가? 이 질문이 우리를 이끈 것은 결국 모더니티에 대한 탐구였다. 그리고 이 모더니티의 해석에서 결정적인 것은 그것의 정치성이었다. 그런데 이 정치성은 우리 시대에 주제적으로 나타나고 있는 포스트모던의 윤리적 전회라는 현상을 마주하면서 그것의 뿌리를 밝히려는 노력 속에서 재발견한 모더니티의 본질이다. 우리는 이 정치성이 모던에 고유한 무한 개념, 그리고 그것의 정치적 번역인 자유와 평등의 이념에서 기원하는 것임을 보여주었다. 그리고 이와 더불어 포스트모던과 그 윤리적 전회는 이 모더니티의 정치성에 대한 한 해석이자 판결이었음을 드러내고자 했다.

　　　　이를 통해 우리는 결국 모던, 포스트모던, 그리고 그 이후에 관한 논의에서 핵심적 논점은 시대적 전환과 구분의 문제가 아니라 모더니티에 대한 상이한 두 해석의 문제, 궁극적으로는 그 정치성에 대한 상이한 평가 문제라는 결론에 이르게 된다. 자본주의적 모더니티에 내재하는 폭력과 비극은 자유와 평등의 이념에 근거하고 있는 근대적 정치를 통해 여전히 제어 가능한가? 아니면 근대적 정치는 실패했고, 더 나아가 실패할 수밖에 없기 때문에 '광장'으로 나아가기보다는 무차별적 힘의 논리로부터 벗어난 '내면'으로 되돌아가 거기에서 치유와 연대의 가능성을 모색해야 하는가? 이 지점에 이르러 우리는 마침내 이 글이 던졌던 질문, 즉 '포스트모던 다음에는 무엇이 오는가'라는 질문에 대한 긴 논의와 성찰이 어디에 이르게 되었는지 확인하게 된다. 종착점에 이르러 우리가 마주하게 되는 것은 보다 근본적인 또 다른 질문, 즉 모더니티 자체에 내재해 있었지만 포스트모던 이후 지금에서야 비로소 가시화되고 있는 다음의 질문이다. 모더니티의 정치는 여전히 우리 시대의 해결책이 될 수 있는가?

참고문헌

데리다. 『마르크스의 유령들』. 진태원 역. 이제이북스, 2007.

데카르트. 『정신지도를 위한 규칙들』. 이현복 역. 문예출판사, 1997.

박기순. 「무관심성과 미학적 모더니티」. 『미학』 88(4), 2022, 37-68쪽.

벤야민. 「보들레르의 몇 가지 모티프에 관하여」. 『발터 벤야민 선집 4』. 김영옥·황현산 역. 도서출판
　　　길, 2010.

실러. 『프리드리히 실러의 미적 교육론』. 하선규 외 역. 대화문화아카데미, 2015.

칸트. 『판단력비판』. 하선규 역. 미출간 원고.

Badiou, Alain, *Le siècle*, Seuil, 2005.

Balibar, Étienne, "Causalité, individualité, substance: Réflexions sur l'ontologie de
　　　Spinoza," in *Spinoza: Issues and Directions*, ed. by E. Curley and P.-F. Moreau,
　　　E. J. Brill, 1990.

_____, "Racism as Universalism," in *Masses, Classes, Ideas: Studies on Politics and
　　　Philosophy before and after Marx*, trans. J. Swenson, Routledge, 1994.

_____, "Violence: idéalité et cruauté," *dans De la violence 1*, Séminaire de Françoise
　　　Héritier, Odile Jacob, 2005.

_____, *On Universals: Constructing and Deconstructing the Universal*, trans. by J. D.
　　　Jordan, Fordam University Press, 2020.

Derrida, Jacques, *Donner la mort*, Galilée, 1999.

Foucault, Michel, *Dits et écrits*, 4 vols, Gallimard, 1994.

_____, *La pensée du dehor,* Fata morgana, 1986.

Hassan, Ihab, "Beyond Postmodernism: Toward an Aesthetic of Truth," in *Supplanting the Postmodern*.

Koyré, Alexandre, *From the Closed World to the Infinite Universe*, The Johns Hopkins Press, 1957.

Lipovetsky, Gilles, "Time Against Time, or The Hypermodern Society," in *Supplanting the Postmodern*.

Lyotard, Jean-François, *The Postmodern Explained*, University of Minnesota Press, 1992.

McGowan, John, "They Might Have Been Giants," in *Supplanting the Postmodern*.

Rancière, Jacques, *Malaise dans l'esthétique, Galilée*, 2004.

Rudrum, David and Stavris, Nicholas (ed.), *Supplanting the Postmodern*. An Anthology of Writings on the Arts and Culture of the Early 21st Century, Bloomsbury, 2015.

Samuels, Robert, "Auto-Modernity after Postmodernism: Autonomy and Automation in Culture, Technology, and Education," in *Supplanting the Postmodern*.

Spinoza, *Collected Works of Spinoza*, Vol. 2, edited and translated by E. Curley, Princeton University Press, 2016.

Stetter, Jack, "Spinoza and Judaism in the French Context: The Case of Milner's Le Sage Trompeur," *Modern Judaism*, 40(2), 2020.

II

먼지의 시대:

포스트모더니즘과 동시대 문학 이론

이동신
서울대학교 영어영문학과

1
들어가며:
포스트모더니즘 회고

1984년에 출간된 『예술의 죽음』(*The Death of Art*)을 떠올리며 미술
비평가이자 철학자인 아서 단토(Arthur C. Danto)는 1997년 자신의 책 『예술
의 죽음 이후』에서 당시 자신의 의도를 다음과 같이 "서둘러 밝힌다(hasten
to clarify)"(4).

> 책 제목은 내 생각이 아니었다. 왜냐면 나는 예술의 역사에서
> 객관적으로 실현됐다고 여겨진 특정한 서사에 관해 글을 쓰고 있었
> 고, 끝이 난 것은 바로 그 서사라고 생각했기 때문이었다. 이야기는
> 끝났다. "죽음"이 분명히 의미하는 것처럼 더 이상 예술이 없을 거
> 라는 뜻이 아니었다. 내 생각은 이제 어떤 예술을 만들더라도 그것
> 을 적절한 다음 단계로 보이게 만드는 서사의 혜택이나 확신 없이
> 만들어져야 한다는 것이었다. 끝을 마주한 것은 그 서사이지 그 서
> 사의 주제가 아니었다(Danto 4).

단토가 죽음을 맞았다고 말하는 서사는 물론 잘 알려진 것처럼

모더니즘이다. 모더니즘과 예술의 관계를 따져봤을 때, 어쩌면 예술론이라는 영역 자체가 모더니즘의 산물이라고 할 수 있다는 점을 고려했을 때, 단토가 그저 특정한 예술 서사 하나의 죽음을 알리는 것인지 의문이 들 수밖에 없다.

어찌 됐든 단토가 모더니즘 서사의 죽음을『예술의 죽음』이 출간된 1984년경에 목도한 것은 아니었다. 1969년 조지프 코서스(Joseph Kosuth)가 한 인터뷰에서 "지금 예술가의 유일한 역할은 '예술의 본질 그 자체를 탐구하는 것이었다'"고 말한 것을 인용하면서, 단토는 예술 작품이 "내가 왜 예술 작품이지?'라는 질문"을 던지는 것과 같은 말이라고 설명한다(13). 그러면서 "이 질문으로 인해 모더니즘의 역사는 끝이 났다"고 선언한다(Danto 14). 1980년대 예술 시장의 혼돈에서 1984년『예술의 종말』(The End of Art)을 출간한 것을 떠올리며, 그는 사실 "예술의 죽음"이 그보다 "20년" 전에 일어났다고 밝힌다. 그 일은 "극적인 사건이 아니었다. … 그 시기를 살아갔던 사람들에게 대체로 보이지 않은 일이었다"고 회고하면서, 자신도 당시에는 깨닫지 못했지만 20년이 지난 1984년이 돼서야 일종의 "역사적 인식(perception)" 차원에서 알게 되었다고 고백한다(Danto 24).

단토에 따르면, 모더니즘 서사는 매우 헤겔적인 입장에서 예술을 바라본다. 즉 "예술에는 초역사적인 본질이 있고, 이것은 어디서나 그리고 언제나 똑같다. 하지만 이 본질은 역사를 통해서만 스스로를 드러낸다"는 입장이다(Danto 28). 이 본질을 "특정한 예술 스타일"로 지정하면서, 다른 스타일의 예술들은 모두 일종의 "분장, 혹은 '예술로서의 예술'의 본질에 속하지 않는 역사적 우연"이 된다고 단토는 설명한다. 따라서 모더니즘 시대에 비평가의 임무는 이러한 "분장"과 "우연"을 축출하고 헤겔식의 "절대정신"을 발현하는 예술을 찾는 것이었다(29). 그러한 임무를 가장 잘 구현하는 방식은 바로 "선언서(Manifesto)"이기에 단토는 모더니즘을 "선언서의 시대"라고 지칭한다(29). 그렇기에 예술의 죽음은 이 "선언서의 시대"와 그 시대의 "갈등으로부터 자유"를 의미한다(Danto 37). 물론 모더니즘은 "선언서와 맞지 않는 것은 무엇이든지 제거함"으로써 자유를 추구했다는 비판을 받는다. 그리고 그런 모더니즘의 폭력적 역사가 끝나는 시점에서 추구되는 또 다른 방식은 "제거의 필요 없이 함께 살아가는 것, 상대가 무엇이든 그게 무슨 차이냐고 말하는 것"이다(Danto 37). 이 경우 진정한 질문은 "당신이 어떤 사람인가?"이고, 결과적으로 "다문화주의 시대에 윤리 비평이 살아남고, 예술 비평이 다중성의 시대에 살아남는다"라고 단토는 진단한다(37).

물론 단토의 진단은 『예술의 죽음』을 출간한 1984년이 아니라 그보다 10여 년이 지난, 그러니까 모더니즘 서사의 종말을 목도한 지 30여 년이 지난 1997년에 내려진 것이다(그래서 그가 이 진단을 전하는 장의 제목은 "예술의 종말 이후 30년"이다). 왜 이처럼 오래 걸렸을까? 종말의 조짐을 30년 전에 느끼고, 20년 후에 되돌아보며 그 조짐의 성격을 규정하고 나름의 예측을 할 수 있었다. 하지만 종말의 진정한 결과를 통해 예측이 맞았는지 제대로 진단을 내리기 위해서는 10년이 더 필요했던 것만 같다. 그래서 "나의 예측이 예술의 실제 현장에서 어느 정도로 증명되고 있을까?"라는 질문을 던지면서 단토는 "주위를 둘러봐라"라고 자신 있게 얘기한다. 그러면서 "역사적 현재의 다중적 예술 세계가 다가올 정치적인 일들의 예고라고 믿는다면 얼마나 좋을까!"라고 매우 희망적인 목소리로 글을 마무리한다(37).

우연이겠지만, 다시 따져보면 당연하다 싶을 단토와의 평행선이 문학 비평에서도 그어졌다. 소설가이자 비평가인 존 바스(John Barth)는 1967년 「소진의 문학」(Literature of Exhaustion)이라는 글을 출간했다. 그리고

1984년 출간한 에세이 모음집인 『금요일의 책』(The Friday Book)에서 바스는 「소진의 문학」이 "소설의 죽음 혹은 문학의 종말을 다룬 또 다른 글이라고 종종 오독되었다"라고 회고한다(64). 자신의 의도는 오히려 "고난도의 기교(virtuosity)는 미덕이고, 예술가들이 세계의 상태와 예술의 상태에 관해 무엇을 느끼는가는, 그 느낌으로 그들이 무엇을 하는가에 비해 덜 중요하다"고 밝힌다(Barth, Friday 64). 실제로 「소진의 문학」에서 바스는 세 가지 사안을 다룬다. "첫째, 새로운 '인터미디어' 예술로 인해 제기된 오래된 질문들; 둘째, … 루이스 보르헤스에 관한 몇 가지 측면들 …; 셋째, 나 자신의 직업적 문제들 일부로서 다른 두 사안과 관련되어 있으면서 내가 '소진된 가능성의 문학' 혹은 좀 더 세련되게 '소진의 문학'이라고 부르는 것과 관련된" 사안이다(Barth, Friday 64).

　　　전통적인 매체가 아닌 좀 더 대중적인 방식으로 생산되고 전달되는 "인터미디어" 예술로 인해 "전통적인 관객뿐만 아니라 … 가장 전통적인 예술가 개념 … 비상한 재능을 가진 사람으로서 이 재능을 고난도의 기교로 발전시키고 수행하는 이가 제거된다"라고 바스는 진단한다(Friday 65). 자신은 "많은 사람이 할 수 없는 종류의 예술을 좀 더 좋아한다"고 말하면서도 바스는 "예술과 그 형식과 기술은 역사에 존재하고, 따라서 분명히 변한다"라는 점을 솔직히 인정한다(Friday 65-66). 마찬가지로 "인터미디어" 예술은 자연스러운 과정의 하나이기에 "한편으로는 미학의 전통적인 영역과 다른 한편으로는 예술적 창조 사이의 중간 단계"로 봐야 한다고 주장한다(Barth, Friday 66). "인터미디어" 예술 자체에 대해서는 유보적이면서도 바스는 이 단계에 집중하는 예술가들이 "그러한 작품들을 만들거나 이해하는 과정에서 무언가 쓸만한 것을 제안할 수 있을 것"이라고 기대한다(Friday 66).

　　　바스는 보르헤스를 통해 "기술적으로 구식인 예술가와 기술적으로 최신인 비예술가, 그리고 기술적으로 최신인 예술가 간의 차이"를 보여주고자 한다(*Friday* 66). 첫 번째 범주에는 20세기에 활동함에도 이전 세기의 작가들인 "도스토옙스키나 톨스토이나 발자크"처럼 글을 쓰는 사람들이 속하고, 두 번째에는 새로운 매체나 형식을 일상에서 적극 활용하는 일반인들이 속한다(Barth, *Friday* 67). 그리고 세 번째를 대표하는 작가로 바스는 사무엘 베케트, 블라디미르 나보코프와 더불어 호르헤 루이스 보르헤스를 꼽는다. 바스는 이들의 작품이 "최후의 상태(ultimacies)를 기술적이면서 주제적으로 고찰하고 다룬다"고 진단한다(*Friday* 67). 보르헤스의 「돈키호테의 저자 피에르 메나르」에 관해 바스는 "놀랍고 독창적인 문학 작품"이라고 높이 평가한다(*Friday* 69). 이 작품에서 보르헤스가 한 일은 세르반테스의 작품을 그대로 옮기면서도 마치 새롭게 전한다는 듯이 얘기하는 것이라는 점을 감안한다면 놀라운 평가다. 이에 대한 바스의 설명은 작품이 "독창적인 문학 작품을 쓰는 어려움, 어쩌면 불필요성"을 전하고, 그러면서 보르헤스가 "지적으로 막다른 길을 직면하면서, 이를 정반대로 사용해 새로운 인간 작품을 성취한다"라는 것이다(*Friday* 69-70). 즉, 창작의 가능성이 소진된 상태에서 결코 새롭지 않은 것을 새롭다는 듯이 내놓는 것보다는 소진 자체를 직접 다루는 작품이라는 의미다.

1960년대의 혼란한 시대, 혹은 바스에 따르면 "바로크 현실"에서 중요한 점은 그 현실 자체를 직면하고 인식하는 것이다. "인터미디어"를 거부하거나 적극 수용하는 대신, 이를 하나의 단계로 보고 주의 깊게 살피는 일이 중요한 것과 유사하다. 바스는 그러한 인식에서 궁극적으로 소진의 시대를 뛰어넘을 무언가가 나올 거라고 기대한다. 다만 그가 소진의 시대를 인정하고, 따라서 문학의 종말을 말하는 것이라고 사람들이 착각했을 뿐이다. 그렇다면 바스의 기대가 옳았을까? 바스는 1980년에 출간된 「재생의 문학」(Literature of Replenishment)에서 당시 본인을 포함한 일군의 작가들에 의해 활성화된 포스트모더니즘 소설을 정의하고자 한다. 그는 포스트모더니즘 소설이 "모더니스트 이전과 모더니스트 글쓰기 양식이라고 정의될 수 있는 대립항(antitheses)의 조합이나 초월"을 추구해야 한다고 말한다(Barth, *Friday* 203). 따라서 그에게 "이상적인 포스트모더니스트 작가는 자신의 20세기 모더니스트 부모나 19세기 프리모더니스트 조부모를 단순히 거부하지도 모방하지도 않는다"(Barth, *Friday* 203). 대신 그는 소진되는 것만 같았던 선조들의 "글쓰기 양식"을 자유롭게, 그러면서 "좀 더 대중적인" 방식으로 사용하는 작가다. 이렇게 포스트모더니즘 소설과 작가가 무엇인지 자신 있게 밝히면서, 바스는 「소진의 문학」이 실제로 "언어나 문학이 아니라 고급 모더니즘 미학의 실질적인 '소진'에 관한" 글이었다고 회고한다(*Friday* 206). 포스트모더니즘 소설은 그 소진에서 성장했고, 그래서 바스는 "언젠가는 재생의 문학으로 여겨지기를 바란다"고 고백한다(*Friday* 206).

바스의 바람은 이루어졌을까? 단토와 비슷하게 바스도 1990년대, 정확히는 1996년 「예술의 상태」(The State of the Art)라는 글에서 당시 "소설의 상태"을 진단한다('State' 36). 1990년대 소설 쓰기에서 가장 두드러진 특징은 매체의 변화다. 많은 작가가 펜과 종이 대신 워드프로세서 혹은 컴퓨터로 글을 쓰고, 저작물은 종이가 아닌 CD나 하이퍼텍스트 형식으로 출간되기도 했다. 자신이 이러한 변화에 뒤처져 있음을 인정하면서도 바스는 나름의 의견을 제시하기 위해 지난 30년을 되돌아본다. 1981년 글쓰기 수업에서 처음으로 워드프로세서를 접하고, 깔끔하게 정리된 출력본 덕분에 "작가 지망생들이 좀 더 객관적인 시각으로 원고를 평가할 수 있을 것"이라고 기대했던 일을 떠올린다(Barth, 'State' 39). 하지만 당시 글쓰기 강사로 정반대 입장을 취했던 한 작가는 "이거 끔찍하네요! 학생들은 글이 마무리되었다고 생각할 겁니다. 그저 그렇게 보일 뿐인데요"라고 외쳤다(Barth, 'State' 39). 그러면서 바스는 본인의 기대가 틀렸고, 그 작가가 옳았음을 인정한다. 좀 더 과거로 돌아가 바스는 1960년대에 자신이 「소진의 문학」을 쓴 시기를 떠올린다. 1990년대에 전통적인 소설 형식을 위협하는 매체가 하이퍼텍스트라면 당시에는 영화와 텔레비전이었고, 후자의 인기와 영향력으로 인해 소설은 죽은 혹은 죽어가는 장르로 인식되었다. 「소진의 문학」에서 설명하듯이, 동료 작가 지망생들과 함께 소설이라는 "가라앉는 배"에서 탈출할지 말지를 고민하던 바스는 이 소진 자체를 과감히 재연하는 글쓰기를 한다. 즉 종이라는 2차원적 매체에 영화나 텔레비전이 추구하는 3차원적 가능성을 탐구하는, "행과 쪽의 대안"을 찾는 글쓰기를 한 것이다. 그 결과로 그는 『놀이집에서 길 잃기』(Lost in the Funhouse)라는 실험적인 소설을 썼다(Barth, Lost 43). 예를 들어 이 소설의 "프레임-이야기(Frame-Tale)"라고 명명된 앞부분에서, 바스는 종이 위에 점선을 그어놓고 "점선을 자르시오. 끝부분을 한 번 꼬아서 AB를 ab에, CD를 cd에 붙이시오"라고 지시한다(Lost 1). 지시를 따르면 뫼비우스 띠가 만들어진다. 그리고 이어지는 이야기들은 일종의 뫼비우스 띠처럼 진행하기에 독자는 말 그대로 "길 잃기"를 경험하게 된다.

1990년대에 일어나는 새로운 변화 속에서 지난 30년을 돌아본 바스가 「예술의 상태」에서 전하는 결론은 두 가지다. 출판물로서 소설은 "선형성과 마취성(linearity and anesthecity)"이라는 두 가지 특징을 피할 수 없다(Barth, 'State' 43). 즉 서사란 단어들이 연이어 나오며 선을 이루는 것이고, 글자로서 이 단어들은 실제의 "신체적 감각"을 직접적으로 자극하는 것이 아니라는 의미다(Barth, 'State' 43). 두 번째 결론은 그런 특징들이 반드시 "유명무실한 것은 아니다"라는 것이다(Barth, 'State' 43). 여전히 인간에게는 선형적으로 경험하는 것들이 있고, 그런 경험을 전하는 데 있어서 "출판 매체가 가장 적절하다"는 뜻이다(Barth, 'State' 44). 자신은 일종의 "양식 호

기심(modality curiosity)"이 있는 작가라고 말하면서, 바스는 자신처럼 옛 매체를 쓰는 사람을 위해 새로운 매체에 "무언가 쓸만한 것이 있을지" 살펴본다고 설명한다('State' 45). 그리고 그 무언가를 찾는다면 여전히 생존할 수 있을 거라고 암시한다. 글을 끝내면서 바스는 새로 발견한 사실을 덧붙인다. "디지털 미디어의 내용이 고급 종이에 적힌 말보다 훨씬 이전에 사라진다"라는 한 컴퓨터 과학자의 말을 인용한 것이다(Barth, 'State' 45). 종이 매체의 상대적 영속성을 언급하면서, 하이퍼텍스트도 또 다른 "인터미디어"일 뿐이기에 결국 다음 단계의 소설을 위한 밑거름이 될 거라고 암시하는 듯하다.

　　　1960년대 포스트모더니즘의 등장을 누구보다 먼저 감지했던 단토와 바스는 그 등장이 '종말'이라고 여겨질 정도로 중대한 일이었다고 30년이 지난 1990년대에 회고한다. 물론 그 '종말'이 예술이나 문학 전반이 아니라 모더니즘이라는 사조의 종말이었다고 설명하고, 지난 30년 동안의 변화가 이제 새로운 무언가를 만들어낼 것이라고 기대하기도 한다. 그들의 기대에 부응한 것이 바로 포스트모더니즘이다. 포스트모더니즘으로 대변되는 첫 30년은 후기구조주의, 해체주의, 프랑스 페미니즘, 문화연구, 포스트콜로니얼리즘, 정동 이론, 퀴어 이론 등 다양한 이론이 지배했다고 할 수 있는 시기였다. 따라서 이 이론들을 살펴보면서 그 상관관계를 따져보는 것이 첫 30년을 다루는 가장 적절한 방법이겠지만, 그럴만한 역량도 공간도 없기에 이 글에서 나는 사뭇 다른 방식으로 이 이론의 시대를 살펴보고자 한다. 바로 당시에 등장한 반이론에 주목하는 것이다. 이론과 반이론의 논쟁 아래에 숨어있는 그 시대의 문학연구들이 가진 공통점을 찾기 위해서다. 그리고 이 공통점은 포스트모더니즘 시대뿐만 아니라 이후 30년, 즉 1990년대부터 현재까지를 살펴보는 관점을 제공하고, 어쩌면 2020년대 이후의 30년을 예측할 밑거름이 될 것이다.

　　　미학이 필요한 순간: 문학과 미술의 동시대적 모색

2
책 먼지의 시대

나에게 포스트모더니즘을 다시 생각하는 일은 움베르토 에코의 『장미의 이름』에 나오는 수사들을 떠올리게 한다. 먼지가 풀풀 나는 오래된 고문서를 끄집어내어 숨겨진 비밀을 찾거나 혹은 숨기려는 그들처럼, 나는 책장에서 적어도 내게는 아주 오래된 책, 대학 시절 내게 포스트모더니즘을 처음으로 알려준 색이 바랜 롤랑 바르트의 『텍스트의 즐거움』을 꺼내 펼쳐본다. 물론 터무니없는 비유라는 것을 안다. 수사들의 고문서는 적어도 천년은 묵은 것이고, 나의 바르트는 고작 30년 전에 구매한 책일 뿐이다. 수사들의 비밀은 인류 문명, 최소한 서양 문명의 진실과 관련된, 그래서 삶과 죽음을 결정하는 비밀이고, 바르트를 다시 읽으며 내가 찾는 것은 이제는 해묵은, 학계에서 거의 논의조차 하지 않는 포스트모더니즘의 한 이론일 뿐이다. 그럼에도 한 가지 유사점이 있다. 수사들이나 나나 모두 책 먼지를 마신다는 점이다. 어떤 비밀이 담겨 있든, 얼마나 오래되었든지 상관없이, 종이라는 물질로 된 책은 어느 정도 시간이 지나면 먼지를 낸다. 책을 읽는다는 행위는, 그래서 그 책에 관해 이야기하고 나름의 이론을 만드는 행위는 이처럼 책 먼지를 마시는 일이다. 그렇게 『장미의 이름』의 배경이 되는 때와 바르트가 글을 썼던 때는 한 시대로 묶인다. 바로 책 먼지의 시대다.

역설적으로 바르트가 『텍스트의 즐거움』을 썼던 1973년, 좀 더 정확히 말하자면 그 이전에 「저자의 죽음」을 썼던 1967년은 책 먼지의 시대가 마침내 끝나기 시작한 때다. 더 이상 책을 만들지 않는다거나 책에서 먼지가 나지 않게 되었다는 말은 아니다. '책 먼지'에 둘러싸인 학자의 진정성, 빽빽하게 책으로 가득 찬 도서관에서 자연스럽게 느껴지는 경외감, 인류의 지식의 보고와 그 지식을 대표하는 이른바 고전에 대한 존중이 더 이상 당연시되지 않게 되었다는 의미다. 작게는 책의 위상, 크게는 인문학의 위상, 어쩌면 더 크게는 문명의 위상에 큰 변화가 시작되었다는 뜻이다. 그런 위상을 믿고 추구하던 시대를 '모더니즘'이라고 하면서, 이 새로운 변화의 시대는 '포스트모더니즘'이라는 이름을 가지게 되었다. 바르트는 바로 이 포스트모더니즘 시대가 도래했음을 알린 것이다. 그리고 다소 이견이 있을 수 있겠지만, 대부분 학자들은 이후 30년 정도가 포스트모더니즘의 시대라는 데 동의한다. 과연 이 시대가 그처럼 우상파괴적이었는지는 지금도 논쟁거리다. 그럼에도 분명한 점은 포스트모더니즘으로 "책 먼지의 시대"에 크고 작은 균열들이 생겼다는 사실이다. 그리고 그 균열들 사이를 파고드는 것이 바로 포스트모더니즘 이론들이다.

바르트는 "저자는 책을 부양하는" 존재로서 마치 "아버지와 자식의 관계에서처럼 자신의 작품과 선행적인 관계를 맺는다"고 말한다(31). 반면 "현대적인 필사자(scripteur)는 자신의 텍스트와 동시에 태어난다"라고 주장하면서 부자 관계를 쌍둥이 관계로 바꾼다(바르트 31). 그렇다면 이 쌍둥이들은 어떻게 태어나는 것일까? 그들의 부모는 누구/무엇일까? 아마도 바르트는 여기에 대해 '언어'라고 답할 것이다. 사실 여기에는

미학이 필요한 순간: 문학과 미술의 동시대적 모색

가끔은 거의 동시에, 아니면 가끔은 오랜 후에 세 번째 자식이 더해진다. 바로 독자다. 필사자, 텍스트, 독자는 모두 언어에서 태어난 형제자매다. 그렇다고 그들 사이에 끈끈한 정이 있는 것은 아니다. 부모인 언어가 그랬듯이 이들도 서로에게 무심하다. "언어는 '인간'이 아닌 '주어'를 알 뿐"이라는 바르트의 말을 수용한다면, 언어의 자손들도 서로에게 그저 옆자리를 채우는 존재일 뿐이다(바르트 30). 이렇게 무정한 친족관계에서 저자라는 아버지의 자리는 없다. 그래서 바르트는 "독자의 탄생은 저자의 죽음이라는 대가를 치러야 한다"고 말한다(35). 정확히 말하자면 "저자의 죽음"은 이미 필사자와 텍스트로 시작했고, "독자"는 이미 저자가 죽은 세상에서 태어나는 것이다.

저자의 죽음과 독자의 탄생 그리고 작품의 소진과 텍스트의 확장은 바르트의 이론을 정리하는 말이기도 하지만, 사실 포스트모더니즘의 등장으로 촉발된 이른바 이론의 시대를 설명하는 말이기도 하다. 바르트가 이 모든 변화를 언어에서 기인했다고 했듯이, 당시의 이론 대부분이 "언어적 전환(linguistic turn)"의 산물이라는 점에서도 그러하다. 물론 이때 '언어'는 페르디낭드 소쉬르에 의해 정립된 구조주의적 개념에 기반한 언어로서, 기표와 기의 사이의 자의적인 관계를 전제한다. 즉 어떤 단어가 특정한 의미를 갖는 이유는 기표와 지칭하는 대상의 자연적이고 필연적인 관계 때문이 아니라, 사회적 그리고 역사적으로 형성된 임의적 구조 때문이다. 따라서 특정 단어가 언어 밖의 무언가를 지칭한다는 이유로 중요하거나 혹은 그렇지 않을 필연적 이유는 없고, 마찬가지로 현실의 무언가가 특정한 언어로 지칭된다는 이유로 우월하거나 열등할 필연적 이유도 없다. 예를 들어 '남성'이 성별로 남자를 지칭하는 단어라고 해서 '여성'보다 중요한 단어가 아닌 것처럼, 누군가 '백인'이라는 단어로 지칭되었다고 해서 '흑인'이라고 지칭되는 사람보다 우월한 것은 아니다. 적어도 필연적으로 그런 것은 아니고, 따라서 단어의 함의나 중요성은 절대적인 것이 아니라 항상 가변적이다. 더 나아가 현실의 지칭 대상들 사이의 위계질서도 결코 절대적이지 않다. 이렇게 언어적으로 '평준화'된 세상에서 위계질서로 우월을 가리는 행위는, 무엇보다 그 위계질서를 고수하려는 시도는 폭력적일 수밖에 없다. 포스트모더니즘 이론은 사회와 역사의 폭력을 해체하는 작업이다.

바르트가 사망케 하는 저자는 바로 이러한 위계질서를 폭력적으로 유지하려는 인물이다. 포스트모던 이론가에게 저자는 작가이면서도 때로는 남성이고, 때로는 서구의 백인이고, 때로는 자본가 계급이었다. 이들의 죽음에 독자가, 여성이, 유색인종이나 식민지 피지배층이, 반자본주의적인 집단이 부상했다. 서구의 백인 남성이 주로 생산했던 정전과 공식기록 및 역사 그리고 고급문화 대신에 장르문학, 소수민족 문학, 이른바 숨겨진 역사와 기록되지 않은 이야기, 대중문화와 하위문화가 새로운 이론의 소재로 발굴되고 논의되었다. '언어적 전환'의 산물이라고 해서 포스트모더니즘이 단순히 문학이나 문화적인 현상에 국한된 것은 당연히 아니었다. 그 영향력은 말 그대로 언어로 하는 인간의 모든 행위, 어찌 보면 모든 인간의 행위에 미치는 것이었다. 포스트모더니즘 이론이 그저 이론적인 것은 아니라는 의미다. 모더니즘이 예술과 문학의 사조만을 의미하는 것이 아니었듯이, 포스트모더니즘의 영향력도 보편적이었다고 할 수 있다. 단토가 선언했듯, 정말로 모더니즘의 죽음이 온 것이다.

포스트모더니즘의 탄생으로, 모더니즘의 죽음으로 세상은 얼마나 변했을까? 정말로 위계질서가 모두 무너지고, 의미의 평준화가 이루어졌을까? 그렇다고 답할 사람은 아무도 없을 것이다. 위계질서는 여전히 다양한 형태로 존재하고, 그로 인한 폭력도 여전히 난무한다. 누구는 포스트모더니즘이 실패했다고 할 것이고, 누구는 애초에 포스트모더니즘은 탄생한 적 없다고 할 것이다. 그저 모더니즘의 아류로서 잠시 나타났을 뿐이고, 따라서 모더니즘은 단 한 번도 죽은 적 없다고 한다. "포스트"라는 접두사의 의미를 둘러싼 이 논쟁은, 즉 모더니즘에 여전히 연결된 의미의 '이후'라는 의미의 포스트인지 아니면 모더니즘과 완전히 다른 독립된 포스트모더니즘의 '포스트'인지를 따지는 논쟁은 확실한 결론을 못 내고 있다. 다만 확실한 것은 포스트모더니즘이 바르트 전후로 약 30년간 엄청난 확장력을 보였고, 그럼에도 모더니즘이 완전히 사라지진 않았다는 점이다.

사실 모더니즘은 포스트모더니즘의 시대 한가운데서도 찾아볼 수 있다. 1985년 W. J. T. 미첼(Mitchell)은 포스트모더니즘 이론이 지배했던 지난 20년을 되돌아보면서 "이론이 … 학계의 문학 연구에서 '매력적' 영역(glamour field)이 되었다"고 진단한다(1). 그러면서도 "동시대 문학 연구에서 이론의 지배를 생각한다면 누군가가 거기에 도전하는 것은 필연적이었다"라고 밝힌다(Mitchell 2). 이런 맥락에서 미첼은 스티븐 냅스(Steven Knapps)와 월터 벤 마이클스(Walter Benn Michaels)의 「이론에 반하여」가 등장한 것이 이론적 담론 내에서 필연적인 변증법적 순간, 이론의 구성적이고 실증적인 경향이 그 자신의 부정을 양산한 순간으로 볼 수 있다"라고 주장한다(Mitchell 2). 이처럼 "이론은 비이론과 자신을 구분하는 대립을 내부적으로 반복한다"고 설명하면서, 미첼은 "이론은 법적 체계이면서, 그 일부는 경험적인 것으로 볼 수 있다"는 단토의 말을 인용한다(7). 이론 내에 이론의 체계를 따르지 않는 비이론이 존재하고, 이론은 끊임없이 이를 다룬다는 의미다. 동시에 미첼은 「이론에 반하여」의 중심 의제가 '실용적'이거나 직관적이면서 '이론적'이다"라는 다소 친화적이면서도 결국 이론의 손을 들어주는 결론을 내놓는다. 미첼이 보기에, 냅스와 마이클스의 실수는 "[의미와 의도의] 구분이 이론에서 시작하기에 그 구분을 없애면 이론의 붕괴와 실천으로의 복귀로 이어진다는 주장"을 한 것이다(Mitchell 9). 왜냐면 애초에 "구분은 실천에서 시작하기" 때문이다(Mitchell 9).

미첼의 유화주의적 주장에 냅스와 마이클스가 얼마나 동감할지는 의문이다. 이론의 시대 한가운데서 과감히 이론을 반대한 두 사람의 입장은 언제나 단호했기 때문이다. 냅스와 마이클스는 우선 이론을 "특정한 텍스트에 관한 여러 해석을 보편적인 해석론에 기대어 지배하려는 시도"라고 명명한다('Against Theory' 2460). 두 사람에 의하면, 그러한 시도가 이루어지는 이유는 텍스트가 어떤 의도로 쓰였든 그 의미는 텍스트 밖의 특정한 "보편적인 해석론", 즉 이론적 틀로 정해질 수 있기 때문이다. 즉 "의미와 의도"가 분리되었기에 의도는 더 이상 의미를 규정할 수 없고, 따라서 의미를 파악하기 위해서는 언어 이론, 정신분석 이론, 문화 이론 같은 해석 틀이 필요한 것이다(Knapps, 'Against Theory' 2475). 냅스와 마이클스는 애초에 그런 전제가 틀렸다고 주장한다. 의미와 의도는 분리 불가능한 것이기에 모든 이론은 잘못된 전제에서 시작한 작업이고, "따라서 이론적 작업은 반드시 멈추어야 한다"고 선언한다(Knapps, 'Against Theory' 2475).

"의미와 의도"의 분리 불가능함을 주장함으로써 냅스와 마이클스는 포스트모더니즘을 비롯한 다양한 이론을 가능하게 했던 "언어적 전환"을 전면적으로 부정한다. 언어의 의미가 기표의 "놀이"로 형성된다는 입장에 반대하며, 이들은 "의도 없는 언어라는 것은 없다"고 주장하기 때문이다(Knapps, 'Against Theory' 2465). 두 사람은 21세기 시각에서 되돌아보면 매우 흥미롭게 다가오는 두 가지 예시를 들면서 주장을 보강한다. 우선 "컴퓨터가 말할 수 있는가?"라고 묻고, "컴퓨터는 기계이기 때문에 그것이 말할 수 있는가의 문제는 의도 없는 언어의 가능성에 달린 듯이 보인다"라고 말한다(Knapps, 'Against Theory' 2465). 물론 그들에게 "의도 없는 언어"는 불가능하고, 따라서 "진짜 문제는 컴퓨터가 의도를 가질 수 있는가?"라는 답할 수 없는 질문이 된다(Knapps, 'Against Theory' 2465). 또 다른 예는 "파도 시(wave poem)"다. 정말 말도 안 되게 우연히 파도에 의해 해변 모래사장에 시가 쓰인 것을 보고, 이론가는 "두 종류의 의미 혹은 … 두 종류의 언어 사이의 선택"을 마주하는 것처럼 느낄 것이다(Knapps, 'Against Theory' 2470). 하지만 냅스와 마이클스는 다시 한번 "의미는 항상 의도적이다"라고 말하면서, 파도 시에 그 어떤 의미가 담겨 있을 수 없다고 단정한다('Against Theory' 2470). 컴퓨터와 파도에 관한 두 사람의 판단이 당시로서는 동감을 이끌어낼 수 있었겠지만, 인공지능이 획기적으로 발전하고, 기후위기 등에 관한 논의가 자연의 호소를 들어야 한다는 주장으로 이어지는 21세기에도 그럴지 의문이다.

냅스와 마이클스의 입장이 21세기에 어떤 의미인지는 차차 따져볼 일이겠지만, 적어도 20세기 후반 문학 연구에서 두 사람의 입장이 의미하는 바는 의도의 창시자인 저자의 복원이고, 그 의도를 보존하는 매체인 작품의 복귀라고 할 수 있다. 바르트로 예시되는 포스트모더니즘 이론의 기본 원칙, 저자의 죽음과 작품의 소진에 정면으로 맞선다는 점에서 냅스와 마이클스는 진정으로 '이론에 반하여' 등장한 것이다. 어쩌면 이론적 측면에서는 바르트보다 포스트모더니즘에 좀 더 지대한 영향을 준 자크 데리다도 두 사람의 비판에서 자유롭지 않다. 「이론에 반하여」가 나온 지 5년 후인 1987년 출간한 「이론에 반하여 2: 해석학과 해체」(Against Theory 2: Hermeneutics and Deconstruction)에서 두 사람은 "텍스트에 자주적인 정체성을 주는 것은 무엇인가?"라고 물으며, 이론의 시대에 "대부분 답은 언어적 관습 ─ 텍스트가 쓰인 언어의 의미론적이고 구문론적인 규칙이다"라고 답한다(Knapps 50). 물론 냅스와 마이클스는 이런 답을 거부하며, "작가의 의도로부터 독립적으로 기능하는 텍스트적 정체성"은 없다고 주장한다('Against Theory 2' 50). 그러한 독립을 추구하는 대표적인 이론가인 데리다는 "작가가 아닌 관습이 저자가 한 일을 결정한다"라고 주장하는 반면에, 자신들에게 "발화 행위는 관습적인 행위가 아니며, 그것이 어떤 의미를 갖는다면 이는 오직 저자가 의도한 의미"이기 때문에 "데리다는 틀렸다"고 두 사람은 확인한다('Against Theory 2' 62, 67). 결론적으로, 냅스와 마이클스는 "우리의 모든 주장은 … 반관습적이었다. 다시 말해 의도주의적이다"라고 재확인한다('Against Theory 2' 67).

　　　포스트모더니즘 이론의 전성기 한복판에서 이론을 거부하는 냅스와 마이클스의 입장에 비판적인 의견이 따르는 것은 너무도 당연해 보인다. 예를 들어 두 사람의 글이 나온 한 해 뒤인 1983년 애드나 로스마린(Adena Rosmarin)은 「「이론에 반하여」에 관한 이론에 대하여」(On the Theory of "Against Theory")에서 두 사람이 "이론을 하는 하나의 특정한 방식"에 반대하는 것이지 "이론 전반"에 반대한 것은 아니라고 진단한다(781). 플라톤 이후부터 "글자의 잠재적 독립이 … 고대의 수많은 걱정과 최근의 수많은 기쁨의 원천"이었다고 지적하면서, 냅스와 마이클스가 불가능하다고 하는 이와 같은 독립이 "기존의 기준을 부수고 새로운 공간을 만드는 효과적인 방식"으로 논의되는 것이 중요하다고 로스마린은 주장한다(778, 780). 대니얼 오하라(Daniel O'Hara)는 「수정주의적 광기」(Revisionary Madness)에서 "이론에 대한 최근의 반대"를 "우리의 '포스트모던' 문화에서 보편적으로 작동하는 수정주의적 상상력"이라고 비판한다(34). "광기가 기억의 체계적인 착란이라는 쇼펜하우어적 이해"의 측면에서 냅스와 마이클스를 바라보며, 두 사람이 이론가들의 텍스트 "일부를 선별적으로 소급하고, … 이들의 전통보다 우위에 서기 위해 그 전통을 망각으로 수정한다"라고 지적한다(O'Hara 36). 하지만 오하라에게 두 사람의 우위는 "공허한 것"이다(O'Hara 36). 왜냐면 그들은 전통 대신에 "우리가 오랫동안 알고 있던 것과 같은 비판적 관습의 옛 경관을 제공할 뿐이고", 종국에는 "자신들의 아버지 세계를 파괴했지만, 그 결과로 단지 우리를 할아버지의 세계로, 신비평과 문학사의 신사-학자(gentleman-scholar)의 세계로 되돌려놓았"기 때문이라고 오하라는 비판한다(36-37).

　　　포스트모더니즘으로 시작된 이론의 시대 한가운데서 이론에 정면으로 맞서는 냅스와 마이클스의 작업은 아무리 그들에 대한 비판이 거세었다 하더라도 과연 이론이 그처럼 지배적이었는지 의문을 품게 한다. 양측의 입장에서 누가 맞고, 누가 틀리는지 판단할 수 있는지도 의문이다. 다만 냅스와 마이클스의 글이 다른 이론과 함께 『이론과 비평 노튼 앤솔로지』(Norton Anthology of Theory and Criticism)에 실려있고, 이론 수업에서 종종 그들의 글을 읽는 것을 보면 궁극적으로 어느 쪽이 조금이나마 우위를 점하게 되었는지는 가늠할 수 있다. 앞서 미첼의 말처럼, 이론은 반이론마저 포섭하고 만 것이다. 하지만 여기서 또 한 가지 의문이 든다. 두 사람이 말하는 저자의 의도는 어떻게 알 수 있을까? 저자가 생존해 있거나, 저자의 사적인 생각을 알 수 있는 일기나 서신 혹은 비평이 남아있다면 어느 정도 의도를 파악할 수 있을지 모른다. 물론 이 경우에도 일관된 입장이 견지되지 않기에 후대의 독자와 비평가는 상충된 의도들 가운데서 진짜 의도를 정해야 할 경우가 있기는 하다. 그럼에도 적어도 저자가 한때는 가졌던 의도라고 주장할 수 있다. 하지만 20세기 후반, 특히 포스트모더니즘의 영향으로 정전이 아닌 글들이 주목받으면서 사적 자료가 거의 없는 저자들이 등장하기 시작하면서 문제가 복잡해진다. 여성, 소수민족, 소수자 등 오랫동안 문학사와 역사에서 제외되었던 작가들에 관해서는 아주 최소의 자료가 남아있거나, 심지어는 아무런 자료도 없기 때문이다. 그저 그들의 작품만 보고 의도를 파악할 수 있을까? 만일 그렇다면 저자로부터 분리된 텍스트만 보며 의미를 추정하는 데리다의 해체주의와 무슨 차이가 있을까?

　　포스트모더니즘의 영향으로 풍성하고 다양해진 작가군 중에서 사적인 자료가 거의 없는 저자의 의도를 해체주의적 혹은 포스트모더니즘적 접근법이 아닌, 즉 "언어의 관습"이 아닌 방식으로 알아내야 하는 과제가 냅스와 마이클스에게 생긴다. 한 가지(어쩌면 작가에 관한 자료를 좀 더 발굴하는 것 외에 유일한) 해결책은 텍스트라는 결과물뿐만 아니라 저자의 선택이 실제로 이루어진 더 넓은 영역, 즉 콘텍스트를 함께 고려하는 것이다. 바로 텍스트와 콘텍스트의 연속성과 분절이 바로 저자의 의도를 가늠할 수 있는 지점이 된다. 문학 연구에서 이런 작업을 본격적으로 수행하는 분야는 바로 '신역사주의(New Historicism)'다. 따라서 신역사주의를 대표하며 1983년 창간된 학술지『재현』(Representations)의 창립 회원에 마이클스가 포함되어 있다는 사실은 당연해 보인다. 브룩 토머스(Brook Thomas)가 평가하듯, 신역사주의자로서 "마이클스는 개별 작품의 특수함과 그 작품이 생산된 문화적 관습의 특수성을 우리에게 되돌아보라고 요구"하고, 그의 신역사주의적 작업은 "문화에 관한 그의 일반적 선언보다 훨씬 더 어렵기에 그가「이론에 반하여」라는 에세이를 공동 집필함으로써 명성을 얻었다는 점은 그리 놀랍지 않다"(Thomas 36). 어떤 작업이 좀 더 확장성을 가졌든, 분명한 점은 포스트모더니즘 이론을 거부하는 마이클스의 작업이 신역사주의로 이어진다는 것이다.

　　신역사주의의 창립자라고 할 수 있는 스티븐 그린블라트(Stephen Greenblatt)는 애초에 이 분야를 "문화 시학(Poetics of Culture)"으로 부르고자 했고, 그래서 처음으로 이 분야를 알리는 그의 1986년 강연(이후에 동명으로 출판되었다)은「문화 시학을 향하여」(Toward a Poetics of Culture)라는 제목을 갖고 있다. 이 글에서 그린블라트는 "제임슨과 리오타르가 제공하려고 하는 종류의 단일하고, 이론적으로 만족스러운 대답"이 불가능하다고 주장하며, "문제는 단순히 두 이론 — 마르크스주의와 후기구조주의 — 간의 양립 불가능성이 아니라 둘 중 어떤 이론도 자본주의로 인한 명백히 모순적인 역사적 효과를 다룰 능력이 없"기 때문이라고 진단한다(5). 신역사주의는 이 "모순적인 역사적 효과", 즉 "총체화와 차별화(totalization and differentiation) 사이의 진동(oscillation)"을 드러내는 작업으로 등장한다(Greenblatt 8). 이에 따라 "예술작품은 복잡하고, 공동체적으로 공유된 전통들을 잘 아는 창작자 혹은 창작자 계급과 사회의 제도와 관습 사이에서 이루어진 타협의 산물"이 된다(Greenblatt 12). 창작자 혹은 저자의 의도, 그리고 그것이 반영된 의미는 바로 이러한 타협을 자세히 살핌으로써 알 수 있는 것이고, 따라서 "해석의 외부"에 자리 잡은 당시의 이론이 수행할 수 없는 작업이다(Greenblatt 13).

냅스와 마이클스의 「이론에 반하여」가 그랬듯이, 이론의 시대에 신역사주의에 대한 반대의 목소리는 자연스럽게 등장했다. 1986년부터 미국 현대언어학회(MLA) 회장을 맡은 J. 힐리스 밀러는 "이론으로부터 등을 돌려 역사로 향한" 신역사주의를 비판했고, 학회의 학회지인 *PMLA*에서 에드워드 페흐터는 "신역사주의 — 일종의 마르크시스트 비평 — 라는 귀신'이 인문학계에 출몰하고 있다"라고 비난했다(Veeser, x). 그러나 이러한 비판에도 신역사주의는 엄청난 성장을 이루면서 영문학계에 큰 영향을 끼쳤고, 그린블라트는 2002년 MLA 회장으로 선출되었다. 역설적인 점은 비록 「이론에 반하여」처럼 명시적으로 이론을 거부하지는 않았지만, 특정한 시점의 텍스트와 콘텍스트의 긴장 관계에 주목함으로써 이론의 탈역사적 보편성과 거리를 둔 신역사주의 역시 이론의 하나로 논의된다는 점이다.

이론과 신역사주의 사이의 논쟁을 한 방향으로 해결하기보다는 새로운 제3의 접근법을 위한 동력으로 삼는 움직임도 있었다. 예를 들어 알란 리우(Alan Liu)는 1989년 「형식주의 권력: 신역사주의」(The Power of Formalism: The New Historicism)에서, "비록 신역사주의가 형식주의적 모티브를 '권력'이라고 개명하고, 분열에 대한 본능으로 동종적인 문화에 대한 신념을 복잡하게 만들었음에도 여전히 중심 질문은 확실히, 누가 권력을 갖고 있는가?"라고 진단한다(733). 이처럼 같은 질문으로 텍스트와 콘텍스트 사이의 모든 관계를 따지기에 신역사주의는 "비극적인 자각"에 빠지게 된다(Liu 733). 즉 "비록 우리가 역사적인 그들을 그들의 낯섦 속에서 이해하려고 하지만, 우리의 이해 형식으로 결국 드러나는 것은 그들이 우리의 기억이나 예언이라는 점"인 것이다(Liu 733). 따라서 "신역사주의는 한때 옛 역사 정신을 움직였던 힘들의 '안전한' 재연, 우리의 가장 부끄러운 재연"이라고 리우는 비판한다(743). 이 부끄러움을 극복하기 위해 "역사적으로 실현된 담론 철학에 근거한 콘텍스트화의 방식 혹은 '언어'"가 필요하다고 주장하면서, 리우는 "드 만처럼 수사학의 개념을 … 재편하려는 해체주의적인 충동과 … 언캐니한 제휴"를 맺자고 제안한다(756). 리우가 신역사주의에 포스트모더니즘 이론과의 전략적 제휴를 제안한다면, 와이 치 디목(Wai Chee Dimock)은 1997년 「공진 이론」(A Theory of Resonance)에서, "쓰인 지 20년, 200년, 혹은 2천 년 이후에 문학 텍스트를 읽는다면 어떻게 들릴까?"라는 질문을 던지며 신역사주의의 "동시대적 모델"을 넘어서고자 한다(1060, 1061). 디목은 "의미에 다른 가능성을 가져올 수 있는 미래의 상황들"을 고려하는 "통시적 역사주의(diachronic historicism)"의 필요성을 강조하며 "공진 이론"을 제안한다(1061). 또한 디목은 "공진은 예술품의 '열림'에서 기인하는 위험을 대표한다"라는 입장에서, 그런 공진으로 인한 "소음이 분열적이라는 그린블라트의 전제"를 반박한다(1062, 1063). 그 대신 그는 "소음은 이로운 것이고, 해석의 역학을 풍성하게 해준다"라고 주장한다.

「이론에 반하여」와 마찬가지로, 신역사주의는 포스트모더니즘 이론과 정반대 입장에서 시작했다. 둘 사이의 논쟁이 이어지면서 통합의 노력이 시도되기도 했지만, 얼마나 성공적이었는지 가늠하기가 쉽지 않아 보인다. 하지만 다소 다른 맥락에서 보면 통합은 이미 있었던 것 같다. 해럴드 비저(Harold Veeser)는 신역사주의의 다섯 가지 전제를 제시하는데, 이 중에 세 번째는 "문학과 비문학 '텍스트'는 분리되지 않고 순환한다"이다. 문학과 비문학 텍스트가 순환하고, 그러한 순환 속에서 작가의 타협이 가능해진다면, 이 말은 거꾸로 그 타협을 파악하기 위해서는 순환된 텍스트를 모두 살펴봐야 한다는 논리가 형성된다. 바로 신역사주의 연구방법론의 특징이라고 할 수 있는 '철저한(exhaustive)' 자료조사가 요구되는 것이다. 문학적 텍스트와 비문학적 텍스트를 함께 다루어야 한다는 신역사주의적 접근법은 "정전 부수기(canon-bashing)"라고 비난받기도 했지만(Vesser, x), 문학 연구에 큰 영향력을 준 것은 분명하다. 무엇보다 텍스트가 생산된 동시대의 다른 텍스트에 관한 다학제 간 연구의 문을 열었다는 점에서 문학 비평가들의 활동 영역을 한층 넓혔다는 점도 인정받을 만하다. 이전에는 중요치 않았던 사소한 자료마저 연구 대상이 되면서 신역사주의는 진정으로 먼지를 털어내는 작업을 해왔다. 해석만큼이나 발견이 중요해지면서 남들이 간과했던 자료를 들춰내어 "물질적 관습의 네트워크" 속에 위치시키고, 이를 통해 작가의 타협이 무엇인지 살펴보는 것이다. 역설적이지만 포스트모더니즘 시기의 다양한 이론 작업도 별다르지 않다. 언어와 기호학을 근거로 작품을 텍스트로 변환시킨 결과로 텍스트의 폭과 양이 무한대로 늘어났기 때문이다. 버려졌던 병뚜껑과 잊힌 사진들을 재조명하는 문화연구에서도, 여성이나 소수민족 혹은 식민지인이 썼다는 이유로 먼지만 쌓인 채 구석에 버려져 있던 책들이 재발굴되는 페미니즘, 인종주의, 포스트콜로니얼리즘 비평과 이론에서도 텍스트의 확장은 지속했다. 이론에 찬성하든 아니면 반대하든 포스트모더니즘으로 시작된 첫 30년은 통합적으로 이처럼 텍스트의 먼지를 털어내는 시간이었다.

3
비인간 먼지의 시대

포스트모더니즘 이론으로 인해 폭발적으로 늘어난 텍스트 속에 함몰된 정전은 독자적이고 고유한 영역을 상실했다. 그리고 정전을 쓴 작가도 마찬가지 운명에 처했다. 반드시 읽어야 할 작품과 반드시 알아야 할 작가를 중심으로 형성된 문학연구 대신에 특정 이론에 맞는 텍스트를 찾아서 읽는 작업이 이루어졌다. 무엇보다 그런 텍스트가 많을수록 이론은 좀 더 힘을 얻었고, 그렇게 강해진 이론은 특정 국가나 시대, 장르나 분야의 벽을 넘어서 더 많은 텍스트를 찾을 기반을 마련했다. 이론과 텍스트의 순환적 관계 속에서 이른바 학제 간 연구가 본격적으로 가능해진 것이다. 비록 포스트모더니즘만큼이나 정전 파괴적이지는 않더라도 신역사주의 역시 작품의 의미를 다양한 콘텍스트 사이의 긴장과 협상의 결과라고 보며 문학 외의 텍스트들을 중시했다. 역사적 사료 및 다양한 문헌을 통해 콘텍스트를 구성하기에 학제 간 연구는 필연적이었다. 이처럼 학제를 넘어 텍스트를 함께 찾아가며 책 먼지의 시대를 형성했다는 사실을 수용한다면, 포스트모더니즘과 신역사주의에 공통의 질문을 하게 된다. 과연 아무리 많다 하더라도 유한할 수밖에 없는 텍스트를 향해 얼마나 어디까지 갈 수 있을까? 꼭 그렇게 소모적으로 넘어갈 필요는 무엇인가? 반면 텍스트 밖의 현실은 어떻게 할 것인가? 학제를 넘어 학제가 아닌 무언가까지, 텍스트를 찾아 텍스트가 아닌 무언가로 나아갈 수 있을까? 모든 텍스트가 언어로 이루어진다거나 혹은 시각이나 음성 자료도 언어적으로 읽어낼 수 있기에 텍스트라는 전제를 포스트모더니즘과 신역사주의가 공유한다면, 과연 언어 너머까지 그들의 작업이 이루어질 수 있을까?

이러한 질문들은 포스트모더니즘 이론과 신역사주의가 "먼지의 시대"를 이룬다는 공통점 외에, 바로 그 공통점으로 인해 또 다른 공통점을 가지고 있음을 알린다. 앞서 언급한 "문학과 비문학 '텍스트'는 분리되지 않고 순환한다"라는 베서의 말처럼, 신역사주의에서는 순환을 매우 중시한다. 리우는 이 점을 지적하며 신역사주의가 소음에 좀 더 호의적이어야 한다고 제안한다. 얀 R. 벤스트라(Jan R. Veenstra)는 한 걸음 더 나아가 이 점이 "매우 중대한 문제"라고 지적한다(197). "그린블라트에게 … 저자, 텍스트, 독자, 사회는 분리된 현상이 아니다. 정반대로 이들은 분리 불가능하게 서로 엮여있고, 하나의 거대한 연속체 내에 감춰져 있다"라고 진단하면서, 벤스트라는 "만일 텍스트와 콘텍스트가 분리될 수 없다면, 어떻게 타자성(alterity)이 … 실재가 될 수 있겠는가?"라고 묻는다(198).

벤스트라의 질문을 염두에 두면서 그린블라트의 「문화 시학을 향하여」를 다시 보면 흥미로운 대목이 눈에 들어온다.

이 순간의 ─ 산의 공기와 폭포와 거대한 바위와 로지폴 소나무와 제프리 소나무의 깊은 숲의 즐거움 너머의 ─ 즐거움은 공원의 경험 전체를 형성하는 순환의 과정을 특별히 솔직하게 엿보는 데서 생긴다. 야생은 그 경계를 정하는 공식적인 제스처에 의해

미학이 필요한 순간: 문학과 미술의 동시대적 모색

획득되면서 동시에 지워진다. 자연적인 것과 인공적인 것은 둘의 대립을 무의미하게 만드는 수단에 의해 서로 구분된다(Greenblatt 8, 필자 강조).

그린블라트는 여기서 사회의 숨겨진 "순환"을 따라가며 사회의 구성을 파헤치는 즐거움, 사회 내에서 그 어떤 것도 독립적으로 존재하지 않는다는 신역사주의적 독법의 즐거움을 강조한다. 어쩌면 벤스트라가 지적하듯, 궁극적으로는 "인간 자아는 구성체이지, 본질이 아니다"라는 사실을 밝혀내는 자학적 즐거움일 수도 있다(180). 하지만 정말 그런 즐거움이 자연의 "즐거움 너머의" 즐거움일까? 공원 내의 모든 자연물이 실제로는 "순환"에 의해 만들어진 구성체이고, 따라서 그러한 순환에 종속되어 있기에 순환 자체를 읽어내는 일보다 덜 즐거운 것일까? 21세기에 "타자성"은 스스로 본질이라고 주장하던 특정한 인간 집단에서 소외된 인간 집단, 즉 성적 타자, 인종적 타자, 사회적 타자 등을 의미하는 것을 넘어서, 이제는 비인간 존재를 지칭한다. 이런 점에서 자연의 즐거움을 인간 행위의 즐거움 아래에 두는 그린블라트의 입장에서 비인간 존재의 "타자성"을 찾기는 어려워 보인다. 아무리 본질의 지위를 잃은 "구성체"라도 "인간 자아"는 여전히 신역사주의의 핵심이다.

당연하겠지만, 냅스와 마이클스에게도 벤스트라의 질문은 같은 결론을 이끌어낼 것이다. 이미 그들은 컴퓨터와 파도에는 의도가 없고, 따라서 의미도 없다고 하지 않았는가? 역설적으로 포스트모더니즘 이론도 별다르지 않다. 타자 혹은 타자성을 큰 화두로 삼았음에도 포스트모더니즘 이론의 타자는 여전히 언어 게임의 참여자다. 물론 여기서 언어는 발화자이자 의도를 부여한 인간으로부터 자유로운 구성체이기에 신역사주의나 「이론에 반하여」의 화자들에 비해서는 비인간적인 측면이 강하다. 그럼에도 언어와 텍스트성을 강조하는 포스트모더니즘 이론에서 비인간의 타자성에 관한 진지한 논의를 기대하기는 어렵다. 타자는 이미 그 언어로 텍스트화된 무엇이기 때문이다. 즉 타자는 있지만, 타자의 존재는 부정당한다. 따라서 20세기 말 타자성에 관한 더욱 본격적인 논의가 진행되면서, 포스트모더니즘 이론의 인식론적 입장에 반하여 존재론적 입장이 등장한 것은 놀랍지 않다. 언어화할 수 없는 존재론적 범주인 감정, 정동, 체현 등이 주목받는 것이다. 이처럼 신역사주의까지 포함한 포스트모더니즘 이론의 책 먼지 시대에는 비인간 타자가 부재한다. 그리고 이 부재는 새로운 먼지의 시대에서 위급한 문제로 부상한다.

포스트모더니즘의 영향력이 현저히 약해지던 1990년대에 새로운 인문학 분야가 본격적인 활동을 시작한다. 바로 디지털 인문학이다. 물론 이 분야의 기술적 기반의 시작은 1990년대 이전으로 거슬러 올라갈 수 있지만, 다양한 디지털 아카이브 프로젝트로 실질적 존재감을 드러낸 것이 1990년대라는 데는 이견이 없을 것이다. 1988년에 시작한 〈여성 작가 프로젝트〉를 시작으로, 1990년 〈월트 휘트먼 아카이브〉, 1993년 〈로제티 아카이브〉, 1994년 〈윌리엄 블레이크 아카이브〉가 연이어 시작되며 디지털 인문학의 시대를 알렸다. 본격적으로 상용화된 월드와이드웹으로 이러한 아카이브의 접근성이 늘어나면서 파급력은 급속도로 성장했고, 인문학 내에서 디지털 인문학은 21세기 현재까지 매우 중요한(학문적 그리고 경제적으로) 분야로 자리 잡았다. 작가에 관한 가능한 한 모든 자료를 수집하여 보관하고 분석한다는 점에서 디지털 인문학은 이전의 신역사주의의 디지털 버전이라고 할 수도 있다. 하지만 한 가지 큰 차이가 있다. 바로 책 먼지다. 디지털 포맷으로 저장된 텍스트는 더 이상 먼지를 내지 않는다. 책 먼지가 풀풀 나는 도서관 대신에 이제 청결한 서버가 텍스트 연구의 현장이 된 것이다. 마치 인문학에서 먼지의 시대는 끝난 것처

미학이 필요한 순간: 문학과 미술의 동시대적 모색

럼 보였다.

그러나 인문학과 달리 1990년대의 세상은 새로운 먼지의 시대로 돌입하고 있었다. 한국도 예외가 아니었다. 국내에서는 처음으로 1995년 전국적으로 미세먼지를 측정하기 시작했다. 이런 관심과 정책에도 불구하고 21세기 들어 미세먼지는 더욱더 심해졌고, 이제는 일상이 되고 말았다. 물론 미세먼지는 한국만의 문제는 아니다. 미세먼지를 포함한 환경문제는 21세기 들어 기후위기와 인류세라는 이름으로 불리면서 전 지구적 문제가 되었다. 이런저런 해결책이 제시되었지만, 그 무엇도 문제가 악화되는 것을 막지 못했고, 지구는 2014년 영화 〈인터스텔라〉에 나오는 종말을 앞둔 지구의 모습처럼 되어가는 중이다. 어쩌면 영화에서처럼 지구는 먼지로 인해 살 수 없는 곳이 될 것이고, 유일한 해결책은 지구를 버리는 일일지도 모르겠다. 어쨌거나 분명한 점은 포스트모더니즘이 끝난 1990년대 이후 30년도 먼지를 마시는 시간이었다는 것이다.

미세먼지와 더불어 21세기를 시작한 또 다른 먼지가 있다. 바로 9.11테러로 생긴 먼지다. 뉴욕의 무역센터 건물 두 동이 무너지는 충격적인 영상을 전 세계인이 반복적으로 접했다면, 당시 뉴욕에 있었던 이들, 특히 테러 현장에 출동했던 수많은 소방관, 경찰관, 의료인은 무너진 건물에서 나온 그리고 불에 타 죽은 이들의 먼지를 마셔야 했다. 당시 이들은 자기가 마시는 것이 무엇인지, 그 먼지에 어떤 것이 들어있고 어떤 위험이 있는지 몰랐다. 결국 수많은 이들이 암이나 관련된 다른 질병으로 사망했고, 지금도 죽어가고 있다. 9.11은 "테러와의 전쟁(War on Terror)"으로 이어졌고, 아프가니스탄과 이라크에서 미국과 연합군의 군사행동이 이루어졌다. 그리고 그곳에서도 군인들과 주민은 모래먼지와 더불어 전쟁의 먼지, 즉 무너지고 불에 탄 건물과 총, 폭탄에서 나는 이른바 폐허의 먼지를 마시며 살아가야 했다.

1960년대부터 30년 동안은 포스트모더니즘 이론과 그 이론에 반대하는 이들 모두가 텍스트를 찾아다니면 책 먼지를 마셔야 했던 시대였다. 이후 1990년대부터 현재까지의 30년은 디지털 환경으로 인해 책 먼지가 사라지고 있다. 그 대신 다른 먼지가 등장했고, 이제는 학자들뿐만 아니라 지구의 모든 이들이 마시는 먼지다. 바로 미세먼지에다 모래먼지며 폐허의 먼지다. 서로 다른 먼지처럼 보이지만 사실 그렇지 않다. 무분별한 개발로 발생한 먼지이면서, 그 개발을 주도한 석유 문명이 자원을 두고 경쟁하다가 생긴 먼지이면서, 그러한 개발과 경쟁의 종착점인 사막화를 예고하는 먼지이기 때문이다. 인간이 인간을 위한다고 하면서도 인간끼리 싸우다가 결국 인간을 해하는 역설적 역사를 알리는 먼지이기도 하다. 무엇보다 인간으로 인해 희생당한 비인간 존재들의 경고가 담긴 먼지다.

레자 네가레스타니(Reza Negarestani)는 『사이클로노피디아』(Cyclonopedia)라는 소설에서 "모래주의(dustism)"라는 용어를 제안한다. 전통적 서사구조를 따르지 않고, 이론적 논의를 주로 하는 이른바 "이론-소설(theory-fiction)"의 대표작인 네가레스타니 작품에서 이런 구절을 마주한다.

> 모래는 중동에서 우리가 가진 모든 것입니다. 모래는 잃어버릴 걱정 없이 우리가 소비할 수 있는 것이죠. … 만일 지리적 단위로 안정되는 것조차 거부하는 중동의 깊은 적의를 완전히 이해할 수 없다면, 그 이유는 중동의 육지 기반, 중동의 탄탄한 땅조차 점진적으로 모래로 침식하고 퇴화한다는 점에 있습니다(Negarestani 87-88).

같은 구절을 인용하면서, 나는 다른 책에서 "모래는 중동을 그어떤 인간의 통제와 지배와 이해로부터도 벗어나게 하는, 그래서 인간의 역사가 묻히는 곳으로 만드는 힘을 가진다. '모래주의'는 바로 이 힘을 말하는 것이다"라고 적었다(이동신 187).

네가레스타니는 "모래주의"를 실현시키는 힘을 "석유정치적 저류(petropolitical undercurrent)"라고 명명한다(Negarestani 16). 중동의 석유를 중심으로 급속한 발전을 이룬 자본주의를 생각해보면, 그리고 그처럼 중요해진 석유를 둘러싼 전쟁과 정치적 혼란이 지구 전체에 영향을 끼쳤던 역사를 돌이켜보면, "석유정치적 지류"는 소설의 소재라기보다는 현실에 대한 적확한 이론처럼 들린다. 무엇보다 미세먼지와 9.11은 그 이론을 입증하면서 진정한 "모래주의"의 시대가 시작되었음을 알리는 사건이다. 21세기 포스트아포칼립스 영화들, 예를 들어 〈인터스텔라〉, 〈일라이〉, 〈블레이드 러너 2049〉 등이 모래먼지로 휩싸인 미래를 배경으로 하고, 마찬가지로 유사한 미래를 그렸던 20세기 영화인 〈듄〉과 〈매드 맥스〉가 21세기에 리메이크되어 인기를 끌고 있다는 것도 어쩌면 "모래주의"와 관련이 있을 것이다. 그저 재미로 보는 SF 영화가 아니라 21세기 현실을 깊이 반영한 리얼리즘 영화처럼 다가오기 때문이다.

그러나 "모래주의"가 진정 21세기 먼지의 시대를 위한 이론일까? "석유정치적 저류"가 작동하고 확장하는 방식을 따라가면 지금 우리가 겪고 있는 상황을 제대로 분석할 수 있을까? 21세기 상황을 이해하는 틀로 등장한 인류세의 모호함을 비판하며 "자본세"를 제안한 제이슨 무어(Jason W. Moore)는 아마도 그렇다고 할 것이다. 인류세 논의가 스스로에게 던지는 질문, 즉 "어떻게 인간이 '지질학적 영향력'이 되었는가?"라는 질문에 답하지 못한다고 지적하면서, 무어는 "권력, 노동, 자본의 문제를 직접적으로 다루어야" 한다고 주장한다(Moore 83). "세계-경제로서의 자본주의 대신에 … *세계-생태계로서의 자본주의*"로 봐야 한다는 입장에서 무어는 주로 산업혁명을 기점으로 논의를 시작하는 인류세의 소위 "두 세기 모델"에 반대한다(85, 94). 그는 자본주의가 "대략 1450~1640년경인 긴 16세기(the long sixteenth century)에 일어난 땅과 노동의 놀라운 개작"으로 시작했고, 그 조건은 바로 "값싼 자연(Cheap Nature)의 창조"였다고 설명한다(Moore 99). 즉 "자본주의의 부상은 자연을 조직하는 새로운 방식을 시작했다"라고 지적하며, 무어는 "오늘날의 문제는 자본세의 종말이지, 인류세의 전진이 아니다"라고 선언한다(113). 오늘날의 "현실은 인류가 '자연의 위대한 힘을 압도하는' 것이 아니고, 오히려 인류의 값싼 자연이라는 계획의 소진"인 것이다(Moore 113). 이러한 "소진"의 표현으로 모래먼지보다 적절한 이미지를 찾기는 어려워 보인다.

먼지의 시대의 원인을 짚어내고, 책임소재를 추궁하는 데 있어서 무어는 깔끔한 이론을 제시한다. 하지만 여기에는 문제가 있다. 먼지의 시대라는 문제가 과연 원인을 안다고 해서 해결될 수 있는 문제일까? 인간의 활동, 무엇보다 특정한 인간 집단의 행동과 욕망으로 시작한 문제라고 해서 그 집단의 행동과 욕망을 통제한다고 문제가 끝나게 될까? 그런 통제가 애초에 가능하기나 할지도 의문이지만, 문제를 현저하게 단순화하고 축소한다는 비판을 받을 만하다. 티머시 모턴(Timothy Morton)의 "거대사물"은 바로 이런 비판을 가능하게 하는 사물이다. "거대사물"의 여러 가지 특징 중 하나인 "위선"에 관해 논의하면서 모턴은 "거대사물은 거짓말쟁이다"라고 선언한다(Hyperobject 153). 이어서 그는 다음과 같이 설명한다.

우리는 절대로 거대사물을 직접적으로 보지 못한다. 우리는 그것을 그래프, 도구, 확산안개상자 속의 트랙, 햇볕으로 인한 화상,

미학이 필요한 순간: 문학과 미술의 동시대적 모색

복사병, 돌연변이 효과, 출산 등을 통해 거대사물을 추측한다. 우리는 거대사물의 그림자를 본다. … 여기서 우리는 왜 거대사물 속에서 우리가 항상 틀린지 설명하는 깊은 이유를 발견한다. 우리가 거대사물을 절대로 직접적으로 보지 못하기에 … 우리는 그것을 이해하지 못한다(Morton, *Hyperobject* 153).

거대사물의 가장 좋은 예인 기후위기를 생각하면 모턴의 말이 쉽게 이해된다. 우리는 기후위기의 다양한 효과나 과학적 실험 증거를 보면서도 기후위기를 직접 보지는 못한다. 기후위기 속에서 살아가는 우리는 기후위기에 관해 항상 부족한 지식으로, 어디에선가는 틀린 판단을 할 수밖에 없다. 그것을 안다고 한다면 우리는 모두 "위선자"가 된다.

그 누구도 기후위기를 알지 못한다고, 그래서 기후위기가 어디 있냐고 묻는 소위 기후위기 거부자가 사라지지 않는 것도 어쩌면 거대사물의 시대에 피할 수 없는 일일 것이다. 왜냐면 그들의 주장을 완벽히 압도할 방법이 없기 때문이다. 오랜 기간 과학이 그런 방법이라고 믿었지만, 기후위기는 과학적으로 입증할 수 없는 거대사물이기에 과학으로 반박할 수 없는 것이다. 모턴은 "그래서 거대사물은 철학에 어려우면서도 이중적인 과제를 제시한다"라고 말한다(*Hyperobject* 2). "첫 번째 과제는 사물에 오염되지 않은 채 남아있으면서 그 사물을 설명할 수 있는 메타언어의 가능성에 대한 생각을 허무는 것이다. … 후기구조주의적 사고는 몇몇 측면에서 이 과제를 성사시키지 못했다. 아니, 그 일을 마무리하지 못했다. 두 번째 과제는 '세계' 같은 의미심장한 무언가가 부재한 상태에서 현상학적 '경험'이 무엇인지를 확립하는 것"이라고 모턴은 덧붙인다(*Hyperobject* 2-3).

후기구조주의를 포함한 포스트모더니즘 이론이 메타언어 혹은 메타서사를 부정하며 발달한 것은 사실이다. 물론 앞서 논의한 신역사주의 등의 반발이 있기는 했지만, 포스트모더니즘 이론이 30년 가까이 엄청난 영향력을 행사했던 것도 사실이다. 그렇다면 왜 "메타언어"를 "허무는" 일을 성사하지 못했을까? 정말로 그저 "마무리하지 못했"던 것일까? 혹시 포스트모더니즘 이론이 내재적으로 그런 과제를 완성할 수 없는 한계를 지닌 것은 아닐까? 사실 마지막 질문은 모턴이 제시하는 두 번째 과제와 관련이 있다. "세계"가 부재한다는 말로 그가 의도한 바는 단일한 "세계"라는 개념이 불가능하다는 것이다. 모더니즘이 하나의 세계를 꿈꾸었다면, 포스트모더니즘은 그 꿈이 얼마나 실현 불가능하고, 따라서 그 꿈을 추구하는 것이 얼마나 폭력적일 수 있는지를 알린다. 객관성이라는 일종의 "메타언어"적인 틀에서 세계를 하나로 보는 일이 실제로는 특정 집단의 언어를 보편적이라고 강요하는 행위였음을 지적하는 것이다. 과학적 객관성에 숨겨진 남성중심주의를 드러낸 이블린 폭스 켈러와 샌드라 하딩 그리고 도나 해러웨이로 대표되는 페미니스트 과학기술학이 한 예라면, 보편적 인간성에 숨겨진 서구중심주의를 파헤친 에드워드 사이드, 프란츠 파농 등의 포스트콜로니얼리즘이 다른 예일 것이다. 이처럼 객관적이고 보편적인 세계라는 개념이 부서졌음에도 어떤 그리고 왜 "메타언어"가 남아있었던 것일까? 바로 보편적 인간성에 그 답이 있다. 특정한 인간성이 보편적인 것이 아니라, 인간 자체가 보편적이었다. 아무리 분화된 세계들이라도 여전히 전부 인간의 세계였다는 말이다.

레이첼 카슨의 『침묵의 봄』으로 대표되는 환경운동과 이후에 성장한 환경인문학, 그리고 피터 싱어의 『동물해방』으로 시작한 동물권 운동과 동물 연구는 사실 첫 번째 먼지의 시대에 시작했다. 이 책들이 각각 1962년과 1975년에 출간되었기 때문이다. 이들로 시작된 흐름이 인간중심주의 비판의 근간이 되었다는 점도 사실이다. 그럼에도 인간중심주의를 충분히 벗어나지 못했다는 점에서 포스트모더니즘 이론과 궤를 같이한다고 여겨지며 비판받는다. 예를 들어 환경운동이나 환경문학은 고질적으로 자연이라는 개념을 고수하며 결국 인간 대 자연이라는 이분법적 세계관을 유지한다는 비판을 받는다. 모턴은 "심층 생태학(deep ecology)이 역설적으로 자연 세계를 실제의 우연적 존재로 존중하지 않고, 자연적인 것에 관한 아이디어의 대역으로 본다"고 비판하며, 자연을 "이상적 형태"로 보지 않는 "어두운 생태학(dark ecology)", 혹은 "자연이 없는 생태학(ecology without nature)"을 제시한다(Ecology 195). 한편 동물권 운동에서 동물의 권리를 개념화하는 방식이 여전히 인권을 동물에게까지 확장하는 방향으로 흐르고, 수많은 동물 중에 우선적으로 권리를 보장해야 하는 동물을 암암리에 인간의 기준에서 선택한다고 캐리 울프(Cary Wolfe)는 비판한다. 따라서 그에게 동물 논의는 "우리가 동물을 좋아하는지 아닌지와 전혀 상관 없"이 이루어져야 한다(Wolfe, Animal 7). 동물에게 어떤 권리를 주고 말고를 결정하는 논의가 아니라, 애초에 인간에게 그런 "권리를 가질 권리"(여기서 울프는 한나 아렌트를 인용한다)가 어떻게 주어졌는지를 살펴야 한다고 강조한다(Wolfe, Before 9). 후자의 권리는 바로 동물을 폭력적으로 소외시킴으로써 가능했고, 따라서 그런 권리에서 파생한 권리를 다시 동물에게 주는 역설을 직시해야 한다.

인간중심주의를 비판하며 비인간 존재를 다루는 작업에 동참하는 모든 학자가 동의하지는 않겠지만, 나는 이들을 모두 '포스트휴머니즘'이라는 용어로 엮는다. 우선 "비인간 전환"을 수행하면서, 많은 학문 영역에 영향을 주는 이들이 있다. 여기서도 포스트휴머니즘과 거리를 두려는 분위기가 있었다. 『비인간 전환』(The Nonhuman Turn)을 편집한 리처드 그루신(Richard Grusin)은 서문에서 "종종 혼동하는 포스트휴먼 전환과 달리 비인간 전환은 목적론이나 진보에 관한 주장, 즉 우리가 인간에서 시작해서 인간이 포스트휴먼, 인간 이후나 인간 너머로 변한다는 주장을 하지 않는다"(ix)라고 구분한다. 그 대신 "비인간 전환은 … 인간이 항상 비인간과 공진, 공존 혹은 협동해왔고, 인간은 정확히 비인간과의 구분 없음으로 특징지어진다고 주장한다"고 그루신은 강조한다(Grusin, ix-x). 아래에서 좀 더 논의하겠지만, 우선 포스트휴머니즘을 하나의 흐름으로 정의하기는 어렵다. 따라서 그루신처럼 포스트휴먼적 전환을 일괄적으로 반박하는 것은 문제가 있다. 또한 캐서린 헤일스(N. Katherine Hayles)가 인간에서 비인간으로의 변화에 주목하기는 하지만, 그루신이 우려하는 것처럼 이러한 변화를 인간의 목적이나 진화의 맥락에서 이해하는 것은 아니다. 무엇보다 인간과 비인간이 '이미 언제나' 하나의 쌍을 이루고 있었음을 거듭 주장하는 울프의 입장을 감안한다면, 비인간 전환과 포스트휴머니즘의 구분은 섣부른 판단이 아닐까 싶다.

　　　　모턴도 『거대사물』의 말미에 "비인간 존재는 인간의 역사와 사고의 다음 순간을 책임진다"라고 선언하며, "소위 포스트휴먼 게임이라는 것들은 거대사물의 시기에 대처할 정도로 결코 충분히 포스트휴먼하지 않다. 그것들은 모던 시대의 마지막 거친 호흡에 가깝다"라고 비판한다(Hyperobject 201). 하지만 모턴이 불만스러워하는 '게임들'은 앞서 언급한 카슨이나 싱어의 작업에 가깝기에 "충분히 포스트휴먼"한 최근 포스트휴머니즘 작업을 만났다면 그도 달라질 거라 믿는다. 마찬가지로 "비인간 전환"에 가장 선도적인 학자라고 할 수 있는 도나 해러웨이(Donna J. Haraway)도 "나는 포스트휴머니스트가 아니다; 나는 반려종과 함께 되어가고, 친족과 류(kin and kind)를 만들며, 범주를 엉망으로 만드는 사람이자 동물이다"(19)라는 말로 포스트휴머니스트가 되기를 거부하지만, 내 입장에서 그는 적어도 포스트휴머니즘을 수행하는 학자라고 할 수 있다. 왜냐면 인간중심주의를 단호히 거부하고, 비인간 존재와의 긴밀한 관계 속에서 인간을 새롭게 자리매김하기 때문이다.

포스트휴머니즘은 인간중심주의를 거부하고 비인간 존재를 본격적으로 다루는 이론이자 실천이다. 미세먼지로 시작한 두 번째 먼지의 시대에 가장 필요한 작업이라고 믿는다. 문학 연구자로 시작한 내게 이 작업은 적어도 두 가지 문제를 제기한다. 하나는 태생적으로 언어를 사용하는 문학 연구와 이론이 언어가 아닌 방식으로 전해지는 비인간 존재의 "아우성"(Hayles, *How* 244)의 의미를 어떻게 해석하고 전할 것인가의 문제다. 다음은 그 의미에 어떤 요청이 담겨 있다고 해도 왜 인간이 그 요청에 따라야 하는가다. 다시 말해 인간을 위한 유용성이라는 기준에서 벗어나 비인간 존재의 중요성을 인정할 수 있을 것인가? 첫 번째 문제는 매체에 관한 것이자 인식론적 질문이고, 두 번째는 윤리적이고 존재론적 질문이라고 할 수 있다.

인간 언어에서 벗어난 문학 연구와 이론은 사실 지난 30년 동안 급속도로 발달했다. 바스가 하이퍼텍스트 혹은 인터미디어를 언급했던 것처럼 디지털 매체의 확산이 가장 주요한 요인이라고 할 수 있다. 물론 언어로 된 텍스트를 접하는 것이 일상적이지만, 그 텍스트의 형성 과정은 이전의 글쓰기나 출판 작업과 현저히 다르고, 무엇보다 텍스트를 작성하고 경험하는 주체들의 삶이 완전히 변했기 때문이다. 포스트휴머니즘 연구의 시작을 알린 헤일스는 스티븐 울프람(Stephen Wolfram)의 용어를 빌려 이제 인간은 "계산적 우주(the Computational Universe)"에 살고 있다고 말한다. 디지털 코드로 이루어진 "계산적 우주"에서 살아간다는 말은 "언어만이 기술적으로 발전한 사회의 독특한 특징은 더 이상 아니다; 오히려 이제는 언어 더하기 코드"라는 의미라고 헤일스는 설명한다(*My Mother* 16). 인간 주체가 분명히 달라졌다는 것이다. 디지털 주체라고 할 수도 있겠지만, 헤일스가 포스트휴머니즘 연구를 본격적으로 시작한 학자라는 점을 고려한다면 "포스트휴먼"이라고 할 수 있다. 포스트휴먼의 문학 연구와 이론은 인간의 것과 어떻게 다를까? 헤일스는 언어와 코드라는 두 매체의 상호작용에 주목하면서 "비교 미디어 연구(comparative media studies)"를 제안한다. 헤일스의 제안이 얼마나 실행될지는 모르겠지만, 다른 새로운 제안들이 이어질 것이라는 점은 분명해 보인다.

하지만 "계산적 우주"는 21세기 세상의 일부일 뿐이다. 적어도 유전자 코드와 디지털 코드를 중심으로 우주를 상상하는 한에서는 그렇다. 그리고 그렇게 세상을 상상하는 문학과 문학 연구도 같은 한계를 가질 수밖에 없다. 코드를 주로 다루는 연구실과 공장을 상상해봐도 그렇다. 먼지가 절대적으로 없는 이곳들이 먼지를 마시며 사는 세상은 아니기 때문이다. 헤일스도 이런 반쪽짜리 상상을 염려한다. 사이버네틱스의 발전을 되짚으며 그가 일관되게 주장하는 것은 정보 혹은 코드에도 몸이 있다는 점이다. 체현화와 물질 없이는, 즉 몸 없이는 어떤 정보/코드도 존재할 수 없고, "몸은 절대로 정보만으로 만들어질 수 없다"고 주장하면서, 헤일스는 안토니오 다마지오의 말을 빌려 "몸으로부터의 아우성"을 들어야 한다고 주장한다(How 246, 244).

헤일스도 인정하듯, 언어에 정보나 코드를 더하는 것만으로는 부족하다. 몸의 아우성을 듣기 위해서도 그렇고, 비인간 존재의 이야기를 상상하기에도 그렇다. 인간 언어가 아닌 정보나 코드로 전해진다고 해도 인간은 여전히 자신들이 인식할 수 있는 방식으로 수용할 것이기 때문이다. 그렇다면 이미 있던 존재들, 인간보다 먼저 존재했고 지금도 그런 비인간 존재는 어떨까? 언어와 코드, 적어도 디지털 코드가 생기기 전부터 다른 방식으로 이야기를 전했고, 지금도 그런 존재들을 어떻게 경험할 수 있을까? 사실 헤일스의 작업에서 이런 질문에 대한 답을 찾기는 어렵다. 포스트휴먼의 탄생을 사이버네틱스라는 특정한 과학기술의 발달 과정에서 찾기에 그에게 포스트휴먼은 이 과정의 결과물이기 때문이다. 과정 전부터 있었던 비인간 존재는 헤일스의 포스트휴머니즘 논의에서 자연스럽게 소외될 수밖에 없다. 그렇다고 그의 연구가 협소하다는 말은 아니다. 헤일스가 말하듯이 포스트휴먼이 살아가는 곳은 말 그대로 "우주"처럼 광활하기 때문이다. 포스트휴머니즘의 다양성에 맞는 다른 매체가 있을 자리는 충분하다.

그렇다면 언어나 코드에서 벗어나 비인간 존재를 인식하고 경험하게 할 수 있는 매체가 가능할까? 헤일스와 달리 동물 연구를 기점으로 포스트휴머니즘을 전개해온 울프는 예술의 "근본적인 역할"로 자신이 주목하는 질문들을 다루는 데 있어서 "상대적으로 빈약한 매체인 언어와 텍스트성이 실제로 할 수 없는 방식들"을 제공하는 것이라고 말한다(Art 3). 이에 따라 "예술의 개입은, 예를 들어 종의 손실과 소멸의 문제에 관한 예술의 개입은 언어라는 매체에 의한 이론적 해설보다 비록 덜 정확하더라도 더 다차원적"이 된다고 주장한다(Wolfe, Art 3). 물론 모든 예술적 경험은 언어로 소화하는 과정을 거칠 수밖에 없다는 이유로 울프의 주장을 반박할 수 있다. 그럼에도 경험과 언어로 소화된 결과물 사이에는 분명히 간극이 존재한다. 무엇보다 그 결과물에는 소화하지 못한 경험의 무언가가 "흔적"으로 남아있다. 울프는 이 흔적에 주목하고, 이를 통해 간극 너머의 경험을 가리키고자 한다. 비인간 존재의 이해는 힘들지 몰라도 적어도 인정은 가능하다.

울프의 입장은 현대 예술에서 "동물의 문제"를 다룰 때, 좀 더 파고들자면 "현대 예술가들이 비인간 동물을 주제로 삼을 때 … 이 예술가들이 특정한 재현적 방식을 선택하는 것이 어떤 차이를 만드는가?"라는 질문을 다룰 때 좀 더 명확히 드러난다(Wolfe, Art 67). 그는 "동물권 보호"라는 주제를 도축장 등에 대한 그림을 통해 명확히 보여주는 수 코(Soo

Coe)에 관해 논의하면서 "만일 예술의 윤리적 기능이 코가 생각하는 것이라면, 그 목적을 이루기 위해 왜 사람들에게 그냥 가축수용소, 도축장, 킬링 플로어 사진을 보여주지 않는가? 다른 말로 하자면, 예술이 추가하는 것은 무엇인가?"라고 묻는다(Wolfe, Art 75). 도축장에서 일어나는 일들 그대로 재현하는 방식으로 택함으로써 코의 그림은 특정한 "윤리적 기능"을 수행할 수 있지만, 예술이라는 매체만의 특징을 활용하지 않는 것이다. 무엇보다 문제는 이 "윤리적 기능"이 표방하는 "윤리"가 코라는 인간, 비록 비인간 동물에 헌신적이지만 여전히 인간에 관한 관심과 비판에서 나온다는 점이다. 울프는 이런 점에서 코의 예술을 "휴머니스트적 포스트휴머니즘"의 예라고 설명한다(Art 91). 반면에 살아있는 동물을 예술을 위해 사용했다는 점에서 비난을 받는 바이오 아티스트 에두아르도 칵(Eduardo Kac)의 작품은 보이는 것만으로는 결코 그 의미를 소진할 수 없음을 반복해서 강조한다고 울프는 말한다. 즉 "작품의 의미를 찾을 수 있는 유일한 장소는 없는 장소(no place), 즉 관람자가 저항하지 못하며 보는 곳이 아니라 … 오히려 정확히 관람자가 보지 않는 곳"이다(Wolfe, Art 90-91). 그리고 이 "보지 못하는 곳"에 동물을 위치시킴으로써 인간 재현과 지식 체계 너머의 존재로 남긴다는 점에서 칵의 예술은 "포스트휴머니즘적인 포스트휴머니즘"이라고 울프는 평가한다(Art 91).

　　　예술이라는 매체로 인간은 포스트휴머니즘에 맞게 비인간 존재를 비인간 존재로서 인식하고 경험할 수 있을지 모른다. 그러나 우리의 인정을 요구하는 또 다른 차원의 예술이 존재한다. 바로 인간이 아닌 비인간 존재의 예술이다. 이미 1950년대에 주목받기 시작했고, 사후인 2005년에는 영국의 마요 갤러리에서 회고전이 열리기까지 한 침팬지 콩고를 필두로 동물의 예술은 단순한 재밌거리의 수준을 넘어선 사례로 등장하고 있다. 인간이 인정한 예술 매체가 아니더라도 수많은 영상에서 예술적으로 보이는 행위를 하는 동물이 등장한다. 예를 들어 암컷에게 구애하기 위해 예쁘게 둥지를 만드는 바우어새나 복어, 같은 이유로 화려한 춤을 추는 극락조 등이 있다. 단지 수컷이 그런 행위를 본능적으로 한다고 할 수도 있지만, 암컷이 둥지나 춤을 비교해서 더 '예술적'인 결과물을 낸 수컷을 선택한다는 점은 본능만으로는 이 모두를 설명하기 어렵게 한다. 동물에 더해서 이제는 인공지능이 쓴 글이나 그림이 등장하고 팔리면서 작품의 예술성에서부터 저작권 문제까지 논쟁거리가 되고 있다. 무엇보다 인공지능의 능력이 점점 더 고도화되면서 적어도 기술적 측면에서는 인간의 예술과 구분할 수 없는 순간이 틀림없이 올 것이다. 과연 그때가 오면 어떤 근거로 인공지능의 예술을 예술이 아니라고 할 수 있을까? 고귀한 예술적 개념을 고수해야 할까? 아니면 인간이 창작한 것만 예술이라는 종차별적 기준을 내세워야 할까? 만일 종차별적 기준을 포기한다면, 예술이라는 분야와 인간이라는 개념은 결과적으로 어떤 변화를 겪게 될 것인가?

　　　비인간 존재를 있는 그대로, 즉 보이지도 않고 말로 표현할 수도 없는 것으로 경험하고 상상하기 위해 예술이라는 매체는 중요하다. 이제 21세기 현실에서 비인간 존재를 경험하고 상상하는 것이 왜 중요한지 고민해야 한다. 물론 기후위기, 인류세, 멸종, 인공지능 등 21세기를 대표하는 단어들은 비인간 존재에 관심을 갖고, 기존의 관계를 변화시키는 것만이 인류의 미래를 담보하는 길이라고 경고한다. 이러한 경고만으로도 중요성은 충분할 수 있다. 하지만 이는 앞서 울프가 말했던 "휴머니스트적인 포스트휴머니즘"의 사례일 뿐이다. 인류를 위해 인류가 변하기는 하겠지만, 궁극적으로 비인간 존재를 그 과정에서 이용하는 것이다. 물론 경고를 무시하라는 말은 아니다. 경고를 듣고 행동하는 것 외에도 다른 무언가가 필요하다는 말이다. 비인간 존재를 비인간 존재로서 경험해야 하는 이유를 찾아 나서야 한다.

다시 한번 예술로 돌아가서 답을 찾는다. "미학을 제1 철학"이라고 선언하는 그레이엄 하먼(Graham Harman)은 "특성들을 말로 풀어낼 수 없는" 것이 바로 객체이기에 미학이 그런 위치에 있다고 말한다(31). 하먼은 하이데거의 도구 분석, 즉 모든 사물이 보이는 기능 이외의 다른 기능을 하는 도구가 될 수 있는 존재라는 분석을 수용하면서도 그렇게 사물의 도구성을 드러내는 능력을 인간에게만 국한하는 하이데거의 입장에는 반대한다. 애초에 사물이 그런 존재이기에 그런 일이 가능하기 때문이다. 따라서 숨겨진 능력을 갖춘 존재라는 점에서 인간과 사물은 모두 객체라고 주장하며, 하먼은 자신의 객체지향존재론을 개진한다. 그의 객체지향존재론에 따르면, 객체의 감각적 특성을 아무리 경험하고 상상한다고 해도 실재 객체를 드러낼 수는 없다. 실재 객체는 항상 뒤로 물러서기에 그것의 실재 특성들은 알 수 없기 때문이다. 비인간 존재도 마찬가지다. 문학과 예술을 통해 아무리 경험하고 상상한다고 해도 그 비인간은 알 수 없는 무언가로 존재하고 있다. 그 존재를 잊지 않고, 그 존재의 독자성을 인정하는 것이 중요하다는 의미다. 그 존재로 인해 우리는 경험하고 상상할 수 있기 때문이다.

예술은 인간이 볼 수도 알 수도 없는 무언가를 그 미지의 상태로 보여주며, 한편으로는 비인간 존재를 그런 존재로 경험하고 다른 한편으로는 우리가 보지 못하는 것을 보고 있는 존재로 상상하게 해준다. 모든 예술이 그렇다고, 혹은 그래야만 한다고 말하는 것은 아니다. 그러나 21세기의 예술에는 이러한 역할에 대한 사명감이 더해져야 한다. 문학도 예외가 아니다. 예술의 경험과 상상을, 특히 비인간 존재를 둘러싼 경험과 상상을 다루기 위해서는 문학이 달라져야 한다. 오래전부터 인간의 예술적 경험과 상상에 익숙한 문학이 그 익숙함 속에 비인간 존재를 가둘 수 있기 때문이다. 의인화가 그처럼 문제시되는 것도 바로 이 때문이다. 그러나 따지고 보면 경험과 상상이 문학의, 어쩌면 예술의 모든 것이었던 적이 있는지 모르겠다. 예술의 독자성을 그토록 강조했던 모더니즘에서 그랬을까? 독자성을 강조한 만큼 예술을 통한 경험과 상상이 예술과 현실의 경계를 넘지 말아야 한다고 했겠지만, 실제로 그랬는지는 의문이다. 그런 경험과 상상이 갖는 실천적 의미를 고민해야 한다. 그리고 이를 위해 이론은 좀 더 이론적이 되어야 한다.

지금 먼지를 마시면서 그런 생각을 한다. 먼지를 경험하며 힘들어하고, 먼지의 원인과 폐해를 따져보고 상상하면서 우리는 기후위기를 걱정하고, 인류세를 논의한다. 하지만 먼지를 마시면서 문학/예술 이론은 그 이상을 해야 한다. 먼지 너머로 물러서 있는 알 수 없는 수많은 비인간 존재를 경험해야 한다. 먼지로 인해 지금 우리가 아무리 힘들고 절망적이라고 해도 그 비인간 존재들이 어떨지 상상해봐야 한다. 그리고 현실에서 이 고민을 어떻게 실천할 수 있을지 고민해야 한다. 먼지를 마시며 진정 걱정해야 할 일은 우리의 미래가 아니라 비인간 존재들의 실재다.

4
나가며:
우주 먼지와 미래

두 번째 먼지의 시대도 어느덧 30년 정도가 되었다. 첫 번째 먼지의 시대가 30년 정도 유지되었으니, 같은 주기를 적용해서 세 번째 먼지의 시대를 기대할 때가 왔을까? 두 번째 먼지의 시대가 다루는 문제를 생각하면, 그리고 인류세, 기후위기 등 21세기 내내 더 악화될 상황을 생각하면 섣부른 기대다. 두 번째 시대의 문제가 마치 어느 정도 해결된 듯이 여긴다면 아미타브 고쉬가 말했듯이 "대착란(Great Derangement)"이고(11), 앞으로 해결될 거라고 믿는다면 "위선"이다. 그럼에도 세 번째 먼지의 시대를 상상해본다. 그럴법한 이유가 있기 때문이다.

2024년 3월 17일자 영국의 『가디언』은 "우주의 청소부: 과학자들이 우주 먼지를 찾아 영국의 성당 지붕을 뒤진다"라는 제목의 기사를 실었다. 기사는 두 명의 행성학자가 캔터베리 성당 지붕에서 방역복을 입고 진공청소기로 바닥을 청소하는 얘기로 시작한다. 우주 먼지를 찾아 지붕을 뒤지는 것이다. 우주 먼지 혹은 우주진(micrometeorites)은 시간과 거리상에서 머나먼 행성과 유성에 대해 알려줄 수 있을 뿐만 아니라, 지구의 화학적 구조에 어떤 영향을 주었는지 추측함으로써 지구 생명체의 형성에 관해서도 중요한 과학적 자료가 될 수 있다고 기사는 설명한다. 하지만 내게 놀라운 점은 우주 먼지가 항상 우리 주변에 있었다는 설명이다. 비록 많은 먼지가 대기권에서 타서 없어지고, 지상에 내려온 것 중에 특히 도시에 쌓인 먼지는 주변 환경에 의해 쉽게 오염되어 과학적 가치가 줄어들지만, 그럼에도 우주 먼지는 지구가 생겼을 때부터 항상 존재했다는 말이다. 책 먼지를 마시고, 미세먼지나 폐허의 먼지를 마시는 중에도 내내 우리는 우주에서 온 먼지를 조금씩 마셔왔다. 제임스 웹 망원경이 보내온 우주 먼지의 사진을 보면서 놀라워하고 신기해했지만, 그 사진 속의 먼지는 어쩌면 우리 몸속에 이미 있었을 수도 있다.

　　　첫 번째 먼지의 시대는 인간의 의도나 의미와 언어를 살펴보면서, 우리에게 익숙했던 인간관을 재고하라고 요구했다. 두 번째 시기는 세계가 인간만을 위해 존재한다는 태도를 해체하며 비인간 존재와 같이 하는 새로운 세계관을 추구한다. 그렇다면 우주 먼지로 시작한 세 번째 먼지의 시대가 요구하는 것은 아마도 우주관의 변화가 아닐까? 신을 상정한 우주관도 아니고, 과학에만 의존한 우주관도 아닌 새로운 우주관이다. 우주에 나가서 살 일이 요원한데 뭐 하러 미리 걱정하냐고 반박할 수 있다. 결국 SF에서 보여주는 공상의 수준밖에 안 될 것이라고 미리 비난할 수도 있다. 하지만 바로 지금이 적절한 때다. 우주로 나가 살 정도로 과학기술이 발전하고, 그 절차를 결정하는 정치적이고 사회적인 합의가 이루어질 때가 정말 온다면 이미 늦기 때문이다. 어떤 인간관과 세계관으로 그런 때를 준비할지 지금으로선 뻔하기 때문이다. 헤일스에게 악몽을 준 한스 모라벡의 사고실험만 봐도 이를 알 수 있다. 자칫 잘못하면 세 번째 먼지의 시대는 우리를 첫 번째 먼지의 시대 이전으로 되돌릴 수 있다는 말이다. 우주 먼지는 그렇게 경고로 다가온다. 새로운 우주관을 가지라고.

참고문헌

롤랑 바르트. 『텍스트의 즐거움』. 김희영 역. 동문선, 1997.

이동신. 『포스트휴머니즘의 세 흐름: 캐서린 헤일스, 캐리 울프, 그레이엄 하먼』. 갈무리, 2022.

Barth, John. *The Friday Book: Essays and Other Nonfiction*. The Johns Hopkins UP, 1984.

_____. *Lost in the Funhouse: Fiction for Print, Tape, Live Voice*. Anchor Books, 1988.

_____. "The State of Art." *Meanjin* 56. 3/4 (1997): 458-472.

"Cosmic Cleaners: the Scientists Scouring English Cathedral Roofs for Space Dust." *Guardian*. March 17, 2024.

Danto, Arthur C. *After the End of Art: Contemporary Art and the Pale of History*. Princeton UP, 1997.

Dimock, Wai Chee. "A Theory of Resonance." *PMLA* 112.5 (1997): 1060-1071.

Greenblatt, Stephen. "Towards a Poetics of Culture." *The New Historicism*, edited by H. Aram Veeser. Routledge, 1989.

Haraway, Donna J. *When Species Meet*. U of Minnesota P, 2008.

Harman, Graham. *Art+Objects*. Polity, 2019.

Hayles, N. Katherine. *How We Became Posthuman: Virtual Bodies in Cybernetics, Literature, and Informatics*. Chicago UP, 1999.

_____. *My Mother Was a Computer: Digital Subjects and Literary Studies*. U of Chicago P, 2005.

Grusin, Richard. Introduction. *The Nonhuman Turn*, edited by Richard Grusin. U of

Minnesota P, 2015.

Ghosh, Amitav. *The Great Derangement: Climate Change and the Unthinkable*. U of Chicago P, 2016.

Knapps, Steven and Walter Benn Michaels. "Against Theory." *Against Theory: Literary Studies and New Pragmatism*, edited by W. J. T. Mitchell. U of Chicago P, 1985.

———. "Against Theory 2: Hermeneutics and Deconstruction." *Critical Inquiry* 14.1 (1987): 49–68.

Liu, Alan. "The Power of Formalism: The New Historicism." *ELH* 56.4 (1989): 721–771.

Mitchell, W. J. T. "Introduction: Pragmatic Theory." *Against Theory: Literary Studies and New Pragmatism*, edited by W. J. T. Mitchell. U of Chicago P, 1985.

Moore, Jason W. "The Rise of Cheap Nature." *Anthropocene or Capitalocene?: Nature, History, and the Crisis of Capitalism*, edited by Jason W. Moore. PM Press, 2016.

Morton, Timothy. *Ecology without Nature: Rethinking Enviromental Aesthetics*. Harvard UP, 2007.

———. *Hyperobjects: Philosophy and Ecology after the End of the World*. U of Minnesota P, 2013.

Negarestani, Reza. *Cyclonopedia: Complicity with Anonymous Materials*. re.press, 2008.

O'Hara, Daniel T. "Revisionary Madness: The Prospects of American Literary Theory at the Present Time." *Against Theory: Literary Studies and New Pragmatism*, edited by W. J. T. Mitchell. U of Chicago P, 1985.

Rosmarin, Adena. "On the Theory of 'Against Theory.'" *Critical Inquiry* 9.4 (1983): 775–783.

Thomas, Brook. "Walter Benn Michaels and the New Historicism: Where's the Difference?" *boundary* 2, 18.1 (1991): 18–59.

Veenstra, Jan R. "The New Historicism of Stephen Greenblatt: On Poetics of Culture and the Interpretation of Shakespeare." *History and Theory* 34.3 (1995): 174–198.

Veeser, H. Aram. Introduction. *The New Historicism*, edited by H. Aram Veeser. Routledge, 1989.

Wolfe, Cary. *Animal Rites: American Culture, the Discourse of Species, and Posthumanist Theory*. U of Chicago P, 2003.

_____. *Art and Posthumanism: Essays, Encounters, Conversations*. U of Minnesota P, 2022.

_____. *Before the Law: Humans and Other Animals in a Biopolitical Frame*. U of Chicago P, 2012.

미학이 필요한 순간: 문학과 미술의 동시대적 모색

III

포스트모던, 알터모던, 메타모던:

포스트모던 이후 미술에서 동시대성 논의

문혜진
미술비평가

1
들어가며

밀레니엄이 시작되면서 포스트모더니즘의 종언이 기정사실이
되고, 비엔날레 등 동시대 미술 현장의 영향력이 커지면서 동시대성 및
동시대 미술이 연구의 주요 대상으로 떠오른다. 동시대 규정이 관심 대상
이 된 데는 몇 가지 요인이 있다. 우선, 더 이상 시대를 대표하는 특정 사
조나 흐름이 존재하지 않기에 문자 그대로 동시대 미술이 무엇인지 정의
하기 어려워졌다. 다음으로, 정확히 무어라고 말하기 어렵지만 문화의 패
러다임이 바뀌었다는 모종의 감각이 존재했다. 또한 동시대 미술이 현장
을 넘어 학술연구의 대상이 되면서 동시대를 어디서부터 어떻게 정의해
야 하는가의 문제가 부상했다. 이런 까닭에 2000년대의 초반 10년은 동
시대를 이론화하려는 수많은 시도로 넘쳐났다. 대표적인 예가 2009년 가
을 『옥토버』(October)의 "동시대(The contemporary)" 특집호와 2009~2010 『이
플럭스저널』(e-flux journal) 11호와 12호의 "동시대 미술은 무엇인가(What is
Contemporary Art?)" 특집이다.[1] 전자는 당대의 주요 비평가, 큐레이터, 미술

---

[1] Hal Foster et al., "Questionnaire on 'The Contemporary'," *October* 130, 2009; https://ww-w.e-flux.com/journal/11/; https://www.e-flux.com/journal/12/

사가에게 동시대 미술의 실체에 대한 질문을 던지고 답을 모은 설문조사이고,[2] 후자 역시 당대의 사상가, 작가, 큐레이터들이 생각하는 동시대 미술에 대한 생각들을 모은 것이다. 하지만 두 시도 모두 동시대성에 대한 학술적 규정으로 이어지지 못한 채 당대 미술의 경향에 대한 다양한 견해의 병치에 그쳤다. 『옥토버』의 설문조사에서 혹자는 미술사의 관점에서 동시대 미술을 학술적으로 다룰 때의 난점을 지적하고, 어떤 이는 사상적 측면에서 보편 패러다임의 불가능성을 주장하기도 하며, 또 다른 이는 동시대 미술과 대중문화의 관계를 언급하기도 한다.[3] 미술사를 배제하고 현장 전문가로 구성된 『이플럭스저널』의 경우에도 사정은 크게 다르지 않다. 어떤 이는 시간성을, 또 다른 이는 공간성을, 또 누군가는 자본주의와 정치의 문제를 논하는 상황은 각자의 관심사에 따라 바라본 동시대성의 일면일 뿐 합의된 결론이나 공통된 지반은 찾아보기 어렵다. "지난 20여 년의 미술 실천을 규합하는 객관적 기준이나 구조가 없음을 발견"했다는 편집자들의 말은 동시대 규정의 어려움을 단적으로 보여준다.[4]

---

2   여기에 실린 핼 포스터(Hal Foster)의 질문은 동시대 미술을 둘러싼 딜레마의 일단을 보여준다. "동시대 미술이라는 범주는 새로운 것이 아니다. 새로운 것은 동시대 미술의 혼종성에 나타나는 감각으로, 현재 벌어지는 사례 중 다수가 역사적 결정이나 개념적 정의, 비평적 판단과 무관하게 부유하는 듯한 현상을 뜻한다. … 그와 동시에 역설적이게도 동시대 미술은 그 자체로 제도적 대상이 되었다. … 이와 같은 자유로운 부유는 실제인가 가상인가? 그저 일부 지역에서만 감지되는 것일까? 아니면 대서사의 종말이 불러온 단순한 효과일까? 만약 이런 현상이 실제라면, 시장과 세계화라는 일반적인 이유 외의 주요 원인을 어떻게 밝힐 수 있을까? 아니면 이런 현상은 정말 신자유주의 경제의 직접적 산물인가? 작가와 비평가, 큐레이터, 미술사가의 형성과 실천에 미친 주된 결과는 무엇인가? 미술사의 다른 분야에 부차적인 영향을 준 것이 있는가? 도움이 될 만한 유사한 상황이 다른 학문이나 예술에 존재하는가? 마지막으로 이런 명백한 존재의 가벼움에 이점이 있을까?" 같은 글, p. 3.

3   Hal Foster, "Contemporary Extracts," *e-flux journal,* issue #12, 2010, pp. 3-9. [핼 포스터 외, 「컨템포러리 아트에 대한 답변들」, 문혜진 역, 『아트인컬처』, 2013년 1월호, 158-161쪽]. 이 글은 『옥토버』 설문조사의 일부를 요약한 것이다.

4   Julieta Aranda, Brian Kuan Wood, Anton Vidokle, "What is Contemporary Art?," *e-flux*

미학이 필요한 순간: 문학과 미술의 동시대적 모색

동시대 미술은 시기로도, 매체로도, 지역으로도 구분할 수 없다. 그런 까닭에 최근 이론가들은 동시대 미술을 담론적 측면에서 규정하기도 한다. 대표적인 논의가 미술사학자 클레어 비숍(Claire Bishop)의 정리다.[5] 비숍은 동시대성에 대한 논의를 시간 측면에서 두 가지로 구분한다. 하나는 현재주의(presentism)로, 현재의 순간을 우리 사고의 지평과 종착지로 간주하는 것이다. 현재주의는 우리의 순간을 전 지구적인 전체적 차원에서 이해할 수 없다는 무력감을 인정하고, 이러한 몰이해를 현재의 역사적 시기를 구성하는 조건으로 수용하는 것이다. 철학자 피터 오스본(Peter Osborne)과 보리스 그로이스(Boris Groys)가 이런 입장을 대표한다. 오스본은 동시대를 '작동하는 허구(Operative Fiction)'로 본다. 일체감이란 결코 파악할 수 없는 전 지구적 시간성을 아우르는 현재의 결과이므로 동시대란 본질적으로 상상력의 생산적인 행위다. 이런 관점에서 동시대는 그 자체로 정체 시간(time of stasis)이다.[6] 그로이스에게 동시대성은 공산주의의 몰락으로 촉발된 장기적이고 잠재적으로 무한한 지연의 시기다.[7] 오스본과 그로이스는 미래지향적 모더니즘과 정적이고 지루한 현재를 대비시키며, 동시대를 끝없이 반복되는 현재로 바라본다. 또 다른 이론가들은 동시대를 시간적 이접(disjunction)이라 주장한다. 조르조 아감벤(Giorgio Agamben)은 동시대를 시간적 파열에 근거한 상태로 상정한다. 그가 보기에 동시대성은 시차와 시대착오를 통해 시대와 맺는 관계다.[8] 테리 스미

journal, issue #11, 2009, p. 1.

5 클레어 비숍, 『래디컬 뮤지엄』, 구정연 외 역, 현실문화, 2016, 29-31쪽.

6 Peter Osborne, "The Fiction of the Contemporary," *Anywhere or Not At All: Philosophy of Contemporary,* Verso, 2013, pp. 15-25.

7 Boris Groys, "Comrades of Time," *Going Public,* Sternberg Press, 2010, pp. 84-101.

8 Giorgio Agamben, "What is the Contemporary?," *What is an Apparatus? and Other Es-*

스(Terry Smith) 역시 동시대를 이율배반과 비동시성으로 규정한다. 동시적이고 양립할 수 없는 상이한 근대성의 공존, 여전히 진행 중인 사회적 불평등과 차이의 지속이 동시대성이기 때문이다.[9] 스미스는 시간성, 복수성, 이동을 동시대성의 주제로 꼽고, 동시대성의 세 가지 커다란 흐름을 추출해낸다. 세계화, 탈식민적 전환, 네트워크로 대표되는 이미지 경제가 그것이다.[10] 비숍은 이러한 입장을 전 시대의 패러다임인 포스트모더니즘과 관련된 상반된 입장으로 해석한다. 동시대성을 정체로 보는 입장은 포스트모더니즘의 후기 역사주의적 교착 상태가 지속되는 것이고, 다원적이고 이접적인 시간성을 주장하는 경우는 포스트모더니즘과의 절연을 보여준다.[11]

　　동시대성을 시간적 관점에서 현재주의와 역사주의로 구분하는 비숍의 분류는 시대 규정의 문제를 떠올리게 한다. 동시대(contemporary)는 어원적으로는 보통명사지만, 실질적으로는 포스트모던 이후를 지칭하는 (시기와 특징이 규정되지 않은) 고유명사로 사용되고 있기 때문이다. '함께(con)'와 '시간(contemporarious)'이라는 의미가 조합된 중세 라틴어 '컨템포라리우스(contemporarious)'에서 유래한 동시대성은 본래부터 단독으로 존재할 수 없고 무언가와 관련된 시간이다. 그렇기에 동시대성의 정의는 역사 개념과 무관할 수 없다. 이 장에서는 포스트모던과 관련해 나름의 방식으로 동시대성을 규정하려 한두 가지 선례를 살펴보고자 한다. 2009년의 '알터모던' 논의와 2010~2017년의 '메타모던' 논의가 그것이다. 수많은 동

says, Stanford University Press, 2009, p. 41.

9　클레어 비숍, 앞의 책, 30쪽.

10　Terry Smith, *What is Contemporary Art?*, Chicago University Press, 2009. [테리 스미스, 『컨템포러리 아트란 무엇인가』, 김경운 역, 마로니에북스, 2013, 394~407쪽].

11　클레어 비숍, 앞의 책, 31쪽.

시대성 논의 중 이들을 선택한 것은 가장 유명하고 대표적인 미술계의 포스트모던 이후 모색이라는 점 외에 추상적 담론이 아닌 현장의 구체성에 기반하고 있는 주장이라는 점이 작용했다. 이들이 모던 및 포스트모던과 어떻게 관계를 맺으며 스스로를 자리매김하는가? 그 동기와 욕망은 어디서 출발해 어디로 향하며 어떤 효과를 자아냈는가? 이들이 지향한 것은 무엇이고, 성취한 것은 무엇이며, 이는 어떤 의의를 지니는가? 동시대성과 역사성은 어떻게 상호작용하는가? 나아가 우리 시대의 동시대성은 결국 무엇이고, 우리는 왜 끝없이 동시대성을 찾으려 하는가? 이것들이 논의의 세부를 살피는 가운데 계속해서 회귀하는 질문이다. 알터모던과 메타모던은 포스트모더니즘 이후의 공백을 메우고 새로운 시대의 패러다임을 제시하려는 밀레니엄 초기의 열정을 상징한다. 이는 지금 우리가 어디에 서 있는가의 존재론적 질문에 대한 답을 찾는 행위이기도 하다.

2
알터모던: 세계화 시대의 군도화된 모더니티

1) 개요

알터모던(altermodern)은 비평가이자 큐레이터인 니콜라 부리오(Nicolas Bourriaud)가 제시한 개념으로, 포스트모던 이후의 미술과 그 시대성을 규정하는 용어다. 이 개념은 2009년 출간된 책 『래디컨트』(Radicant: Pour une esthétique de la globalisation)에서 구체화된 후 같은 해 열린 《알터모던: 테이트 트리엔날레》(Altermodern: Tate Triennial, 2009년 2월 3일~4월 26일)에서 전시로 형상화되었다. 특히 《알터모던》전에서 부리오는 기획의 글인 "알터모던"뿐 아니라 알터모던 선언문과 네 차례의 프롤로그격 학술행사, 한 차례의 대형 학술 심포지엄(Global Modernities)을 통해 주창하는 알터모던 개념을 담론화하기 위한 적극적 행보를 보였다.[12] 『래디컨

---

12 Nicolas Bourriaud, "Altermodern," *Altermodern: Tate Triennial*, Nicolas Bourriaud, ed., London: Tate. 2009, pp. 11-24; Nicolas Bourriaud, "Altermodern Manifesto," online at

트』와《알터모던》의 내용은 강조하는 용어나 개념에 약간의 차이가 있으나,[13] 알터모던, 세계화, 군도, 크레올화, 번역, 이동, 이주, 여행, 망명 등 기본 논지와 핵심 내용이 겹치고 시차도 없다.

알터모던이란 무엇인가? 접두사 알터(alter-)는 포스트 문화의 종말을 가리키는 한편, "다양성(multiplicity)뿐 아니라 대안(alternative) 개념에 연결된다. 더 정확히 말하자면, 이는 시간에 대한 다른 관계를 가리킨다. 더 이상 역사적 순간의 여파(aftermath)가 아니라, 전진하면서 후퇴하는 나선으로서 역사를 바라보는 시간적 고리(loop)로 구성된 만화경적 유희의 무한한 팽창이다".[14] 알터모더니티는 모더니티 현상에 대한 위치 변화를 나타내는 것으로 포스트모더니티가 넘어섰다고 주장하는 [과거의] 모더니티와 다르며, 위계에서 벗어난 공간에서 탐험되고 그려지는 타자들 사이의 한 현상이다.[15] 이 같은 정의에서 짐작할 수 있듯, 알터모던은 포스트모던의 다음 단계로 21세기의 모더니티로 규정된다.

그렇다면 과거의 모더니티와 알터모더니티는 무엇이 다른가? 알터모던 개념은 바로 앞 시대인 포스트모던과의 구분에 집중되어 있기에 모더니티에 대한 설명은 소략되어 있지만, 몇몇 부분에서 생각의 얼개

Tate website: www.tate.org.uk/britan/exhibitions/altermodern/manifesto: "Global Modernities(14 March 2009)," *Altermodern: Tate Triennial Symposium*, Tate Britain. 개막 전에 열린 프롤로그 행사는 다음과 같다. 프롤로그 1: 알터모던(altermodern: 2008년 4월 26일), 프롤로그 2: 망명(Exiles: 2008년 6월 28일), 프롤로그 3: 여행(Travels: 2008년 10월 18일), 프롤로그 4: 경계(borders: 2009년 1월 17일).

13 예를 들어 전시에서는 '래디컨트'라는 개념이 등장하지 않으며 이시성(異時性, heterochrony)이 강조되나, 책에서는 크레올화나 번역을 중점적으로 다룬다. 또한 전시 서문에서는 모던을 '철로'에, 알터모던을 '네트워크'에 비유하는 등 개념의 시각화가 두드러진다.

14 Nicolas Bourriaud, *The Radicant*, Sternberg Press, 2009, p. 186.

15 같은 책, p. 186. [ ] 안의 내용은 이해를 돕기 위해 필자가 작성한 것이다.

는 짐작할 수 있다. 부리오는 모더니티를 무엇보다 보편주의(universality)로 파악한다. "[보편주의와] 불가분의 (무의식적이든 아니든) 식민주의, 과거와 결부된 것으로 차이를 취급하고 자체의 기준을 어디든 적용하려는 성향, 스스로의 역사적 서사와 개념을 당연시하고 모두가 이를 자발적으로 수용할 수 있다고 생각하는 것" 등이 보편주의와 관련된 모더니티의 특징이다.[16] 부리오는 모더니티의 보편성이 지배적인 남성 백인 목소리의 가면에 불과하다고 본다. 아방가르드, 보편주의, 진보, 급진성 등은 모두 과거의 모더니즘에 연결되며, 이들의 기저에는 모더니티의 전체주의와 식민주의, 인종주의, 남성중심주의, 동성애 혐오 등이 내재되어 있다. 포스트모던 상황은 이중부정이나 역무관심을 통해 식민지배자와 피지배자, 주인과 노예 사이의 균열을 재연하고 경계선을 유지해 결과적으로 모더니티와 마찬가지로 이분법적인 상태를 보존한다. 부리오는 모던 보편주의와 포스트모던 상대주의 사이에서 당대인의 선택권이 없었다고 본다.[17] 그는 21세기 초반 새로운 시공간을 규정하려는 많은 이들의 실천이 모더니티가 재구성될 수 있다는 전제를 공유하고 있다고 말하며, 그것을 "현재(the present)에 대한 집중, 실험, 상대성, 유동성"이라 요약한다. 모던은 정의상 당대에 속하는 것이라는 뜻이고, 현재를 방부처리하려는 보수적 이념과 과거의 복고라는 이상을 지닌 반동적 사조에 저항하여 오늘날을 시작이

---

16 앞의 책, pp. 13-14.

17 앞의 책, pp. 14-15.; 니콜라 부리오, 『래디컨트』, 박정애 역, 미진사, 2013, 22쪽. (번역서의 경우 번역 수정 없이 그대로 인용할 경우만 인용했다). [여기서 이중부정은 'double negation'을, 역무관심은 'reverse deafness'를 뜻한다. 모더니즘이 동성애, 유색인, 여성 등을 부정했다면 포스트모더니즘은 모더니즘의 부정을 다시 한번 부정하는 식으로 반응했다는 뜻이다. 역무관심 또한 같은 의미로 모더니즘이 백인, 남성, 이성애, 서구가 아닌 것에 귀를 닫았다면 포스트모더니즘은 유색인, 여성, 동성애, 비서구가 아닌 것에 귀를 닫고 있으며, 이런 이분법적 구조가 모더니즘을 반복하는 한편 전제하고 있다고 부리오는 주장한다.]

자 씨앗으로 삼는 관점이 모더니티의 현재성이므로 21세기를 설명하는 데 "모던을 재고"하는 것이 문제가 없다는 것이다.[18]

하지만 부리오가 21세기의 새로운 시대정신을 주창하는 이유는 모더니티보다 바로 앞선 시대인 포스트모던과의 결별 의지 때문이다. 부리오는 포스트모더니즘을 두 단계로 나눈다. 첫 단계는 역사의 종말에 대한 애도의 철학이다. 역사가 방향을 잃어버리고, 과거의 훼손된 파편들만이 존재하며, 의미와 실재를 잃어버린 상황에 대해 우울의 기조가 팽배해 있었고, 이는 차용과 시뮬라크르로 표현된다. 형식적으로는 기하 추상의 언어를 차용했으나, 정치적으로 급진적 개념을 차용했던 1980년 대 후반의 네오 아방가르드[네오 지오]가 이러한 정서를 대변한다.[19] 이후 1989년 냉전이 끝나면서 덜 멜랑콜리하고 다문화적인 두 번째 단계의 포스트모더니즘이 시작된다. 1989년에 열린 《지구의 마법사들》(Magicians of the Earth)이라는 전시는 다문화주의로 대변되는 두 번째 단계의 포문을 열었다. 탈식민주의적 포스트모더니즘은 서구 바깥에 대한 문을 열어젖혀 시공간에 대한 우리의 관점을 수평적으로 변화시켰으나, 본질주의와 정체성(기원) 중심주의라는 문제를 남겼다. 부리오는 다문화주의가 모든 의미를 정체성으로 귀속해버려 결국 "기원을 신화화"하는 문제를 낳는다고 지적한다.[20] 그는 『래디컨트』에서 다문화주의 포스트모더니즘을 한 챕터를 할애해 상세히 비판한다. 다문화주의의 "타자에 대한 존중"은 겉보기엔 윤리적으로 보이나 실제로는 전도된 식민주의다. 다시 말해 비서

---

18 앞의 책, p. 16.

19 Nicolas Bourriaud, "Altermodern," 2009, p. 19. 원문에는 1990년대라고 나와 있으나 2단계 의 포스트모더니즘이 1989년 이후 시작된다고 말하는 것으로 보아 1980년대의 오타로 추 정된다.

20 Nicolas Bourriaud, *The Radicant*, p. 20.

구 작가들을 손님으로 취급할 뿐 동등한 자격을 갖춘 행위자로 취급하지 않는다는 뜻이다. 또한 다문화주의의 정체성 정치학은 작품을 작가의 조건, 지위, 기원으로 설명하는데, 이는 뿌리내림과 통합이라는 낡은 용어로 디아스포라 현상을 재귀적으로 개념화한다. 관용의 탈을 쓴 포스트모던 윤리는 이원론적 구분에 의거한 서구문화 지배를 여전히 유지하며, 영토 할당의 개념을 내재한 다문화주의는 특정한 지리적 경계에 국한되지 않는 유동적인 실체인 오늘날의 문화와 맞지 않는다. 그런 까닭에 부리오는 이항대립 원리주의에서 벗어나 다수의 문화적 의미소와 협력해 독자성(singularity)들을 지속적으로 번역함으로써 세계적 차원에서 우리 시대의 모더니티를 구축해야 한다고 주장한다. 그것이 알터모더니티다.[21]

부리오가 주장하는 알터모더니티의 시대적 근거는 세계화(globalization)다. 돈의 흐름 및 이민자의 증대, 국외 이주가 흔한 일이 되어버린 사실, 교통망의 확대와 대규모 관광업의 폭발은 새로운 초국가문화를 형성한다.[22] 부리오는 베를린 장벽이 무너진 1989년을 대서사가 사라진 세계화된 세상의 시작으로 보며, 세계화가 전 세계적으로 통합된 자본주의 단계의 출현이라고 본다.[23] 세계화에 대한 부리오의 태도는 모순적이다. 한편으로 세계화는 변화된 시대 상황의 상징으로 새로운 문화적 시대 구분을 요청하는 근거가 된다. "이동 가능한 이미지, 움직이는 거울, 무한한 복제의 시대에 주체의 운명은 영원한 망명이다."[24] 그는 상상의 범세계적 산업으로 표준화된 세상에서, 그 속에 함몰되지 않으면서 독

---

21 같은 책, pp. 24-39.
22 앞의 책, p. 18.
23 앞의 책, p. 11.
24 앞의 책, p. 42.

미학이 필요한 순간: 문학과 미술의 동시대적 모색

자성을 창조하고, 특정 문화에 동일시하지 않으면서 문화들 사이를 이동해야 한다고 말한다. 다른 한편 부리오는 세계화가 야기하는 표준화에 대해 상당히 비판적이다. 그는 세계화가 지리정치적 표준화와 역사 시계의 동기화를 야기했다고 지적하며, 세계화가 대서사를 계승했다고 말한다.[25] 결국 부리오의 알터모더니티가 지향하는 것은 세계적이고 탈중심화된 교섭의 상황에서 자유롭게 유동하되 표준화에 휩쓸리지 않고 여러 문화를 엮으며 무수히 다양한 독자성이 공존하는 상태다. 이 같은 "모더니즘과 세계화의 결합"[26]은 번역(translation)과 크레올화(creolisation), 이시성(heterochrony), 여행(travel), 이주(migration), 망명(exile) 등으로 구현된다.

이주의 흐름, 국제적 노마디즘, 금융과 상업의 세계화 시대에 개인은 다양한 문화와 이질적인 담론들 사이를 넘나들며 끊임없이 새로운 뿌리를 내리게 된다. 이 같은 다언어(polyglot)적 상태가 이 시대의 조건이므로 알터모더니티는 번역 지향적인 모더니티가 될 수밖에 없다.[27] 그가 번역을 대안적 가능성으로 생각하는 이유는 번역의 매개성과 불완전성에 있다. 번역은 본질적으로 전치(displacement) 행위로, 항상 명제의 의미를 상황에 맞게 적응시키는 것이다. 번역은 두 언어를 통달했음을 암시하지만, 동시에 자명하지 않음을 암시하기도 한다. 번역은 완벽할 수 없기에 형언할 수 없는 것이나 의미의 불투명성을 부정하지 않는다.[28] 부리오는 오늘날의 작가들이 자신들이 유래한 전통을 표현하기보다 전통과 그들이 가로지르는 다양한 맥락 사이의 통로를 번역을 통해 제시한다고 말

25　Nicolas Bourriaud, "Altermodern," 2009, p. 20.

26　Nicolas Bourriaud, *The Radicant*, 2009, p. 41.

27　같은 책, p. 43.

28　앞의 책, p. 30; 니콜라 부리오, 『래디컨트』, 박정애 역, 2013, 42쪽.

한다.[29] 이처럼 역동적이고 대화적인 의미작용에 참여하는 동시대 주체를 부리오는 '래디컨트(radicant)'라 칭한다. 래디컨트는 담쟁이덩굴처럼 성장해 뻗어가면서 새로운 뿌리가 발생하는 부정근(不定根) 식물을 뜻한다. "래디컨트한 것은 뿌리가 이동하도록 규정하는 것이고, 그것을 이질적인 맥락 및 형식으로 연출하며, 정체성을 완벽하게 정의하려는 힘을 부인하고, 사상을 번역하고 이미지의 코드를 바꾸어 행동을 이식하며, 강요하기보다 교환하는 것이다."[30]

한편 크레올화 역시 원론적으로 번역과 상통하는 개념이다. 부리오는 20세기 초 시인인 빅토르 세갈랭(Victor Segalen)의 『이국주의에 관한 에세이』(Essay on Exoticism)를 참고해 타자를 이상화하여 차이를 유지하는 이국주의와 다른 방식의 타자와의 관계를 제시한다. 아프리카, 유럽, 아시아 출신 이주민의 문화가 카리브해의 문화와 뒤섞이면서 독자성을 지닌 문화를 만들어내는 방식을 뜻하는 크레올화는 나와 타자를 구분하는 것이 아니라 그 어느 곳도 원천적이지 않으며 비교를 위한 기준도 존재하지 않는 다양성을 가리킨다. 이러한 다양성에서 기원은 오직 상대화하기 위해서만 강조되며, 분리된 것이 아니라 움직이는 선 위의 한 점으로 제시된다. 그것은 고정된 것이 아니라 언제나 연쇄 속에 있다.[31] 특정 문화의 관습과 영역에 매여 있는 모든 것에서 벗어나 다른 문화와 자유롭게 뒤섞이는 혼성이 크레올화다. 크레올화가 문화가 아니라 시대에 적용되면 이시성이 된다. 이시성은 서로 다른 시간성이 혼합된 것을 뜻하는데, 모더니즘의 시간이 선형적 시간이고 포스트모더니즘의 시간이 루프

29 Nicolas Bourriaud, *The Radicant*, 2009, p. 51.

30 같은 책, p. 22.

31 앞의 책, pp. 66-74.

미학이 필요한 순간: 문학과 미술의 동시대적 모색

안에서 빙빙 도는 석화된 시간이라면, 알터모던의 시간은 시공간의 모든 방향에서 현재의 모든 차원을 탐색하는 방향상실의 경험을 뜻한다.[32] 물리적인 몸의 이동과 이에 따른 문화적 혼성이 우리 시대의 존재 양식이 되면서, 오늘날의 작가들은 다른 문화적 전통에서 온 이질적인 기호와 다른 시대에서 빌려온 이시적인 기호를 섞어 각자의 파장으로 발산한다. 크레올화나 이시성이 영토가 아닌 여정을 가리키므로 전치, 번역, 이주, 여행이 작업의 양식이자 방법론이 된다. 알터모던 시대의 작가는 "문화적 유목민" 혹은 "여행하는 인간(homo viator)"이 된다.[33] 여행객의 관점에서 영토를 다시 보는 이들의 작업에서 기호는 전치되고, 회로 속에서 여행하며, 역사적 기억은 네트워크의 형태로 존재한다. 지리적·역사적·문화적으로 시공간을 넘나드는 작업들은 군도(archipelago)에 비유된다. 전 지구적 문화의 다원성을 대변하면서 구조 없는 성좌를 암시하는 군도 개념은 알터모더니티에도 적용된다. "알터모던은 포스트모던의 상대주의를 새로운 보편주의로 대체하려는 것이 아니라, 모더니티의 네트워크화된 군도를 형성하려는 것이다."[34] '다양성'과 '대안'이라는 이중적 의미를 지닌 '알터'라는 접두사는 하나와 다수의 관계라는 점에서는 군도를, 시공간 인식의 측면에서는 유람과 네트워크로 형상화된다.

32 Nicolas Bourriaud, "Altermodern," 2009, p. 13.

33 같은 글, p. 13, 23.

34 앞의 글, p. 23.

2) 논증 및 평가

사회정치적으로 부리오의 알터모던은 세계화 시대에 걸맞은 새로운 시대 개념을 제시하려는 것이지만, 담론적으로는 명백히 "모더니즘과 탈식민주의를 종합"한 것이다.[35] 탈식민주의의 영향은 위계 없는 다양한 모더니티의 공존이나 혼성을 가리키는 군도나 크레올화 같은 개념에서 익히 간취된다. 이러한 사상은 1990년대에서 2000년대에 활발히 진행된 탈식민주의 학자들의 비서구 근대성 연구에 뿌리를 내리고 있으리라 추정된다. 《알터모던》전의 도록에 수록된 큐레이터 오쿠이 엔위저(Okui Enweazor)의 글은 이 같은 추정의 단초를 제공한다. 엔위저는 인도의 마르크스주의 역사가 디페쉬 차크라바르티(Dipesh Chakrabarty)가 『유럽을 지방화하기: 포스트식민사상과 역사적 차이』(Provincializing Europe: Postcolonial Thought and Historical Difference, 2000)에서 주장한 모더니티의 이질적 시간성(heterotemporal history) 개념을 수용한다. 차크라바르티는 각 지역에 따라 근대화의 양상이 다양한 만큼 근대성을 서구의 보편일률적인 역사적 경험으로 환원할 수 없다고 주장한다. 이에 따라 엔위저는 이성과 진보의 유럽적 가치를 대변하는 큰(grand) 근대성 이면에 비서구의 작은(petit) 근대성이 자리하고 있다고 보고, 지역의 다양한 소서사를 반영하도록 근대성을 역사화해야 한다고 말한다. 엔위저와 부리오가 비서구 근대성에 주목한 것은 동시대 미술의 생산이 이전에 비해 탈중심화되었기 때문이다. 1990년대 다문화주의에 힘입어 비서구 작가들이 제도에 안착했고,[36] 광주(1995~), 샤르자(1993~), 요하네스버그(1995~), 상하이(1996~), 다

---

35 앞의 글, p. 12.

36 다문화주의와 정체성 정치학의 수용을 상징하는 대표적인 전시로 뉴욕의 세 미술관(뉴뮤

카르(1998~) 등 여러 비서구 비엔날레의 부흥에 힘입어 2000년대의 미술계는 인종, 문화, 민족의 측면에서 다양한 작가군의 부상과 그에 따른 다양한 문화적 배경의 유입을 경험한다. 그와 더불어 필리핀 출신 큐레이터이자 비평가 패트릭 플로레스(Patrick D. Flores), 가나계 영국인 미술사가 코베나 머서(Kobena Mercer), 파키스탄 출신 런던 거주 작가 및 큐레이터 라쉬드 아린(Rasheed Araeen), 인도인 미술사학자 기타 카푸르(Geeta Kapur) 같은 학자·비평가·작가들의 비서구 미술에 대한 연구도 이어지는데,[37] 이런 분위기가 네스토르 가르시아 칸클리니(Néstor García Canclini) 같은 이 시기 탈식민주의 학자들의 다원적 근대성 연구와 궤를 이루며 복수적이며 대안적인 근대성이라는 개념의 착안에 영향을 미쳤을 것이다.[38] 엔위저 역시 이런 경향을 조성하는 데 일조한 비서구 출신 큐레이터로, 2002년 카셀 도큐멘타 11의 기획 글에서 동시대의 키워드를 탈식민, 탈냉전, 탈이데올로기, 초국가, 이산(diaspora) 등으로 보고 번역, 해석, 전복, 혼성화, 크

지엄, 할렘 스튜디오미술관, 히스패닉현대미술관)의 연합전으로 열린 《1980년대 결산전》(The Decade Show: Frameworks of Identity in the 1980s, 1990)과 한국에도 수입된 《1993년 휘트니 비엔날레》(Whitney Biennial 1993)를 꼽을 수 있다.

37 엔위저가 언급한 주요 저서 및 전시는 다음과 같다. Patrick D. Flores, *Turns in Tropics: Artist-Curator*, Gwangju Biennial, 2008; Geeta Kapur, *When Was Modernism: Essays on Contemporary Cultural Practice in India*, Tulika Books, 2000; Kobena Mercer (ed.), *Cosmopolitan Modernisms*, Institute of International Visual Arts, 2005; Kobena Mercer (ed.), *Exiles, Diasporas and Strangers,* The MIT Press, 2008; Rasheed Araeen, *The Other Story: Afro-Asian Artists in Post-War Britain*, exh. cat., Hayward Gallery, London, 1989. 더 자세한 사항은 이하 참조. Okwui Enwezor, "Modernity and Postcolonial Ambivalence," *Altermodern: Tate Triennial*, Nicolas Bouriaud (ed.), London: Tate, 2009, pp. 32-40.

38 칸클리니는 부리오와 엔위저의 글에서는 언급되지 않지만, 그의 대표작 『혼종문화: 근대성 넘나들기 전략』(*Culturas Híbridas: Estrategias para entrar y salir de la modernidad*, 2001)의 핵심 개념은 비서구 근대성과 혼종화(hybridization)로 크레올화 개념은 여기서 이미 상세히 논해진다.

레올화, 이동 및 재조합이 동시대를 구성하는 방식이라고 밝힌 바 있다.[39] 그럼에도 부리오가 이런 비서구 학자들의 영향 관계를 전혀 언급하지 않고 브루노 라투르(Bruno Latour)의 대칭적 인류학 같은 이론적으로 거리가 있는 담론을 인용하고 있는 것은 의아한 부분이다.[40]

"포스트모더니즘은 죽었다"라는 도발적인 문구로 시작되는 선언문, 테이트 트리엔날레 역사상 처음으로 영국 출신이 아닌 작가들을 대거 기용한 파격적인 행보,[41] 전시 못지않은 비중으로 굵직한 학자·비평가들을 초빙한 다수의 학술행사는 6만 명의 관객을 모으며[42] 전시에 큰 이목을 집중시켰다. 작품 간의 병치와 병렬을 효과적으로 활용한 전시 구성과 작품 배치를 긍정적으로 평가한 리뷰도 있었지만,[43] 알터모던이라는 전시 주제에 대한 반응은 대체로 좋지 않았다. 담론이 작업을 압도해서 작품이 이론의 도해처럼 작용하고, 작품도 미리 정해진 방식에 따라 읽히며, 그 결과 전시 전체가 가르치려고 하는 경향으로 전락한다는 것이다.[44] 이렇듯 강력한 전시 주제의 부상과 큐레이팅의 강화를 문화연구

39 Okwui Enwezor, "The Black Box," *Introduction to Documenta 11_Platform 5: Exhibition*, Hatje Cantz, 2002, p. 55.

40 부리오는 서구와 타자 간의 이원론적 구분 타파의 측면에서 라투르를 인용하는데(Nicolas Bourriaud, *The Radicant*, 2009, p. 67), 이런 설명이 틀린 것은 아니나 라투르의 대칭적 인류학은 서구/타자보다는 서구 근대성 내부의 자연/문화, 과학/사회, 인간/비인간 사이의 구분에 더 방점이 찍혀 있다. 브루노 라투르, 『우리는 결코 근대인이었던 적이 없다』, 홍철기 역, 갈무리, 2009.

41 총 28명의 작가 중 1/3은 영국 태생 작가, 1/3은 영국에 거주하는 작가, 1/3은 영국과 관계없는 작가로 구성되었다.

42 니콜라 부리오, 이용우, 「특별 대담: 알터모던에 대한 이해와 오해」, 『Noon』 1, 2009, 31쪽.

43 Jörg Heiser, "Tate Triennial 2009," *Frieze*, Issue 122, 2009. https://www.frieze.com/article/tate-triennial-2009-0

44 Edgar Schmitz, "the Tate Triennial 2009," *ARTFORUM*, 47(9), 2009, pp. 229-230. https://www.artforum.com/events/the-tate-triennial-2009-187205/

자 데이비드 커닝햄(David Cunningham)은 "징후적 야심"이라 칭하며 브랜
딩[전시]이 제품[작품]을 압도한다고 지적한다. 커닝햄은 거장 큐레이터가
개별 작가나 사조보다 두드러지는 이런 경향이 동시대 큐레이팅의 현황
자체를 보여준다고 지적하며, 모더니티를 재명명하기를 원한다는 점에
서 부리오가 그린버그 같이 군다는 한 리뷰를 인용한다.[45] 커닝햄의 지적
은 큐레이터의 권력화를 비판하기보다 도큐멘타와 비엔날레의 번성을
거치며 달라진 전시 모델을 가리킨다. 과거 아카데미가 담당하던 담론
의 영역에 전시가 침범해, 전시가 단순히 작품을 보여주는 장소를 넘어
"이론을 상정하고 역사를 실험하는 장"이 되는 것이다. 강력한 전시 주
제가 작품을 이끄는 일은 이전부터 존재해왔지만,[46] 다수의 텍스트와 토
크 등 담론이 전시만큼의 비중을 차지하거나 압도하는 일은 2000년대
를 즈음해 특히 두드러졌다. 일례로 오쿠이 엔위저의《도큐멘타 11》(2002)
은 비엔나, 베를린, 뉴델리, 세인트루시아, 라고스의 다섯 장소에서 미리
네 번의 학술행사를 열고 이후 전시를 개최했으며,[47] 독일 ZKM에서 열
린 야심찬 두 전시《충돌하는 이미지: 과학, 종교, 예술에서의 이미지 전
쟁을 넘어서》(Iconoclash, 2002)와《사물을 공적으로 만들기: 민주주의의 환

---

45 David Cunningham, "Returns of the Modern," *journal of visual culture*, 9(1), 2009, pp.
4-5. 인용된 리뷰는 다음과 같다. Nickolas Lambrianou, "Altermodern: Movement or Mar-
keting?," *Mute*, 23 April 2009. https://www.metamute.org/editorial/articles/altermod-
ern-movement-or-marketing#

46 멀게는 하랄트 제만의 기념비적인 전시《네 머릿속에 거하라: 태도가 형식이 될 때》(Live in
your head: When Attitudes Become Form, 1969)를 꼽을 수 있다.

47 각 행사는 다음과 같다. "Democracy Unrealized"(비엔나, 베를린), "Experiments with
Truth: Transitional Justice and the Process of Truth and Reconciliation"(뉴델리), "Créolité
and Creolization"(세인트루시아), "Under Siege: Four African Cities, Freetown, Johannes-
burg, Kinshasa, Lagos"(라고스). https://www.documenta.de/en/retrospective/documen-
ta11

경》(Making Things Public: The Atmospheres of Democracy, 2005)은 걸출한 두 이론 가인 브루노 라투르와 페터 바이벨(Peter Weibel)이 공동 기획한 전시로, 담론 중심적 전시였다. 그렇기에 《알터모던》전의 문제는 강력한 전시 주제라기보다 개념 자체의 이론적 허점과 개념과 작품 사이의 간극에 있다고 보아야 한다.

이론으로서 알터모던은 "지적으로 모호하고, 심지어 앞뒤가 맞지 않는다"라는 혹독한 비판을 피하기 어렵다.[48] 부리오는 알터모던, 알터모더니티, 알터모더니즘을 구분하지 않고 동일한 개념으로 혼용해 사용하는데, 시대 규정이 되기에는 지칭하는 시기도 모호하다. 21세기 모더니티라는 표현을 종종 사용하는 것으로 보아 부리오가 지칭하는 알터모던이 2000년대 이후를 지칭하는 것으로 추정할 수 있지만, 포스트모던이 언제 끝나고 알터모던이 언제 도래하는지를 명시하는 부분은 어디에도 없다. 다문화주의 포스트모더니즘이 1989년에 시작된다고 보는 것으로 보아 1990년대를 정체성 중심의 포스트모던 시기로 규정하고 있다고 추정할 수 있으나, 그것이 언제 끝나고 알터모던이 시작되는지는 모호하다. 더욱이 전작인 『관계미학』(Esthétique relationelle, 1998)에서 "모더니티가 종말을 맞은 것이 아니라 그 이상주의적이고 목적론적인 진술이 종말을 맞은 것이다"라고 주장한 이래[49] 『래디컨트』에 이르기까지 줄곧 20세기의 합리주의 모더니티와 구별되는 새로운 모더니티의 구축을 일관되게 주장해왔기에 부리오가 주장하는 동시대의 모더니티가 언제쯤을 지칭하는지는 더욱 혼란스러워진다. 『관계미학』의 대상이 되는 작업은 1990년대

---

48 David Cunningham, 앞의 글, p. 3.

49 Nicolas Bourriaud, *Relational Aesthetics*, translated by Simon Pleasance, Fronza Woods, les presses du réel, 2002, p. 13.

의 비물질적이고 사건 중심적인 관계적 미술이기 때문이다. 물론 포스트모더니즘 이후를 모색하는 과정에서 관계미학을 거쳐 알터모던에 이르러 차세대 모더니티를 구체화했다고 볼 수도 있겠지만, 다문화주의 포스트모더니즘과 관계적 미술이 중첩되는 1990년대에 대한 명확한 정리 없이, 특별한 시대 구분의 근거도 제시하지 않고 21세기 모더니티라는 개념을 주장하는 것은 이론으로서는 큰 결함이다.

또한 새로운 시대의 패러다임에 왜 굳이 다시 모더니티를 붙여야 하는지에 대한 근거도 박약하다. 비서구 탈식민주의 학자들의 복수의 근대성 논의는 20세기 모더니티를 다시 쓰려는 시도인데, 동시대 작가들의 다양해진 배경 외에는 21세기를 여전히 모더니티의 연장·변형 개념으로 설명하려는 이유를 알 수 없다. 저자가 20세기 모더니즘의 보편주의와 급진성, 충격 미학과 알터모던의 차이도 강조하고 있으므로 포스트-포스트모던이라는 명명이 어색하다는 이유 외에 새 시대에 '모던'이라는 태그를 붙이는 이유가 더 설명되어야 한다.

부리오의 알터모던은 포스트모던이 끝나고 새로운 시대가 도래했다는 전제에서 출발했기에 포스트모던과의 단절을 강조한다. 이 때문에 논의가 이미 결론을 내고 이유를 사후적으로 구성하는 격이 되어 억지스러워진다. 한 예로, 알터모던의 대표적 전략으로 거론되는 '번역'은 호미 바바(Homi Bhaba)가 『문화의 위치』(The Location of Culture, 1994)에서 거론한 번역 개념과 다르지 않다. 바바는 이주자의 문화, 즉 소수자의 위치가 끝없는 재기입과 재위치화를 요구한다고 보면서, 새로운 것에 틈입하는 이들의 생존 전략이 곧 번역이라고 본다. 번역을 통해 틈새적이고 질의적인 시공간이 열리며, 이런 틈새 공간에서 우리의 문화적 동시대성을 재기술하는 현재가 되돌아온다. 이 현재는 과거의 파편들이 현재의 공간에 틈입하여 미래로 투사되는 벤야민적 현재다.[50] 이는 고정된 뿌리 없이 떠돌아다니며 "자신들의 코드와 다른 코드를 조화시키고, 그들의 특별한 독자성을 한 역사와 다른 문화권에서 탄생한 문제들과 공명하게 하는"[51] 것을 동시대 주체가 행하는 번역이라 보는 부리오의 개념과 정확히 일치한다. 바바를 포스트모더니스트라고 단정지을 수는 없지만, 책이 쓰인 시점이 부리오가 포스트모던으로 간주하는 시대이고 바바가 포스트모더니즘 전체를 부정하지는 않는다는 것을 떠올리면[52] 부리오의 알터모던 개념이 단절 의지 때문에 포스트모더니즘의 영향을 받은 부분을 숨기거나 축소하고 있음을 짐작할 수 있다. 한 예로 전시 서문에 등장하는 '파편화(fragmentation)' 개념은 포스트모더니즘의 흔적을 부인하기 어렵다. 부리오는 동시대 미술의 조건 중 하나로 파편화를 언급하며, 이제 작업은 더 이상 '지금 그리고 여기'의 사물로 환원되는 것이 아니라 작가가 형성하는 상호관계, 그가 통제하는 시공간에서의 진행 네트워크로 구성된다고 말한다. 작가 세스 프라이스(Seth Price)를 인용해 집단 저자성(collective authorship)과 완전한 탈중심화가 우리 시대 문화의 새로운 구조라고 단언하는 목소리에서 포스트모더니즘의 저자성·원본성 공격과 해체가 떠오르는 것이 과한 연상은 아닐 것이다. 21세기의 시대정신을 무엇이라 명명하든 앞선 시대와 일부는 차이 나고 일부는 연결될 텐데, 단절을 강조하면서 논의가 목적론적으로 흘러가 설득력이 떨어지게 된다.

50　호미 바바, 『문화의 위치』, 나병철 역, 소명출판, 2002, 36-37쪽, 403-441쪽.

51　Nicolas Bourriaud, *The Radicant,* 2009, p. 30; 니콜라 부리오, 『래디컨트』, 박정애 역, 2013, 42쪽.

52　바바는 다문화주의와 해체주의를 비판하기도 하지만, 포스트모더니즘을 일방적으로 폐기하지는 않는다. 그는 포스트모더니즘이 전체성의 부정과 지역성의 주장을 통해 근대성에 나타난 서구 중심주의를 비판한다는 점을 긍정적으로 평가한다. 박상기, 「호미 바바의 포스트모더니즘 비판」, 『영어영문학』 46(2), 2000, 554-556쪽.

한편, 혼성화, 크레올화 같은 명백히 탈식민적인 개념을 내세우면서 당시 무수히 논의된 비서구 학자들의 논의를 생략하고 브루노 라투르나 빅토르 세갈랭 같은 별로 관계가 없거나 잘 알려지지 않은 프랑스인 학자나 작가를 혼성화의 근거로 내세우는 것은 부리오가 내세우는 군도, 복수적 근대성이라는 개념이 차세대 헤게모니를 장악하기 위한 표면적 구호일 뿐 실상 서구 중심주의를 벗어나지 않은 것이 아닌가 하는 의혹을 불러일으킨다. 작가는 다양해졌으나 이를 선택하고 승인하는 담론의 중심은 단 한 번도 서구를 벗어난 적이 없음을 생각하면, 부리오가 주장하는 무수히 다양한 독자성이 공존하는 상태라는 것이 소재의 다양성일 뿐 (20세기 모더니티보다는 상대적으로 덜하다 하더라도) 권력의 분산이라고 보기는 어렵다. 더욱이 기원(정체성)에서 탈락해 자유롭게 유동하며 연결되는 이주의 기표는 포스트모더니즘 상대주의의 또 다른 얼굴이 아닌가 하는 생각도 든다. 부리오가 비판하는 본질주의가 운동의 구심력을 위해 집단의 공통성을 강조하는 과정에서 배타성을 재생산했던 것은 사실이고, 이후 많은 소수자 운동들이 집단 내부의 차이를 포용하면서도 정치적 역량을 잃지 않는 제3의 길을 모색하는 데 커다란 노력을 기울였다. 부리오가 옹호하는 독자성(singularity)은 실상 정체성과 다른 말이 아니다. 그런 점에서 개인적 고유성을 추구하면서도 차이와 이질성에 열려있는 것이 본질주의와의 차이일 텐데, 실질적인 권력의 분산이라는 정치적 가능성을 상실하고 미술 내부의 작가·소재의 다원성으로 축소되는 복수적 근대성은 정치적 무력화와 무관하지 않으며 정치적 올바름을 내세우는 피상적 절충주의라는 비난을 피하기 어렵다. 부리오가 브루노 라투르를 인용하며 주장하는 "포스트모던 상대주의에 대항하는 상대주의자의 상대주의"[53]

---

53 Nicolas Bourriaud, *The Radicant*, 2009, p. 188.

는 부리오의 비정치성을 비판하는 데도 비틀어 적용할 수 있다. 포스트모던 상대주의에 반대하기 위해 만들어졌으나 실질적으로 다원적 상대주의와 다르지 않음에 대한 은유로서 말이다.

지리적으로는 이동성과 전치, 문화적 유목주의, 역사적으로는 이시성, 문화적으로는 크레올화로 드러나는 알터모던의 속성은 현장에서 체감한 구체적인 작업의 변화에서 귀납적으로 도출된 것이므로 작업과의 일치도는 높은 편이다.[54] 이를테면 바닥에 여러 나라의 국기가 흩어져 있고 심리지리적 회화가 건축 파편들과 함께 배치된 프란츠 애커만(Franz Ackermann)의 설치(《Gateway》, 2009), 페덱스 택배 상자의 표준 크기에 딱 맞춰 제작되어 세계 각지로 배송되어 금이 간 왈리드 베스티(Walead Beshty)의 유리 상자(《Fedex Glass Works》, 2009), 몽상적인 디트로이트 여행 사진이 슬라이드로 영사되는 가운데 이미지와 일치하지 않는 독백이 낭송되며 모순적인 분위기를 자아내는 트리스 폰나-미첼(Tris Vonna-Michell)의 설치(《Monumental Detours/Insignificant Fixtures》, 2008)는 경계 없음, 이동, 여행 같은 전시의 키워드와 잘 부합한다. "혼종성은 단지 동시대 미술의 조건만이 아니다. 혼종성은 그 자체로 중요한 주제이기도 하다"라는 큐레이터 켈리 바움(Kelly Baum)의 말처럼,[55] 혼종성이나 비서구 근대성이 이 시기 현대미술의 주요 쟁점이었기에 현장의 동향을 민감하게 포착하고 이를 추출한 지점은 인정할만한 부분이다.

결국 문제의 핵심은 과거와 차별되는 2000년대 동시대 미술의 특징을 포착하기 위해 이론을 만들었지만, 이를 미술 내재적 변화에 국한

---

[54] 《알터모던》전의 도록에 수록된 이미지는 실제 출품작이 아니므로 출품작 확인은 다음의 웹사이트 참조. https://www.tate.org.uk/altermodern/explore.shtm# [집필 당시에는 열려 있었으나 현재는 닫혀 있다. 검색일: 2025.03.01]

[55] Kelly Baum, "Response to questionnaire on "The Contemporary"," *October* 130, 2009, p. 91.

시키지 않고 시대 구분 개념으로 확대한 데 있다. 전술했듯 학술 담론으로서 알터모던은 구멍이 너무 많고 세계화 및 근대성, 미술의 관계는 학자마다 다른 입장을 지니고 있기에 알터모던이라는 이름으로 미술과 사상 일반을 아우르는 새로운 시대의 패러다임을 제시하기에는 비약이 크다. 서로 다른 시공간을 연결하고 재구성하는 작업의 방법론은 알터모던이라는 추상적인 개념보다 "아카이브"나 "혼종화(hybridization)" 같은 구체적이고 조형적인 용어로 설명하는 것이 이해하기 쉽고 작업과 일치도도 높다. 《알터모던》전에 포함된 요아킴 쾨스터(Joachim Koester)나 타시타 딘(Tacita Dean)은 헬 포스터(Hal Foster)가 이미 아카이브 개념으로 논한 적 있으며, 자료를 수집·조합하여 연결 혹은 단절로 돌연변이를 만든다는 아카이브의 정의를 생각하면[56] 이 개념으로 알터모던의 작가들을 설명해도 별 무리가 없다. 전시로서의 《알터모던》은 시공간적인 빠른 이동과 문화의 혼성이라는 시대적 특징을 재빨리 감지하고, 전치, 번역, 이주, 문화 혼성을 전면에 내세운 당대의 작업을 한데 모아 비엔날레 전시로서 현장성을 가시화하는 데는 어느 정도 성공적이었다. 작업이 경계 없음이나 이동 같은 전시 키워드에 대략 부합하는 편이라는 지적은 여러 리뷰에 공통적으로 등장하고,[57] 직접 관계가 없는 작업을 느슨하게 연결하고 때로는 충돌시키기도 하는 부리오의 전시 연출을 칭찬하는 경우도 있다.[58] 하지

---

56   Hal Foster, "An Archival Impulse," *October*, vol. 110, 2004, pp. 5-6.

57   Jörg Heiser, 앞의 글, 페이지 없음. 2009; Edgar Schmitz, 앞의 글, p. 130.

58   일례로, 하이저는 작가의 뇌파를 전시장에 분산된 하얀 박스의 진동으로 변환한 로리스 그레오(Loris Gréaud)의 〈언제 어디서나 떨림(흰색으로 편집된 이미지의 주파수)〉[Tremors Where Forever (Frequency of an Image, White Edit), 2008] 옆방에 이스라엘-팔레스타인 위기에 대한 조언을 얻고자 동물의 영혼을 호출하는 샤먼을 연기하는 마커스 코아츠(Marcus Coates)의 비디오 〈물떼새의 날개〉(The Plover's Wing, 2008)를 배치한 것이 '비가시적 진동'이라는 개념으로 낱낱이 병치된 작품을 연결하는 큐레이팅 연출이라고 본다.

만 이론으로서의 알터모던은 포스트모던의 종언을 당연한 사실로 받아들이게 했지만, 작업을 설명하기에는 용어가 너무 추상적이고 일반적이며 시대적 패러다임으로 받아들이기에는 담론적 완성도가 부족한 탓에 『관계미학』만큼의 반향을 얻지 못하고 2000년대 미술계의 동시대성 논의 중 하나로 마무리되었다.

Jörg Heiser, 앞의 글, 페이지 없음.

미학이 필요한 순간: 문학과 미술의 동시대적 모색

3
메타모던:
모던과
포스트모던 사이의 진동

1) 개요

동시대성에 대한 논의가 끝을 향해가던 2010년 문화이론가 티모테우스 베르뮐렌(Timotheus Vermeulen)과 로빈 반 덴 아커(Robin van den Akker)는 「메타모더니즘에 관한 노트」(Notes on Metamodernism, 2010)를 발표하며 이 미궁 같은 논쟁에 뛰어든다.[59] 문화이론가로서 이들이 새로운 패러다임 설정에 관심을 두게 된 것은 그들이 관찰한 21세기 문화가더 이상 포스트모던으로 설명될 수 없으며 다른 담론이 필요하다고 느꼈기 때문이다. 이들은 2009년 동명의 웹진을 설립해 2016년까지 운영하며 미술, 건축, 디자인, 패션, 음악, 문학, 연극, 퍼포먼스, 사진, 영화 및

---

[59] Timotheus Vermeulen and Robin van den Akker, "Notes on metamodernism," *Journal of Aesthetics & Culture,* vol. 2, 2010, pp. 1-14.

TV, 시사, 이론 등의 동시대 경향에 대한 글을 발행했다.[60] 이후 베르뮐렌과 아커는 7년간의 연구를 규합해 2017년 『메타모더니즘: 포스트모더니즘 이후의 역사성, 정동, 깊이』(*Metamodernism: Historicity, Affect and Depth After Postmodernism*)를 출판한다. 이 책 역시 영화, 문학, 미술, 대중문화, 글쓰기, 사진, 공예 등 다양한 문화 영역에서 2000년대를 규정짓는 감각의 변화를 추적한다. 이들의 메타모더니즘 담론은 첫 글인 「메타모더니즘에 관한 노트」부터 결산물인 『메타모더니즘: 포스트모더니즘 이후의 역사성, 정동, 깊이』에 이르기까지 점진적으로 형성되었기에 핵심 개념을 모두 담고 있는 「메타모더니즘에 관한 노트」를 중심으로 미술과 관련해 메타모더니즘 담론을 살펴보겠다.

　　큐레이터로서 미술 작품의 변모한 동향을 파악하는 데서 출발한 알터모던과 달리, 이론가들이 관여한 메타모던은 용어 설정과 관련한 근거가 명확한 편이다. 베르뮐렌과 아커 역시 포스트모던이 끝났다고 본다. 이들은 21세기 변화한 "느낌의 구조(structure of feeling)"를 '메타모더니즘'이라 부른다. 느낌의 구조는 문화연구가 레이먼드 윌리엄스(Raymond Williams)의 개념에서 왔다. 윌리엄스는 우리 삶에 깊이 내재되어 있지만 쉽게 요약하거나 추출할 수 없고 예술의 형태로만 간접적으로 체감할 수 있는 정서나 감수성을 '느낌의 구조'라 칭했다. 그것은 모두가 공유하며 알기에 사회적 경험의 특질이 되고, 그래서 특정 시대나 세대의 감각으로 규정 가능한 역사적으로 구분되는 어떤 속성이다.[61] 베르뮐렌과 아커가

60　필자 50명의 글이 있다. https://www.metamodernism.com/

61　Raymond Williams, "Film and the Dramatic Tradition"(1954), In *The Raymond Williams Reader*, John Higgins (ed.), Blackwell Publishers, 2001, pp. 33-40; Raymond Williams, *Marxism and Literature*, Oxford University Press, 1977, p. 131; Robin van den Akker, Timotheus Vermeulen, "Periodising the 2000s, or, the Emergence of Metamodernism,"

'함께(with)', '사이에(between)', '너머(beyond)'를 가리키는 접두사 '메타'를 사용한 것은 이들이 생각하는 21세기의 패러다임이 전형적인 모더니즘의 전념(commitment)과 포스트모더니즘의 특징적인 무관심(detachment) 사이에서 진동한다고 보기 때문이다. 다시 말해 메타모더니즘은 인식론적으로 모더니즘 및 포스트모더니즘과 '함께' 자리하고, 존재론적으로는 모더니즘과 포스트모더니즘 '사이'에 있으며, 역사적으로는 모더니즘 및 포스트모더니즘 '너머'에 놓인다.[62]

　　이후 베르뮐렌과 아커는 메타모더니즘의 필연성을 위해 선행 연구를 검토한다. 포스트모던의 종말에 대해서는 오랫동안 여러 논의가 있었다. 혹자는 기후변화, 금융위기, 테러, 디지털 혁명 같은 실질적 사건이 포스트모더니즘을 급작스럽게 종결시켰다고 보고, 또 다른 이들은 시장이 비평을 차용하고 차연(différance)이 대중문화로 통합되는 등 뚜렷하게 드러나지 않은 변화가 포스트모더니즘을 서서히 중단시켰다고 본다. 경우에 따라서는 정체성 정치학의 모델이 세계적 탈식민주의와 퀴어 이론까지 다양하게 분기된 현상을 이유로 지적하는 이도 있다. 어떻든 문학 비평가 린다 허천(Linda Hutcheon)의 말처럼 포스트모더니즘이 끝났다는 사

Metamodernism: Historicity, Affect and Depth After Postmodernism, Robin van den Akker, Alison Gibbons and Timotheus Vermeulen (eds.), Rowman & Littlefield International Ltd., 2017, pp. 6-8. 방법론으로서 레이먼드 윌리엄스에 대한 논의는 첫 글인 「메타모더니즘에 관한 노트」에는 등장하지 않고, 최종 결과물인 2017년 『메타모더니즘: 포스트모더니즘 이후의 역사성, 정동, 깊이』에서 전개된다.

62　원문에는 모더니즘과 포스트모더니즘 모두 혹은 사이라는 의미로 '(post) modernism'으로 적혀 있으나["epistemologically with (post) modernism, ontologically between (post) modernism, and historically beyond (post) modernism"] 오해를 피하기 위해 풀어서 썼다. Timotheus Vermeulen and Robin van den Akker, "Notes on metamodernism," (2010) *Supplanting The Postmodern*, David Rudrum and Nicholas Stavris (ed.), Bloomsbury Publishing, 2015, p. 310.

실은 분명하고, 포스트-포스트모더니즘은 새로운 이름이 필요하다는 것이 메타모더니즘을 추동한 이유다. 많은 학자들이 새 시대의 새로운 패러다임에 대한 답을 찾으려 했다. 존재론적 불안과 쾌락주의적 황홀경을 강조한 질 리포베츠키(Gilles Lipovetsky)의 하이퍼모던(hypermodern), 우연성, 익명성, 덧없음, 복수의 저자성 등 텍스트의 전산화에 기반한 앨런 커비(Alan Kirby)의 디지모더니즘(digimodernism), 기술적 자동화와 인간의 자율성을 전제한 로버트 사무엘스(Robert Samuels)의 오토모더니즘(automodernism) 등이 일례인데, 베르뮐렌과 아커는 이런 개념들이 포스트모던을 개편하기보다 급진화한다고 본다.[63] 다시 말해 이들 선행연구의 다수가 문화적·텍스트적 혼종성, 동시성, 소비자 정체성, 쾌락주의, 시간성보다 공간성 중시 같은 과거와 달라진 지점에 주목하기보다 후기자본주의, 자유민주주의, 정보 및 커뮤니케이션 기술이 과잉된 지점을 선택해서 결과적으로 동시대를 포스트모던의 심화로 보고 있다는 것이다. 그런 점에서 니콜라 부리오의 알터모더니즘은 전 시대와의 차이를 강조한다는 점에서 위의 담론들과 다르다. 글이 쓰인 시점에서 가장 최신이기도 하고 제일 잘 알려지기도 한 알터모더니즘에 대해 저자들은 상당한 지면을 할애해 분석한다. 알터모던에 대한 이들의 평가는 "관찰은 정확하나 논증이 모호하다"는 것이다. 시대의 변화는 정확히 파악했으나 이론화가 부족하다는 뜻인데, 베르뮐렌과 아커는 알터모더니즘의 문제를 네 가지로 지적한다. 첫째는 "세계화된 관점(globalized perspective)"이라는 부리오의 인식이 현상학적으로도 물리적으로도 가능하지 않은 허상의 비전이라는 것이고(이들은 글로컬적 지각이 더 적합한 개념이라고 본다), 둘째는 부리오의 진보적 크레올화 개념과 달리 실제 출품작은 과거의 다문화주의에 가깝다는 것이다. 세 번

---

63 Timotheus Vermeulen and Robin van den Akker, 2010, pp. 311-312.

미학이 필요한 순간: 문학과 미술의 동시대적 모색

째는 알터모던의 체현으로서 끝없는 여행자 및 인터넷 중독자 개념이 시대착오적이라는 것, 네 번째는 부리오의 이론이 인식론과 존재론을 혼동하고 있다는 것, 다시 말해 이시성, 군도, 노마디즘은 느낌의 구조의 표현인데 이를 느낌의 구조 그 자체로 간주하고 있다는 것이다. 저자들은 형식의 다양성과 구조의 복수성을 부리오가 착각하고 있다고 말하며, 21세기 느낌의 구조는 모던의 양전하와 포스트모던의 음전하 사이에서 진동하는 긴장이며 그것이 메타모던이라고 단언한다.[64]

베르뮬렌과 아커의 부리오 진단은 별도의 논의가 필요하므로 뒤로 미뤄두고, 일단 메타모던의 개념에 대해 좀 더 파악하자. 메타모던이 구체적으로 어떤 계기로 도래하게 되었는지에 대한 논증은 약한 편이다. 금융위기, 정치적 중심의 붕괴, 기후변화, 대체에너지 생산, 교외의 무분별한 확산에 따른 에너지 낭비, 지속가능한 미래도시 계획 등을 거론하는 이유는 정치 · 사회 · 경제를 망라한다.[65] 이후의 책에서 조금 자세히 논의되긴 하지만, 9.11과 반세계화 운동, 이라크 전쟁, 버블경제의 몰락 등을 언급하는 논조는 7년 전과 크게 다르지 않다.[66]

주목해야 할 점은 메타모더니즘의 속성을 인식론적 · 존재론적으로 논증하는 부분이다. 메타모더니즘의 개념적 설득력은 이 부분에서 나온다. 저자들은 모던과 포스트모던이 모두 헤겔의 '적극적인(positive)' 관념론에 결부되어 있다고 본다. 포스트모더니스트들이 역사가 끝났다고 선언했을 때, 그들은 헤겔식의 역사를 생각했다. 정해진 목적인(telos)을 향해 변증법적으로 나아가는 역사개념이 끝난 이유에 대해 어떤 이는

---

64 같은 글, pp. 312-313.

65 같은 글, p. 314.

66 Robin van den Akker, Timotheus Vermeulen, 2017, pp. 12-14.

목적이 이미 달성되었다(서구 자유민주주의의 보편화)는 것을 깨달았기 때문이라고 생각했고, 또 다른 이들은 그 목적이 영원히 달성될 수 없음(애초에 존재하지 않았기 때문에)을 깨달았기 때문이라고 생각했다. 메타모던 역시 역사의 목적이 존재하지 않기에 충족될 수 없다는 데 동의하지만, 그럼에도 목적이 있는 것처럼(as if) 나아간다. 포스트모던의 회의를 알면서도 모던의 순진함에 고무된 메타모던은 불가능한 가능성을 추구한다.[67]

　　　인식론적으로 메타모던은 칸트의 '소극적인(negative)' 관념론과 결을 같이한다. 칸트의 역사철학은 '처럼(as if)'의 사고로 요약된다. "개인은 자신도 모르게 각자에게는 알려지지 않은 자연의 계획을 향해 마치 실을 따라가듯" 나아간다.[68] 마치 인류가 완전한 이성적·사회적 가능성을 향해 나아가는 생의 서사를 지니는 것처럼 인간의 역사를 바라봐야 한다는 것이다. 인간이 알려지지 않은 자연의 계획[개인의 차원에서는 이성적 완성이고, 사회적 차원에서는 시민적 정치 체제의 건설]대로 실제로 나아가는 것은 아니지만, 정치적·도덕적 진전을 위해 그렇게 하는 척해야 한다. 그러므로 메타모던은 불가피한 실패에도 불구하고 시도하는 것이며, 진리를 찾기를 기대하지 않으면서도 영원히 진리를 추구한다. 한편 존재론적으로 메타모던은 모던과 포스트모던 사이에서 진동한다. 그것은 모던의 열의와 포스트모던의 아이러니, 희망과 멜랑콜리, 순진함과 알고 있음, 공감과 무관심, 통합과 복수성, 전체성과 파편화, 순수함과 모호함 사이에서 흔들린다. 이 진동은 균형을 맞추기 위한 것이 아니라 한쪽으로 향하면 다른 쪽이 잡아당기는 진자와도 같다. 메타모던은 이렇게 모던과 포스트모던 사

67　Timotheus Vermeulen and Robin van den Akker, 2010, p. 315.

68　임마누엘 칸트, 「세계 시민적 관점에서 본 보편사의 이념」, 『칸트의 역사철학』, 이한구 편역, 서광사, 2009, 24쪽. 이해를 돕기 위해 번역을 다소 수정했다.

이에서 교섭한다.[69]

　'처럼'의 메타모던 인식론과 '사이'의 메타모던 존재론은 모두 '둘 다이기도 하고 아니기도 한(both-neither)'이라는 원리로 작동한다. 메타모던은 모던이면서 동시에 포스트모던이기도 하고, 둘 다 아니기도 하다. 이런 동역학을 저자들은 '메탁시스(metaxis)'에 비유한다. 그리스어로 '사이(between)'를 가리키는 이 용어는 플라톤과 에릭 푀겔린(Eric Voegelin)에 의해 존재 및 의식의 경험과 결부되어 사용되었다. 메탁시스는 서로 다른 양극 사이의 움직임, 긴장과 결부되고, 여기와 저기에 동시에 존재하면서도 아무데도 없는 것이며, 한정된 절차와 무한한 피안의 현실 사이에서 진동하는 인간 존재의 불협화음으로 구성된다. 메탁시스는 의미를 추구하는 모던의 욕망과 이를 의심하는 포스트모던의 감각 양자에 매인 메타모던 상태에 대한 은유다.[70]

　메타모던의 구체적 전략을 논의하는 데 차용된 것은 동시대 문화 현상을 바탕으로 역사적 시대 구분을 시도하는 프레드릭 제임슨(Fredric Jameson)의 방식이다.[71] 「메타모더니즘에 관한 노트」에서 미술, 영화, 건축 등 시각예술을 중심으로 양극에서 진동하는 메타모던의 실례를 수집했다면, 『메타모더니즘: 포스트모더니즘 이후의 역사성, 정동, 깊이』에서는 문학, 대중문화, 글쓰기, 사진, 공예에 이르는 다양한 문화 영역에서 '느낌의 구조'를 채집한다. 파편적으로 제시되는 메타모던 예술의 사례는 혼란스럽지만, 수집의 기준이 무엇인지는 명확한 편이다. 서로 모

69　Timotheus Vermeulen and Robin van den Akker, 2010, pp. 315-316.

70　같은 글, pp. 316-317.

71　Fredric Jameson, "Postmodernism, or The Cultural Logic of Late Capitalism," *New Left Review*, I/146, July-August, 1984, pp. 59-92.

순되는 속성의 공존, 실패를 예견하면서도 희망을 버리지 않는 태도, 해체가 아닌 재건 등이 선택의 기준이다. 일례로 미술평론가 제리 살츠(Jerry Saltz)는 MoMA PS1의 《더 큰 뉴욕 2010》(Greater New York 2010)을 비롯해 2009~2010년 뉴욕의 청년 작가 전시들을 보고 다음과 같은 논평을 남겼다. "이것은 다음과 같은 태도다. 나는 내가 만드는 예술이 실없고, 심지어 바보 같아 보이거나 전에 이미 누군가가 했을 수도 있다는 것을 안다. 하지만 그렇다고 내 작업이 진지하지 않다는 것은 아니다."[72] 이런 태도는 베르뮬렌과 아커 식으로 말하자면 모던의 진정성과 포스트모던의 무심함이 공존하는 상태다. 별도의 장으로 길게 서술하고 있는 신낭만주의(neoromanticism)가 메타모던의 사례가 될 수 있는 것도 낭만적 태도가 양극 사이의 진동으로 규정된다는 생각 때문이다.[73] 20세기 중반의 미술가 바스 얀 아더(Bas Jan Ader)부터 동시대인인 영화감독 데이비드 린치(David Lynch), 화가 피터 도이그(Peter Doig), 영화감독 웨스 앤더슨(Wes Anderson), 건축가 헤르조그 앤 드 뫼롱(Herzog & De Meuron)에 이르는 방대한 신낭만주의의 목록은 비합리와 합리, 원시적인 것과 문명, 문화와 자연, 순진함과 냉소, 형식적 구조와 형식주의적 비구조 등 '둘 다이기도 하고 아니기도 한' 양극 사이에서 진동하는 성공적이지 않은 협상에 입각해 있다. 이들은 미래를 비웃지도 않고(포스트모던의 패러디), 미래를 갈망하지도 않으며(모

---

72 Timotheus Vermeulen and Robin van den Akker, 2010, p. 318.

73 이의 근거로 저자들은 독일 철학자 노발리스(Novalis)와 영국 낭만주의 비평가 아이제이어 베를린(Isaiah Berlin)을 인용한다. "일상에서 의미를 발견하고, 평범한 것에서 신비를 느끼며, 낯설어 보이는 것에서 친숙함을, 무한과 유사한 유한을 제시하는 것이 낭만화다"(노발리스); "낭만주의는 통합과 다양성, 특수한 것에 충실하면서 동시에 신비로운 개요의 모호함에 충실한 것, 미와 추, 강함과 약함, 개인주의와 집단주의, 순수함과 부패 … 삶에 대한 사랑과 죽음에 대한 사랑이다"(아이제이어 베를린). 같은 글, p. 320.

던의 노스탤지어), 잃어버린 미래를 다시 인지하려고 한다(메타모던의 재의미화).[74]

베르뮬렌과 아커는 모던과 포스트모던, 메타모던을 키워드로 비교하며 정리한다. 모던이 유토피아적인(utopic) 신탁시스(syntaxis, 구축)라면, 포스트모던은 디스토피아적인(dystopic) 파라탁시스(parataxis, 병렬)이고, 메타모던은 장소 없는(a-topic)[75] 메탁시스(metaxis, 매개)다. 탁시스(taxis)가 배열(ordering)이라는 뜻임을 고려하면, 모던은 시간적 배열(temporal ordering)이고, 포스트모던은 공간적 무질서(spatial disordering)이며, 메타모던은 정리된 것과 흐트러진 것 둘 다이기도 하고 아니기도 한(both-neither) 시공간이다.[76]

표 1. 모던, 포스트모던, 메타모던의 특징 비교

모던	포스트모던	메타모던
유토피아적(utopic)	디스토피아적(dystopic)	장소 없는(a-topic)
신탁시스 (syntaxis, 구축)	파라탁시스 (parataxis, 병렬)	메탁시스 (metaxis, 매개)
시간적 배열 (temporal ordering)	공간적 무질서 (spacial disordering)	정리된 것과 흐트러진 것 둘 다이기도 하고 아니기도 한(both-neither) 시공간

---

74 같은 글, pp. 319-324.

75 'atopos'는 보통 장소 없는 장소[a place(topos) that is no(a) place]로 간주된다.

76 위의 글, p. 325.

2) 논증 및 평가

담론으로서 메타모더니즘은 꽤 설득력 있는 직조를 갖추고 있다. 「2000년대를 시대 구분하기 또는 메타모더니즘의 출현」(Periodising the 2000s, or, the Emergence of Metamodernism)이라는 글의 제목이 암시하듯, 베르뮬렌과 아커는 상대적으로 명확하게 자신들이 대상으로 하는 시기를 특정한다.[77] 1989년 프랜시스 후쿠야마(Francis Fukuyama)가 역사의 종말을 주장했지만, 여전히 풀어야 할 큰 문제들이 남아 있으며 역사는 끝나지도, 멈추지도 않은 채 진행되고 있다. 밀레니엄이 도래한 이후, 여러 학자들은 역사가 계속된다는 주장을 하기 시작했다. (역사의) '회귀', '복수', '재탄생' 등 표현의 방식은 다양해도 많은 이들은 생태적·경제적·지리정치적으로 발생하는 세계사적 위기가 목적론적으로 반듯하게 나아가던 역사의 진행을 굴절시켰다는 데 동의한다. "역사의 굴절"이라고 할 수 있는 감각은 2000년대에 시작되었다.[78]

알터모던과 메타모던의 가장 큰 차이점은 포스트모더니즘을 대하는 태도다. 목적지향적으로 포스트모던과의 단절을 주장하는 알터모던과 달리, 메타모던은 포스트모더니즘과의 연관성을 감추지 않는다. "우리는 모든 포스트모던의 경향이 끝났다고 주장하는 것이 아니다. 우리가 믿는 것은 포스트모던의 경향 중 많은 것이 다른 형태, 다른 감각,

---

[77] 이 글은 『메타모더니즘: 포스트모더니즘 이후의 역사성, 정동, 깊이』의 1장 제목이다.

[78] Robin van den Akker, Timotheus Vermeulen, 2017, pp. 1-3. 여기서 베르뮬렌과 아커가 근거로 드는 존 아퀼라(John Arquilla), 셰이머스 밀른(Seumas Milne), 로버트 카건(Robert Kagan), 알랭 바디우(Alain Badiou) 등의 책은 2008~2012년 사이에 출판된 것으로, 여기서 저자들은 이들의 이론을 자세히 논하지 않으며 역사 개념의 변화를 단순히 밀레니엄 이후 정도로 시기를 구분한다.

다른 의미 및 방향을 취하고 있다는 것이다"라는 저자들의 말은 전 시대의 자연스러운 영향을 부인하지 않으면서 달라진 지점을 추적하는 것이어서 일방적인 단절을 주장하는 입장보다 설득력이 높다.[79] 일례로 양극 사이에서 진동하는 메타모던의 매개 개념이 포스트모던의 사이(in-between)와 어떻게 다른가를 설명하면서, 저자들은 메타모던과 포스트모던이 다원론(pluralism), 아이러니, 해체(deconstruction)라는 지점에서 공통점이 있음을 인정한다.[80] 모순적인 양극 사이를 교섭하는 것은 아이러니의 계승이라 할 수 있을 것이고, 이질적인 것들의 공존을 인정하고 그것들을 새롭게 연결하는 것은 다원론과 해체가 전제된 것일 테다. 하지만 지향에 있어서 이 둘은 갈라지는데, 포스트모던이 모던의 열망을 지우려 한다면 메타모던은 그것을 새롭게 갱신하려 한다. 허무와 패스티쉬 대신 희망과 신화를 내세우지만, 과거와 같은 맹목적 믿음은 없다. 그런 의미에서 저자들이 '교섭(negotiate)'이라는 단어를 사용한 것은 여러모로 적절하다. 모던의 이상과 포스트모던의 회의 사이에서 진동하기에 메타모던은 모던과 포스트모던의 협상(negotiation)이다. 혹자는 이를 절충주의가 아니냐고 비판할 수도 있지만, 포스트모던을 통과하며 확실한 진리가 불가능하다는 것을 알아버린 자들이 순진한 이상주의를 고수할 수는 없는 일이며, 그럼에도 계속 나아가야 하는 이들이 선택할 수 있는 유일한 길은 알면서도 걸어가보는 것이 아닐까. 그런 점에서 "알 건 아는 순진함(informed naivety)", "실용적 이상주의(pragmatic idealism)"라는 메타모던의 전략은 충분히 매력적이다. 인식론적·존재론적 측면에서 충분한 이론적 논증, 잘 정리된 키워드로 패러다임의 차이를 명료하게 정리하는 기민함도 담론으

---

79 Timotheus Vermeulen and Robin van den Akker, 2010, p. 314.

80 같은 책, p. 322.

로서 메타모던의 효용을 높이는 데 기여한다.

그럼에도 메타모더니즘 개념에 문제가 없는 것은 아니다. 저자들은 메타모던을 모던과 포스트모던이라는 양극 사이에서 둘 모두와 연결되기도 하지만, 그렇다고 동일하지도 않은 중간적 상태라고 말한다. 이런 주장은 상식적이고 설득력 있으며 현상과도 잘 부합한다. 하지만 이 주장에는 모던과 포스트모던을 겹치는 지점이 없는 양극으로 상정한다는 전제가 깔려 있다. 메타모던이 앞 시대인 포스트모던과 겹치는 지점이 있음을 인정하면서, 포스트모던이 그 선구인 모던과 완전히 분리된다고 가정하는 것은 이론적 모순이다. 포스트모던이 모던에 대한 반작용으로 나온 것은 사실이지만, 존재론적으로 비판 대상인 모던에 기대고 있음은 자명하다. 지그문트 바우만(Zygmunt Bauman) 같은 학자는 한 발 더 나아가 포스트모더니티 자체가 근대성의 발전 단계에 있는 하나의 자기의식적인 단계라고 본다. 다시 말해 "포스트모더니티는 그 자신의 본래 프로젝트에 타당성이 없음을 인정한 모더니티다. 포스트모더니티는 스스로의 불가능성과 화해한 모더니티다. 또한 좋든 싫든 그것과 공존하기로 결정한 모더니티다. 모던한 실행은 지속된다. 하지만 이제 한때 모더니티를 출범시켰던 목표는 결여되어 있다."[81] 바우만에게 포스트모던한 것은 전부 모던한 것에서 생성되는 것이며, 모던과 포스트모던을 가르는 결정적인 선은 존재하지 않는다. 이런 관점에서 보면 흔들리는 진자라는 상징은 매력적이고 유용하지만 약간의 미심쩍음이 남는다.

하지만 제일 큰 문제는 총론보다 각론에 있다. 다양한 문화 영역의 각기 다른 경향들을 모던과 포스트모던 사이에서의 진동이라는 큰 구조로 수합하는 메타모던의 개념은 맥락과 배경이 다른 문화적 현상들

---

81   Zygmunt Bauman, *Modernity and Ambivalence*, Polity Press, 1991, p. 98.

을 시대정신으로 묶을 수 있는 밑그림을 제공한다. 프레드릭 제임슨이 문학, 미술, 건축 등 당대 문화예술의 경향을 관찰하고 그 특징을 혼성모 방과 정신분열로 추출해냈듯이, 베르뮐렌과 아커 역시 2000년대 작가 들의 태도를 관찰하면서 무언가 이전과 다르다는 낌새를 감지했을 것이 다. 그런 점에서 메타모던은 알터모던처럼 귀납적으로 형성된 이론이다. 그럼에도 알터모던과 달리 현장의 흐름에 적용하기에는 곤란한 점이 너 무 많다. 오바마의 "그래, 우리는 할 수 있어(Yes we can)", 웨스 앤더슨(Wes Anderson)과 미란다 줄라이(Miranda July)의 "별난(the Quirky)" 영화, 코코 로 지(Coco Rosie)와 데벤드라 반하르트(Devendra Banhart)의 "괴상한 포크(Freak Folk)" 음악, 데이비드 포스터 월리스(David Foster Wallace)의 "새로운 진정 성(New Sincerity)"[82] 문학 등 순수예술과 대중문화를 아우르는 방대한 분석 대상은 과할 정도로 범주가 넓고 맥락이 달라 하나로 규합하기 어렵다. 모순적인 것들을 아우르거나, 기대하지 않으면서도 가능성을 추구하거 나, 그렇기도 하고 아니기도 한 추상적인 지향이나 태도 정도가 도출될 수 있을 뿐이다. 베르뮐렌과 아커가 부리오를 비판하며 한 말(느낌의 구조와 느낌의 구조의 표현을 혼동하고 있다)을 역으로 적용하면, 베르뮐렌과 아커는 추 상적인 느낌의 구조는 도출했지만, 느낌의 구조의 표현을 추출하는 데는 실패했다고 할 수 있을 것이다.

　　각기 다른 장르의 사례를 규합하는 일은 왜곡이나 오역을 불러 일으키기 쉽다. 메타모던의 전략을 논하는 장에서 저자들은 여러 장르 의 사례를 섞어 포스트모던과의 차이를 규명하려 시도한다. 이 과정에서 잘 알지 못하는 분야에 대한 피상적 지식 때문에 잘못된 해석이 종종 발 생한다. 일례로 저자들은 레이첼 화이트리드(Rachel Whiteread)와 다니엘 뷔

---

[82] Robin van den Akker, Timotheus Vermeulen, 2017, p. 8.

랭(Daniel Buren), 마사 로슬러(Martha Rosler)를 포스트모던 작업으로, 아민 보엠(Armin Boehm), 그레고리 크루드슨(Gregory Crewdson), 영화감독 데이비드 린치(David Lynch)를 메타모던의 신낭만주의 작업으로 분류한다.[83] 저자들이 화이트리드, 뷔랭, 로슬러를 포스트모던으로 간주하는 까닭은 이들 작가가 생활 공간에 대한 가정을 해체하기 때문이다.[84] 하지만 화이트리드나 뷔랭은 일반적으로 미술 분야에서 포스트모더니즘으로 분류되는 작가가 아니다. 미술의 포스트모더니즘은 멀리 보는 경우 1960년대 팝아트 이후로 설정하기도 하지만,[85] 대부분은 1970년대 말에서 1990년대 발생한 재현, 독창성, 저자성 등 미술의 규범을 공격하는 개념적인 작업이나 형상 회복적 신표현주의 혹은 정체성 정치학으로 대변되는 다문화주의 작업을 지칭한다. 무의식, 차용, 대중문화와 예술의 혼합 등의 이유로 데이비드 린치를 포스트모더니즘으로 해석하는 경우도 있기에[86] 린치를 메타모던으로 분류하는 것 또한 자의적이라는 혐의를 지우기 어렵다. 두 문단에 걸쳐 메타모던의 사례로 길게 기술되는 헤르조그 앤 드 뫼롱 역시 필요에 따라 이론에 작업을 끼워 맞췄다는 비판을 피하기 어려울 것이다. 저자들은 헤르조그 앤 드 뫼롱의 건축이 문화와 자연, 유한과 무한, 범속함과 성스러움, 구축과 비구축 같은 양극 사이를 넘나든다는 점에서 메타

---

83 데이비드 린치 외에는 모두 미술가다.

84 Timotheus Vermeulen and Robin van den Akker, 2010, p. 322.

85 안드레아스 후이센이 대표적이다. Andreas Huyssen, *After the Great Divide: Modernism, Mass Culture, Postmodernism*, Indiana University Press, 1987.

86 Antony Todd, "Blue Velvet: post-modernism and authorship," *Authorship and the Films of David Lynch: Aesthetic Receptions in Contemporary Hollywood*, I. B. Tauris, 2012. https://www.britishfilm.org.uk/lynch/blue_velvet.html

모던적이라고 본다.[87] 풍화되는 돌을 연상시키는 뉴욕 레너드 56번가의 초고층 주거용 빌딩(〈56 Leonard Street New York〉, 2017)이 자연과 문화를 결합한 것이고, 하늘에 떠 있는 듯한 유리 피라미드 모양의 상업시설 삼각형 빌딩(〈Triangle〉, 2006~건축 중)은 세속성과 영성이 교차되는 인상을 준다는 것이다. 이런 해석은 이질적인 것의 교섭이라는 메타모던의 개념에는 표면적으로 부합하지만, 구조와 시공, 형태, 재료를 결합해내는 건축가의 의도와 건축적 계보를 무시하고 외양에 치우친 주관적 해석이라는 비난을 면하기 어렵다.

　　　이러한 문제를 의식했는지 2015년 베르묄렌은 『이플럭스저널』에 「새로운 깊이감」(The New "Depthiness")이라는 글을 발표한다. 이 글은 포스트모더니즘 이후의 '느낌의 구조'를 파악하려는 의도에서는 「메타모더니즘에 관한 노트」와 문제의식을 공유하지만, 총론이나 각론 모두 훨씬 구체적이다. 「메타모더니즘에 관한 노트」에서 포스트모던과 메타모던을 '이것도 아니고 저것도 아닌(a neither-nor)' 대 '둘 다이기도 하고 아니기도 한(a both-neither)', 혹은 모던과 포스트모던, 메타모던을 신탁시스 대 파라탁시스 대 메탁시스로 비유한 것처럼, 이 글에서는 모던과 포스트모던, 메타모던을 깊이(depth) 대 깊이 없음(depthlessness) 대 깊이감(depthiness)으로 규정하며 포스트모던 이후의 감각을 형상화하고자 한다. 베르묄렌은 이탈리아 소설가 알렉산드로 바리코(Alessandro Baricco)의 책 『야만인들』(The Barbarians, 2014)에 등장하는 다이빙과 서핑의 비유를 끌어와, 모던 대 포스트모던 대 메타모던을 다이버(깊이로부터 의미를 찾는 자들) 대 서퍼(표면에서 의미를 찾는 자들) 대 스노클러(표면에 떠 있지만 깊이를 상상할 줄 아는 자들)로 정의한다. 여기서 스노클러는 베르묄렌이 제안한 개념으로, 깊이를 경험하

---

[87]　Timotheus Vermeulen and Robin van den Akker, 2010, pp. 323-324.

지 않고서도 깊이를 상상하는 감각인 깊이감을 실천하는 자를 뜻한다.[88] 깊이감에서 깊이는 이론상 존재하지만 실질적으로는 존재하지 않는 것으로, 스노클러는 깊이를 행동으로 만들어낸다. 그런 점에서 깊이감은 불가능성을 알면서도 추구하는 메타모던의 방식이고, 스노클러는 그 실행자다. 베르뮐렌은 동시대 미술로 대상을 한정해 스노클러의 사례들을 검토한다. 언급되는 작가는 케이트 홀튼(Kate Holton, 1975~), 모니카 스트리커(Monika Stricker, 1978~), 안느 메테 홀(Ane Mette Hol, 1979~), 마크 렉키(Mark Leckey, 1964~), 앤디 홀든(Andy Holden, 1982~), 피에르 위그(Pierre Huyghe, 1962~) 등 각양각색이지만, 주로 산업적이거나 복제적 요소를 수공적 혹은 인간적으로 재해석하거나, 가상이나 산업적인 것에 신체적이고 물질적 요소를 가미하여 재맥락화하는 작업이 많다.[89] 매체와 주제, 방법론이 상이한 이들 작업을 묶는 것은 상반되는 요소들을 결합해 제3의 무언가를 구축하려 한다는 점 하나다. 기존의 통념을 뒤집거나 이질적인 요소를 결합해 새로운 맥락을 만들어내는 것은 동시대 미술 일반의 방법론이고, 각 작가가 지닌 계통적·계열적 맥락이 모두 다르므로 이를 무시하고 모두를 메타모던의 사례로 동원하는 것은 앞서와 마찬가지로 공허한 해석이 될 수밖에 없다. 표면과 깊이의 문제는 차라리 2000년대 후반에 등장한 포스트인터넷[90] 계열의 작가로 국한하여 설명하면 미술의 맥락에서

88　Timotheus Vermeulen, "The New 'Depthiness'," *e-flux journal* #61, 2015. https://www.e-flux.com/journal/61/61000/the-new-depthiness/

89　Timotheus Vermeulen, 2015, pp. 8-12.

90　2006년 마리사 올슨(Marisa Olson)이 처음 사용한 용어로, 인터넷의 영향을 받아 네트워크 문화 안에서의 삶의 조건을 체현하는 미술을 뜻한다. 단순히 웹을 활용하는 것이 아니라 작품의 생산과 유통, 감상, 나아가 이미지를 보고 사유하는 방식에 네트워크의 감각 및 태도가 배어있는 작업을 지칭한다.

도 메타모던의 맥락에서도 정합적이었을 것이다.[91] 그런 점에서 깊이감 개념과 관련해 가장 설득력 있는 작가는 글 말미에 언급하는 알렉산드라 도마노비치(Aleksandra Domanović)다. 개인전 《다가올 것》(Things to Come, 글래스고 현대미술관, 2014)에서 작가는 과거 SF 영화에 등장한 사물을 투명한 포일에 프린트해 긴 복도에 차례대로 걸어놓았다.[92] 유령처럼 흔들리는 이미지 사이를 걷는 관객은 부유하는 동시대 대중문화의 표면을 보는 동시에 도열된 이미지를 통과하며 SF 영화사의 궤적이나 진보사관의 허망함을 떠올리게 된다. 관객은 여기서 표면을 떠돌면서도 그 밑을 바라보는 스노클러가 된다.

　　「새로운 깊이감」은 미술 분야에 한정해 나름의 각론을 시도했지만, 미술 내부의 복잡한 계통과 계보를 생략하는 바람에 일부 작가를 제외하고는 이론과 작업의 연결에 빈틈이 생겨 미술계에서 수용하기에는 허약한 글이 되었다. 마찬가지로 부리오에 대한 베르뮐렌과 아커의 비판도 미술의 맥락을 자세히 들여다보지 않아 발생한 오해가 크다. 크레올화라는 개념과 달리 출품작이 포스트모던의 다문화주의에 가깝다는 비판은 작가의 국적이 아닌 작품의 내용으로 보면 적절하지 않다. 물론 포스트모던에 가까운 작업도 있다. 값싼 스테인리스 스틸 주방용품 26톤으로 제작된 수보드 굽타(Subodh Gupta)의 〈통제선〉(Line of Control, 2008)은 제3세계에서 생산되고 소비되는 어마어마한 양의 산업용품을 연상시키며, 제목은 핵무기를 가지고 분쟁하는 인도와 파키스탄의 국경선을 암시한다는 점에서 정체성과 무관하지 않다. 예술과 대중문화 속 여러 얼

91　이 사례로는 다음을 참조하라. 문혜진, 「메타모던, 깊이감, 동시대 미술의 느낌의 구조」, 『퍼블릭아트』, 2023년 2월호, 53쪽.

92　Timotheus Vermeulen, 2015, pp. 10-11.

굴 이미지를 나열해 위계를 없애고 위트를 가미한 레이첼 해리슨(Rachael Harrison)의 〈두 번째 여행〉(Second Voyage, 2008) 역시 포스트모더니즘의 전유와 혼합(아상블라주)이라는 방법론을 계승한 측면이 강하다. 하지만 대부분 작업은 지리적·역사적·문화적으로 시공간을 넘나드는 문화적 유목민이라는 명제에 잘 부합한다. 전술한 프란츠 애커만, 왈리드 베스티, 트리스 폰나-미첼 외에도 이스라엘-팔레스타인 갈등과 인디언 신화를 연결하는 마커스 코아츠의 〈물떼새의 날개〉, 하위문화와 B급 텔레비전 탐정물을 혼합하는 스파르타쿠스 체트윈드(Spartacus Chetwynd)의 〈헤르미토의 아이들〉(Hermito's Children, 2008), BBC 다큐멘터리 스타일과 데이비드 린치의 영화 스타일, 에디슨이 고안한 최초의 영화스튜디오 블랙마리아의 역사를 뒤섞는 린제이 시어스(Lindsay Seers)의 〈엑스트라미션 6(블랙 마리아)〉 [Extramission 6 (Black Maria), 2009] 등은 서로 다른 문화적 기호를 번역하는 사례로 손색이 없다. 한편, 세계화에 대한 부리오의 인식이 허상이라는 비판 역시 (세계화에 대한 부리오의 모호한 입장에도 불구하고) 오해의 소지가 있다. 부리오는 국가의 경계가 흐려지고 끊임없는 이동이 일상화된 세계화의 현실을 인정하기는 하지만, 이를 낭만적으로 상찬하는 것이 아니라 세계화가 야기하는 표준화에 저항해야 한다고 말한다. 이런 저항의 선봉이 바로 노마드로서의 작가다. 이들은 유동하는 세계에서 여러 문화를 엮으며, 무수히 다양한 독자성을 생산해낸다. 이는 글로컬한 지각이라는 베르뮐렌과 아커의 지적과 다르지 않다.

4
나가며

    불가능함을 알면서도 가능성을 꿈꾸는 메타모던의 속성은 재귀적으로 부리오와 베르뮐렌·아커의 이론 자체에도 적용되는 듯하다. 결과적으로 보면 알터모던이나 메타모던도 모던이나 포스트모던이 일으켰던 정도의 패러다임 대체를 이루지는 못하고, (상대적으로 알려졌음에도) 포스트모던 이후를 찾는 무수한 동시대성의 탐색 중 하나로 남았다. 어쩌면 이런 귀결은 당연할지도 모른다. 보편 이론의 종결을 선언한 것이 포스트모더니즘의 가장 근본적인 기획이 아닌가. 부리오도, 베르뮐렌과 아커도 이를 모르지 않았을 것이다. 하지만 동시대를 분석하는 자로서 우리가 어떤 시대를 살고 있는가를 파악해야 하는 과제가 '그럼에도' 그들을 움직인 동력이었으리라 짐작한다. 큐레이터로서 부리오는 1990년대와 달라진 2000년대 작가들의 혼종적 경향을 설명할 이론적 지반이 필요했고, 문화연구자로서 베르뮐렌과 아커는 냉소와 희망이 기묘하게 뒤섞여 있는 모종의 감각을 설명할 개념의 필요성을 느꼈다. 출발은 둘 모두 귀납적이었다. 부리오는 현장의 작업에서 이시성, 크레올화, 전치, 번역 같은 특징을 감지했고, 그 근거를 사회의 변화(세계화)에 두어 미술 내재적 변천과 미술 외부의 패러다임 이행을 결합했다. 하지만 포스트모던과의 단절을 전제로 이를 대체할 새로운 시대 구분 용어를 만들려는 목적의식이 너무 강했다. 그 결과 관찰은 정확하나 논증이 모호해 이론으로서는 완성도가 미흡했다. 한편 메타모던은 상황이 반대였다. 무언가 변했다는 감지에서 출발한 것은 동일하나, 이론가인 베르뮬렌과 아커가 집중한 것은 각론보다 총론이었다. 역사철학적 관점에서 인식론적·존재론적으로 메타모던의 속성을 도출하고 모던 및 포스트모던과의 관계를 정교히 하는 데 초점이 모아졌다. 이에 따라 상대적으로 밀도가 있고 매력적인 어휘를 담은 이론이 탄생했다. 하지만 정교한 큰 그림에 비해 세부의 정확성은 떨어지는 문제가 생겼다. 한 분야 내에서도 다원적인 문화계 전반을 아우르다 보니 취사선택, 왜곡, 오역이 발생해 설득력이 떨어진 것이다. 실천과 이론의 괴리는 이론의 효용성을 침해한다.

　　지향과 성격 면에서 상이한 두 이론이지만, 의외로 비슷한 점도 있다. 이들은 모두 2000년대를 설명하는 동시대성을 찾는 커다란 흐름의 일부다. 부리오보다 2년 앞서 소개된 안드레아스 후이센의 글은 부리오의 주장과 별반 다르지 않다. "근대성의 쟁점은 세계화와 불가피하게 결부되어 있다. 전 세계의 다른 모더니즘과 대안 근대성의 질문에 대한 지리적 문호 열기⋯."[93] "메타모더니즘은 현재의 파라미터를 미래 없는 미래 시제의 파라미터로 전치시키고, 우리가 속한 장소의 경계를 장소 없는 초현실의 공간으로 전치시킨다"는 베르뮬렌과 아커의 말은 알터모던의 시간이 "시공간의 모든 방향에서 현재의 모든 차원을 탐색하는 방향상

93　Andreas Huyssen, "Modernity as Antiquity: A Category Mistake," in *Brumaria 9: Modernity? Life!*, 2007, p. 307.

실의 경험"이라는 부리오의 말을 연상케 한다.[94] 이들의 견해는 벤야민이
말하는 변증법적 시간을 연상시킨다. 과거의 파편들이 현재의 공간에 틈
입하여 미래로 투사되는 현재는 균질하고 공허한 역사의 진행 과정을 폭
파하여 그로부터 하나의 특정한 시대를 끄집어내는 순간이다.[95] 서로 다
른 시간성이 혼합되어 공존하는 알터모던의 이시성도, 모던과 포스트모
던 사이에서 진동하며 그 모두의 색깔을 지닌 메타모던의 시간도 현재를
진단하고 역사를 기술하는 치열한 시도의 일환이다. 비록 한계를 지닐지
라도 불가능함을 알면서 가능성을 꿈꾼 이들의 시도는 충분한 가치를 지
닌다. 이들을 통해 2000년대라는 시간에 대해 깊게 성찰했고, 생각해볼
만한 여러 중요한 질문들이 남았다. 그때로부터 10여 년이 지난 오늘날
의 관점에서는 역사적 시대를 정의 내리려는 시도 자체가 근대성의 흔적
으로 보이기도 한다.[96] 시대를 총체적으로 파악해보려는 동시대성 논의
는 2010년대에 들어서면서 (최소한 미술계에서는) 거의 완전히 사그라들었기
때문이다. 어쩌면 테리 스미스의 말처럼, 무엇이 상태인가 하는 상태, 무
엇이 조건인가 하는 조건이 바뀌어버렸으므로 시대 구분은 이제 더 이상
가능하지 않다는 것이 사실일 수 있다.[97] 동시대 미술에서 어떤 양식이 지
속된다는 것은 불가능하고 지속 자체가 시대착오적이라는 스미스의 지
적은 사조가 사라져 통사 기술이 어려운 2000년대 이후의 미술계에 부합

---

94   Timotheus Vermeulen and Robin van den Akker, 2010, p. 325; Nicolas Bourriaud, *Alter-modern*, 2009, p. 13.

95   발터 벤야민, 「역사의 개념에 대하여」, 『발터 벤야민 선집 5』, 최성만 역, 도서출판 길, 2009,
      348쪽.

96   프레드릭 제임슨은 근대성의 주요 충동 중 하나가 역사적 시대를 정의하려는 갈망과 줄기
      찬 시대 구분이라고 지적한다. 프레드릭 제임슨, 『단일한 근대성』, 황정아 역, 창비, 2020,
      25–40쪽.

97   테리 스미스, 김경운 역, 앞의 책, 390쪽.

하는 말이다. "동시대 미술이란 무엇인가?"라는 어려운 총체론적 질문에 도전한 스미스의 책 역시 2009년에 출간되었으니 2000년대의 초반 10년 이후 보편주의는 정말 죽어버린 것일지도 모른다.

어떻든 무수한 질문이 남았다. 여러 시공간 및 문화를 자유롭게 연결하는 방법론이 조사기반 작업의 보편적 언어가 된 지금, 부리오는 여전히 현시대를 알터모던이라고 생각할까? 「메타모더니즘에 관한 노트」에서 포착한 2000년대 초반 10년의 감각들과 2010년대의 감각이 동일할까? 둘 다이기도 하고 아니기도 한 회색분자 같은 메타모던의 태도가 2020년대에도 유효한 것일까? 어쩌면 어느 쪽이든 역사적 의식 자체에 관심이 없어진 것 아닐까?

부리오와 베르뮐렌·아커 모두 문화예술의 변화에 토대를 두면서도 그 근거를 사회정치적 변동에 두었다. 부리오는 세계화를, 베르뮐렌·아커는 금융위기, 기후변화, 정치적 격변 등을 패러다임 이행의 계기로 본다. 이는 "문화예술의 변화를 외재적 사유로 설명하는 것이 적절한가?"라는 근본적인 의문을 낳는다. 그런 점에서 부리오와 베르뮐렌·아커는 모두 경제적 단계와 문화적 패러다임을 연결한 프레드릭 제임슨과 무관하지 않다. 실제로 부리오는 차세대 프레드릭 제임슨이 되려는 야심을 품고 있다는 비판을 받기도 했고,[98] 베르뮐렌·아커는 자신들의 작업이 제임슨에 대한 오마주이자 다시 쓰기임을 스스로 밝히기도 했다.[99] 이 경우 둘 모두 자본주의 자체의 변화에 대한 연구가 더 필요하다. 부리오는 『래디컨트』의 말미에서 페터 슬로터다이크(Peter Sloterdijk)를 인용해 모던을 풍부한 에너지, 영구적 성장, 빠른 연소의 숭배로 규정하고, 포스트모

---

98 David Cunningham, 앞의 글, p. 5.

99 Robin van den Akker, Timotheus Vermeulen, 2017, p. 18.

던을 화석에너지의 한계를 발견한 1973년 석유파동과 연결한다. 가용 에너지에 대한 무한한 신뢰와 끝없이 미래로 투사하는 현재는 이때 무너졌다. 산업사회에서 후기 생산 경제로의 전환은 이렇게 이루어진다.[100] 하지만 부리오는 포스트모던에서 알터모던으로 넘어가는 경제적 근거를 제시하지 않는다. "커뮤니케이션의 즉각성", "다양한 방식의 원격현존", "점점 증가하는 장소 간 이동", "상품과 문화적 기호의 세계화" 정도가 그가 제시하는 전부다.[101] 이것들은 현상일 뿐 근본적 토대(하부구조)라고 보기 어렵다. 부리오가 제임슨을 따른다면, 세계화 시대의 자본주의가 포스트모던 시대의 자본주의와 어떻게 다른지를 밝혀야 한다. 한편, 베르뮬렌·아커 역시 메타모던의 사회경제적 근거를 충분히 제시하지 못한다. 베르뮬렌과 아커는 기술사회학자 카를로타 페레즈(Carlota Perez)를 인용해 2000년대가 닷컴 폭락(1999~2001)과 세계금융위기(2007~2008)로 묶일 수 있다고 말한다. 페레즈는 이 이중 버블의 붕괴가 그저 경제위기가 아니라 각기 한 시대의 종말을 뜻한다고 본다. 닷컴 폭락은 매스미디어 문화의 몰락과 네트워크 및 소셜미디어 문화의 부상, 디지털 기술 및 비물질 노동의 편재를 뜻한다. 세계금융위기는 넓게는 신자유주의, 좁게는 금융자본주의의 몰락을 뜻하나 아직 충분히 구현되지 않았다.[102] 베르뮬렌과 아커가 페레즈를 인용한 것은 2000년대로의 패러다임 이행의 하부구조를 제시하기 위한 것일 테다. 그들은 다음 단계의 자본주의를 암시하며 아나

---

100 Nicolas Bourriaud, *The Radicant,* 2009, pp. 177-182; 니콜라 부리오, 『래디컨트』, 박정애 역, 2013, 239-245쪽.

101 Nicolas Bourriaud, *The Radicant,* 2009, p. 184.

102 Carlota Perez, "The Double Bubble at the Turn of the Century: Technological Roots and Structural Implications," *Cambridge Journal of Economics* 22, 2009, pp. 779-805; Robin van den Akker, Timotheus Vermeulen, 2017, pp. 14-15.

톨 칼레츠키(Anatole Kaletsky)의 '자본주의 4.0'도 언급하나, 역사의 굴절, 모순되는 속성의 공존, 실용적 이상주의, 해체가 아닌 재건 같은 메타모던의 속성과 기술사회적 변화를 연결하지 않아 제임슨의 온전한 다시 쓰기에 실패한다. 원론적으로 제임슨의 이론은 상부구조가 토대를 반영한다는 이원론이 아니라, 문화와 경제의 구분이 사라진 일원론에 가깝기 때문에[103] 메타모던을 제임슨 식으로 다시 쓰려면 메타모던의 속성이 어떻게 동시대 생산 체계의 문화 논리가 될 수 있는지를 설파해야 한다. 그런 점에서 다양한 문화 영역에서 2000년대를 규정짓는 감각의 도출을 시도한 『메타모더니즘: 포스트모더니즘 이후의 역사성, 정동, 깊이』는 제임슨의 비전을 절반만 실현한 것이다.

그런데 정작 제임슨 본인은 포스트모던과의 구분을 시도하는 부리오, 베르뮐렌·아커와는 완전히 다른 입장을 취한다. 그는 현재를 진단하기에 근대라는 용어는 이미 특정한 의미와 이데올로기에 너무 젖어 있다고 보며, 대안 근대나 대체 근대 같은 새로운 근대성 담론에 반감을 표시한다. 그가 보기에 보편과 일반론이 무화된 현재에 유일하게 유효한 근대성은 전 세계적 자본주의뿐이다. 건축, 미술, 문학 등에 나타난 혼성적이고 차용적인 양식을 뜻하는 협소한 의미의 포스트모더니즘은 끝났지만, 후기자본주의라는 역사적 단계는 끝나지 않았기에 제임슨은 포스트모더니티라는 역사적 시기가 여전히 유효하다고 본다.[104] 최근의 한 인

---

103 임경규, 「프레드릭 제임슨의 『포스트모더니즘』의 현재적 가치: 유토피아적 사유의 복원을 위하여」, 『영어권문화연구』 14(1), 동국대학교 영어권문화연구소, 2021, 149쪽.

104 프레드릭 제임슨, 황정아 역, 2020, 20쪽; Nico Baumbach, Damon R. Young, Genevieve Yue, "Revisiting Postmodernism: An Interview with Fredric Jameson (June 2016)," *Social Text* 127, 34(2), 2016, p. 144[니코 바움바흐, 데이먼 영, 제네비브 유에, 「다시 보는 포스트모더니즘-프레드릭 제임슨 인터뷰」, 『문학과 사회』 35(2), 박진철 역, 문학과 지성사, 2022, 330쪽].

터뷰에서 인터뷰어는 금융자본주의와 유연자본주의를 언급하며 후기자본주의라는 관용구가 여전히 유효하냐는 질문을 제임슨에게 던진다. 이에 대해 제임슨은 신자유주의와 후기자본주의, 금융자본, 전 지구화 등의 용어가 강조점이 다를 뿐 1980년대부터 시작된 어떤 근본적인 변화와 그로 인한 새로운 체계의 일면을 표현하고 있다고 답한다.[105] 인터뷰어의 의도는 1980년대의 자본주의와 2000년대의 자본주의를 같다고 볼 수 있을지에 대한 것일 텐데, 제임슨은 둘의 구분을 거부한 것이다. "포스트포드주의, 탈조직자본주의, 지식경제, 인지자본주의 등은 쓸 수 있을 것입니다. … 그래도 저는 여전히 포스트모더니티를 가장 좋아합니다."[106]

제임슨의 궁극적 목표가 문화양식이나 운동에 대한 기술이 아니라 역사적 시대 구분임을 떠올리면, 문화에 방점이 있는 부리오나 베르뮬렌·아커가 꼭 제임슨을 따를 필요는 없을 것이다. 제임슨을 따르기로 결정한다면, 알터모던 혹은 메타모던의 문화적 특징과 생산 체계의 변화를 연결하도록 이론을 보완해야 하고, 따르지 않기로 결정한다면 사회적 변화뿐 아니라 문화예술의 내재적 동인을 근거로 내세울 필요가 있다. 이를테면 총론에 비해 각론이 빈약한 베르뮬렌·아커의 경우 미술, 문학, 건축, 대중문화 등 각 분야의 밀도 높은 각론을 시도할 수 있을 것이다. 이 작업은 베르뮬렌과 아커가 아닌 각 분야의 전문가들이 시행해야 하는데, 『메타모더니즘』에 실린 글처럼 징후를 암시하는 가벼운 에세이가 아니라 학술적이고 역사적인 접근이 필요하다. 작가 사라 제(Sarah Sze)를 분석한 핼 포스터(Hal Foster)의 글이 한 사례가 될 수 있다. 사라 제가 추구하는 것이 "상태들 사이에서 동요하는 것", "평형 상태의 취약함", "서사에 틀

---

105 니코 바움바흐 외, 박진철 역, 같은 글, 346쪽.

106 같은 글, 345-346쪽.

을 제공하는 안정성과 장소의 감각을 창조하고자 하는 끊임없는 욕망"이라는 포스터의 분석은 메타모던의 개념을 떠올리게 한다.[107] 하지만 베르뮬렌·아커와 달리 포스터는 제의 작업을 선대 및 동시대의 다른 작업과 비교하며 계보적 차이를 도출한다. 토마스 허쉬혼(Thomas Hirschhorn), 레이첼 해리슨(Rachel Harrison) 같은 작가들처럼 자본주의의 쓰레기통을 모방해서 악화시키는 것이 아니라, 일상용품을 늘어놓고 일부를 선택하는 동시에 전체를 구성해 질서와 무질서, 항상성과 엔트로피, 확장과 붕괴 사이에서 동요한다는 포스터의 분석[108]은 미술사적 엄정함과 비평적 정확성을 동시에 획득한다. 상태들 사이에서 동요하는 것이 사라 제만의 특징이 아니라면 유사한 속성을 지니는 동시대 작가들을 규합하면 귀납적인 방식으로 메타모던의 뼈대에 살을 붙일 수 있을 것이다. 이는 포스터가 전작인 『실재의 귀환』에서 네오아방가르드에 행한 것 같은 강도 높은 역사적 분석을 필요로 한다.

비평에서 이론으로 가는 귀납적 여정은 지난하고 성공 여부도 미지수지만, 지레 좌절할 필요는 없다. 테리 스미스의 말처럼 동시대가 이미 하나의 용어로 규정지을 수 없는 상태로 진입한 것이라면,[109] 가능한 것은 하나가 아니더라도 시대를 관통하는 중요한 흐름을 포착하고 이를 진단하며 미래를 모색하는 길이다. 되돌아온 아브젝트, 실재성(actuality)의 부상, 9.11 이후 편집증과 키치의 남용 등 2000년대 이후 미술의 주요 경향을 추출하고, 분열적인 비상사태 속에서도 구조적 변화

---

107 Hal Foster, "Model Worlds," *What Comes after Face?*, Verso, 2020, p. 140[핼 포스터, 「모형의 세계」, 『소극 다음은 무엇? 결괴의 시대, 미술과 비평』, 조주연 역, 워크룸프레스, 2022, 203쪽].

108 핼 포스터, 조주연 역, 2022, 203, 205쪽.

109 테리 스미스, 앞의 책, 389-390쪽.

를 모색하며, 다른 시간에 대한 기대를 포기하지 않는 핼 포스터의 행보
는 동시대성에 대한 치열한 추구의 사례다.[110] 최근 70대가 된 포스터는
자신의 근작 제목을 "잘 실패하기(Fail Better)"라고 붙였다.[111] 사무엘 베케
트의 유명한 경구 "다시 시도하기, 또 실패하기, 전보다 잘 실패하기(Try
again, fail again, fail better)"에서 따온 이 말은 동시대성에 대한 우리의 탐색에
도 적용할 수 있다. 실패하더라도 계속 작은 시도들을 멈추지 않으면, 그
실패가 밑거름이 되어 다음 작업의 촉매가 될 수 있을 것이다. 부리오와
베르뮐렌·아커가 우리에게 남겨준 것도 다음의 더 나은 실패를 위한 토
대일 테다. 우리는 살아있는 한 스스로가 속한 시대에 대한 질문을 멈출
수 없다. 우리가 누구이며 어디에 있는가는 동시대성에 대한 질문과 다르
지 않다. 그렇기에 아무것도 보장되지 않고 실패할 수 있음을 알면서도
우리는 이들의 어깨를 딛고 동시대성을 계속 탐색할 수밖에 없다.

---

110 Hal Foster, *Bad New Days: Art, Criticism, Emergency*, Verso, 2015; Hal Foster, *What Comes after Face?*, Verso, 2020.

111 Hal Foster, *Fail Better: Reckoning with Artists and critics*, MIT Press, 2025.

니코 바움바흐, 데이먼 영, 제네비브 유에. 「다시 보는 포스트모더니즘: 프레드릭 제임슨 인터뷰」. 『문학과 사회』 35(2). 박진철 역. 문학과 지성사, 2022.

니콜라 부리오. 『래디컨트』. 박정애 역. 미진사, 2013.

니콜라 부리오, 이용우. 「특별 대담: 알터모던에 대한 이해와 오해」. 『Noon』 1, 2009.

문혜진. 「메타모던, 깊이감, 동시대 미술의 느낌의 구조」. 『퍼블릭아트』, 2023년 2월호.

박상기. 「호미 바바의 포스트모더니즘 비판」. 『영어영문학』 46(2), 2000.

발터 벤야민. 「역사의 개념에 대하여」. 『발터 벤야민 선집 5』. 최성만 역. 도서출판 길, 2009.

브루노 라투르. 『우리는 결코 근대인이었던 적이 없다』. 홍철기 역. 갈무리, 2009.

임경규. 「프레드릭 제임슨의 『포스트모더니즘』의 현재적 가치: 유토피아적 사유의 복원을 위하여」. 『영어권문화연구』 14(1). 동국대학교 영어권문화연구소, 2021.

임마누엘 칸트. 「세계 시민적 관점에서 본 보편사의 이념」. 『칸트의 역사철학』. 이한구 편역. 서광사, 2009.

클레어 비숍. 『래디컬 뮤지엄』. 구정연 외 역. 현실문화, 2016.

테리 스미스. 『컨템포러리 아트란 무엇인가』. 김경운 역. 마로니에북스, 2013.

프레드릭 제임슨. 『단일한 근대성』. 황정아 역. 창비, 2020.

핼 포스터. 「모형의 세계」. 『소극 다음은 무엇? 결괴의 시대, 미술과 비평』. 조주연 역. 워크룸프레스, 2022.

핼 포스터 외. 「컨템포러리 아트에 대한 답변들」. 문혜진 역. 『아트인컬처』, 2013년 1월호.

호미 바바. 『문화의 위치』. 나병철 역. 소명출판, 2002.

Agamben, Giorgio. "What is the Contemporary?," *What is an Apparatus? and Other Essays*, Stanford University Press, 2009.

Akker, Robin van den and Timotheus Vermeulen, "Periodising the 2000s, or, the Emergence of Metamodernism," *Metamodernism: Historicity, Affect and Depth After Postmodernism*, Robin van den Akker, Alison Gibbons and Timotheus Vermeulen (eds.), Rowman & Littlefield International Ltd., 2017.

Aranda, Julieta. and Brian Kuan Wood, Anton Vidokle, "What is Contemporary Art?," *e-flux journal*, issue #11, 2009.

Bauman, Zygmunt. *Modernity and Ambivalence*, Polity Press, 1991.

Baumbach, Nico and Damon R. Young, Genevieve Yue, "Revisiting Postmodernism: An Interview with Fredric Jameson (June 2016)," *Social Text* 127, 34(2), 2016.

Baum, Kelly. "Response to questionnaire on 'The Contemporary," *October* 130, 2009.

Bourriaud, Nicolas. *Relational Aesthetics*, translated by Simon Pleasance, Fronza Woods, les presses du réel, 2002.

_____. *The Radicant*, Sternberg Press, 2009.

_____. "Altermodern," *Altermodern: Tate Triennial*, Nicolas Bouriaud (ed.), London: Tate, 2009.

Cunningham, David. "Returns of the Modern," *journal of visual culture*, 9(1), 2009.

Enwezor, Okwui. "The Black Box," *Introduction to Documenta 11_Platform 5: Exhibition*, Hatje Cantz, 2002.

_____. "Modernity and Postcolonial Ambivalence," *Altermodern: Tate Triennial*, Nicolas Bouriaud (ed.), London: Tate, 2009.

Foster, Hal. "An Archival Impulse," *October*, vol. 110, 2004.

_____. "Contemporary Extracts," *e-flux journal*, issue #12, 2010.

_____. *Bad New Days: Art, Criticism, Emergency*, Verso, 2015.

_____. "Model Worlds," *What Comes after Face?*, Verso, 2020.

_____. *Fail Better: Reckoning with Artists and critics*, MIT Press, 2025.

Foster, Hal. et al., "Questionnaire on 'The Contemporary'," *October* 130, 2009.

Groys, Boris. "Comrades of Time," *Going Public*, Sternberg Press, 2010.

Heiser, Jörg. "Tate Triennial 2009," *Frieze*, Issue 122, 2009.

Huyssen, Andreas. *After the Great Divide: Modernism, Mass Culture, Postmodernism*, Indiana University Press, 1987.

_____. "Modernity as Antiquity: A Category Mistake," in *Brumaria 9: Modernity? Life!*, 2007.

Jameson, Fredric. "Postmodernism, or The Cultural Logic of Late Capitalism," *New Left Review*, I/146, July–August, 1984.

Osborne, Peter. "The Fiction of the Contemporary," *Anywhere or Not At All: Philosophy of Contemporary*, Verso, 2013.

Perez, Carlota. "The Double Bubble at the Turn of the Century: Technological Roots and Structural Implications," *Cambridge Journal of Economics* 22, 2009.

Schmitz, Edgar. "Tate Triennial 2009," *ARTFORUM*, vol. 47. no. 9. 2009.

Smith, Terry. *What is Contemporary Art?*, Chicago University Press, 2009.

Todd, Antony. "Blue Velvet: post-modernism and authorship," *Authorship and the Films of David Lynch: Aesthetic Receptions in Contemporary Hollywood*, I. B. Tauris, 2012.

Vermeulen, Timotheus. "The New 'Depthiness'," *e-flux journal* #61, 2015.

Vermeulen, Timotheus and Robin van den Akker, "Notes on metamodernism," *Journal of Aesthetics & Culture*, vol. 2, 2010.

_____, "Notes on metamodernism,"(2010) *Supplanting The Postmodern*, David Rudrum and Nicholas Stavris (ed.), Bloomsbury Publishing, 2015.

Williams, Raymond. "Film and the Dramatic Tradition"(1954), In *The Raymond Williams Reader*, John Higgins (ed.), Blackwell Publishers, 2001.

_____. *Marxism and Literature*, Oxford University Press, 1977.

https://www.britishfilm.org.uk/lynch/blue_velvet.html

https://www.documenta.de/en/retrospective/documenta11

https://www.e-flux.com/journal/11/

https://www.e-flux.com/journal/12/

https://www.e-flux.com/journal/61/61000/the-new-depthiness/

https://www.frieze.com/article/tate-triennial-2009-0

https://www.metamodernism.com/

https://www.metamute.org/editorial/articles/altermodern-movement-or-
    marketing#

https://www.tate.org.uk/altermodern/explore.shtm#

www.tate.org.uk/britan/exhibitions/altermodern/manifesto

IV

현장에서

문학하기*

노태훈
문학평론가

* 　논의 중 일부는 필자의 『현장비평』(민음사, 2023)에서 언급되었던 것이며, 이 글은 이후의
　맥락을 반영한 보완적 성격이다.

1
문학을
한다는 것

> 「지각과 영원」에는 나의 친구가 등장하고, 친구는 실명을 밝히고 싶지 않아 했고 나는 실명을 쓰기를 원했기 때문에 그 시는 공개적으로 발표할 수 없게 되었다.
>
> 차도하, 「지각과 영원2」 중에서[1]

　　예술을 설명하는 것은 가능할까. 이 세계의 모든 것이 예술이 될 수 있다면 일부 미학자들의 논의처럼 예술은 그저 열린 개념이 되는 것일까. 또는 모든 것이 예술이 될 수 없을뿐더러 예술의 형식과 조건에 따라 그것을 분류할 수 있다면 예술은 닫힌 개념이라고 할 수도 있을까. 오늘날 이토록 다양한 예술이 범람하는 다원주의의 시대에, 그럼에도 예술을 예술일 수 있도록 하는 힘은 어디에서 오는 것일까. 이 질문들에 아서 단토는 "**예술로서 존재한다**는 것과 어떤 것이 **예술임**을 안다는 것

1　차도하, 『미래의 손』, 봄날의책, 2024, 134쪽.

은 다르다"고 서술한 바 있다.[2] 우리는 어떻게 '예술임'을 알게 되는 것일까. 예술은 결국 수용자의 몫일까.

예술이 인간에 의해 이루어지는 행위임을 우선 전제했을 때 첫째로 부딪히는 문제는 예술이 '노동'인가 하는 것이다. 노동은 일반적으로 사회적 가치를 창출하는 모든 행위를 가리킨다. 자본주의 사회에서 그 가치는 '화폐'의 단위로 결정되며, 그 교환 속에서 '예술' 역시 유통된다. 하지만 전통적으로 "창조적 행위의 산물들은 특정한 가치를 갖지 않는, 절대적으로 비교 불가능하고 교환 불가능한 것으로 파악"되어왔다. 즉, "예술작품이나 이론적 담론은 문화와 세속적 공간 너머에 있는 숨겨진 현실을 재현한다는 믿음에서 연유"해 '가치화된 것'과 '세속적인 것'으로 구분되었다. 이러한 인식에 따르면 예술은 늘 현실과는 '다른' 무엇, 현실에서 얻을 수 없는 어떤 '깨달음', 현실을 넘어서는 '통찰' 같은 말들로 가치화된다. 그러나 보리스 그로이스가 지적하듯 예술의 문화경제학적 유통은 "둘 사이 경계의 지양이나 구분된 두 영역의 최종적 융합이 아니라 **교환을 통해서만** 이루어진다".[3] 요컨대 어제의 '고전적 예술'이 오늘날 '낡아빠진 키치(kitsch)'가 되는 것이다. 그리고 그것은 예술(가)의 지위가 곧 '거래'의 문제라는 사실에 다름 아니다.

오쓰카 에이지는 1980년대의 문화사회적 조건 속에서 집필한 『이야기 소비론』을 현시점에서 반성하면서 "나는 그때 '모든 사람이 이야기를 만드는 행위'를 '소비'가 아니라 '노동'으로 파악"했어야 한다고 말한다.[4] 인터넷 시대에 우리 모두 작가가 되었고, 그러한 글쓰기 행위는

---

2   아서 단토, 『무엇이 예술인가』, 김한영 역, 은행나무, 2015, 23쪽.

3   보리스 그로이스, 『새로움에 대하여』, 김남시 역, 현실문화, 2017, 177쪽. 강조는 필자.

4   오쓰카 에이지, 『감정화하는 사회』, 선정우 역, 리시올, 2020, 61쪽.

'무상 노동', '무형 노동', '감정 노동', '정보 노동'이며 이 플랫폼에서 우리는 노동을 착취당하고 있다는 것이다. 나아가 그는 "AI가 소설을 쓰고, 비평하고, 편집함으로써 작가도 비평가도 편집자도 '죽는다'. 그러면 '독자'는 남을까"라고 질문한다.[5] 포스트모던적 작가의 죽음이 아니라, 근대문학의 종언 같은 테제가 아니라 기계와 시스템으로 대체되는 미래를 상상하면서 그는 '산뜻하게' 문학이나 책에 관해 절망한다.

　　　예술의 노동을, 결국 '감정'의 노동을 예술가에게 요구할 필요가 없을 때 예술은 사라질 것이다(그리고 당연히 다른 무언가가 생겨날 것이다). 하지만 그 미래는 상상으로서만 '가능'하며 예술이 노동이라는 자명한 사실을 확인해줄 뿐이다. 늘 그렇듯 예술은 기본적인 생활을 영위할 수 없을 만큼 영세하고 고된 노동이며, 지금 여기에서 다룰 '문학'은 더욱 그러하다. 전기수(傳奇叟)가 들려주던 이야기의 "다음 대목을 듣고 싶어서 앞다투어 돈을 던지"[6]던 19세기의 독자들은 2020년대인 지금도 여전히 있지만,[7] 제도권 순문학은 난감한 기분으로 이곳에 어정쩡하게 서 있다. 거의 '제 살 깎아 먹기'식의 구조를 가진 순문학의 유통 과정에서 창작자들은 상업적 이익에 대한 기대를 대체로 체념한다. 동시에 예술적 성취와 윤리적 엄정함에 대한 요구는 그 어떤 예술 장르보다 크다는 사실 역시 자각한다. 따라서 이 시대의 시인이나 소설가들은 상업성에 초연한 태도를 가지면서도 누구보다 적극적인 마케터가 되어야 한다. 그러지 못할 경우 손쉽게 외면받고, 잘할 경우 더 손쉽게 비난받는다.

5　같은 책, 280쪽.

6　조수삼, 『추재기이(秋齋紀異)』, 안대회 역, 한겨레출판, 2010, 121쪽.

7　현재 구전 서사 연행에 비견되는 웹소설의 시장 규모가 얼마나 거대한지에 관해서는 별도의 근거를 제시하지 않아도 될 정도다.

누군가의 말마따나 그것은 예술이라고 해서 특별할 것 없는, 이 시대를 살아가는 모든 노동자의 모습이다. 우리는 누구나 이 세계에서 비자발적 노동자로 스스로를 '팔면서' 살아간다. 다행히도 대부분 사람들은 이제 예술 역시 거래되는 상품이며 그것을 만들어내는 과정이 노동이라고 무리 없이 받아들이는 것 같다. 노동이 되지 않는, 노동이 될 수 없는 어떤 예술, 즉 구조와 시스템을 벗어나기를 시도하는 작업조차 '비노동'이라고 말할 수는 없을 것이다. 하지만 예술가가 노동자로서의 '권리'를 요구하는 것은 지나치다고 여기는 사람들이 있다. 헌법 제22조에 의하면 "모든 국민은 학문과 예술의 자유를 가"지며, "저작자·발명가·과학기술자와 예술가의 권리는 법률로써 보호한다"고 명시되어 있고 2011년 「예술인 복지법」이 제정되었지만 실효는 적고 오해는 크다.

「문화예술진흥법」 제2조 1항에 따르면 ""문화예술"이란 문학, 미술(응용미술을 포함한다), 음악, 무용, 연극, 영화, 연예(演藝), 국악, 사진, 건축, 어문(語文), 출판, 만화, 게임, 애니메이션 및 뮤지컬 등 지적, 정신적, 심미적 감상과 의미의 소통을 목적으로 개인이나 집단이 자신 또는 타인의 인상(印象), 견문, 경험 등을 바탕으로 수행한 창의적 표현활동과 그 결과물을 말한다"고 정의되어 있다. 또한 이른바 순수예술, 기초예술 분야를 거론할 때 문학은 빠지지 않고 1순위로 언급되며 예술 분야 중 유일하게 중등 교육과정의 핵심 교과 일부로 자리하고 있다. 문학이 어떻게 예술의 중심에 놓일 수 있었는지에 관한 역사적 맥락과 전개는 차치하더라도 두 가지 측면에서 그 이유를 추측해볼 수는 있을 것이다.

우선 예술의 도구가 의사소통의 기반이 되는 언어라는 점이 문학의 기원과 발달에 근본적인 조건으로 작동했음은 분명해 보인다. 최초의 예술 활동은 그림이었을 수도 있고, 가장 원시적인 예술은 몸짓(춤)이었을 수 있지만, 언어(문자)의 탄생은 비약적인 문학예술 발전의 토대가 되었다고 할 수 있다. 또한 인간의 지식과 사상을 전달하고 유통하는 경로가 언어라는 점에도 그 이유가 있다. 예술의 도구와 사유의 도구가 일치할 때 그 예술 분야가 갖는 특권이란 무시할 수 없다. 이런 측면에서 문학은 상당한 권위를 누리며 인류의 역사에서 존속해왔고, 한국문학의 맥락에서도 크게 다르지는 않다.

　　한국문학의 장은 이러한 문학사적 기반 위에서 형성되어왔고, 그 제도적 기원이나 구조적 특징에 관해서도 적지 않은 논의가 있어왔다. 특히 20세기 한국 근대문학의 전개 과정과 이를 뒷받침한 문학 제반의 다양한 형식은 어느 정도 그 실상이 밝혀져 있다고 봐도 좋을 것이다. 따라서 지금 한국문학의 현장에 관해 이야기하려면 한국 근현대 문학사를 일별하는 것이 반드시 필요하겠지만, 이 글에서 할 수 있는 일은 아니다. 다만 현재 우리가 경험하고 있는 한국문학의 장이 상당한 역사적 특수성 위에 펼쳐져 있다는 점은 염두에 두어야 한다. 무엇보다 '문단'이라는 말이 한국문학이라는 독특한 현장을 고스란히 담고 있는 개념이기도 하기 때문이다. 그 기원에서부터 함의에 이르기까지 문단에 관한 의견은 분분하겠지만, 그것이 오랫동안 또 여전히 한국문학의 현장을 지칭하고 있다는 점은 분명하다.

2
한국문학이라는
제도

공간적 의미의 장(場)을 구조적 체계로 이해하고 각각의 영역이 갖는 장의 일반적 법칙을 추론한 부르디외의 작업을 떠올려보자. 그가 사회학적 관점에서 예술의 장을 들여다본 것은 문화자본을 토대로 한 계급적 '구별'의 양상을 면밀히 살피고자 한 것이었지만, 근본적으로는 장의 핵심이 '수용'에 있었다는 점을 강조한 것이라 하지 않을 수 없다. 지배계급/중간계급/민중계급으로 수용자를 구분해 설문조사를 실시하고 그 통계를 바탕으로 취향과 생활의 관계를 논구할 때 그것은 예술작품의 '생산'과는 무관하다.

흔히 '예술의 현장'이라 지칭하는 경우 가장 손쉽게 떠오르는 것은 예술작품의 제작 현장이다. 작가에 의해 작품이 만들어지고 있는 시간과 공간은 당연하게도 예술이 탄생하는 순간이 아닐 수 없을 것이다. 그러나 예술의 현장은 생산만으로 완성되지 않는다. 부르디외가 지적한 바 다른 상품 시장과 마찬가지로 예술 역시 공급과 수요가 일치하게 되는

미학이 필요한 순간: 문학과 미술의 동시대적 모색

것은 단순한 소비의 결과도, 의식적인 생산자의 노력도 아니다.[8] 생산의 장과 소비의 장이 독립적으로 작동해 '조화'를 이룬 결과다. 다시 말해 내가 가진 예술적 취향과 욕구에 의해 무언가가 생산되는 것이 아니라 이미 생산되어 있는 다양한 예술작품 속에서 자신의 소비 취향을 선택하게 되는 것이다. 부르디외는 물론 이를 작동시키는 동력이 계급적 구별이라 분석하지만, 결과적으로 이러한 선택은 문화의 '위치'를 지정하게 한다.

　　이러한 장의 역학에 있어 가장 확연한 사례는 연극이다. 부르디외는 연극이 생산자들(제작, 연출, 작가, 배우 등)의 공간, 비평가들(신문이나 잡지 등의 지면)의 공간, 관객과 독자들(지배계급)의 공간으로 완벽한 상응 관계를 이루고 있다고 서술한다. 예술의 제작과 상연, 향유가 같은 공간에서 이루어지는 연극의 사례에서 부르디외는 역설적으로 바로 그 속성 때문에 '계산'이나 '의도'가 작동할 수 없다고 설명한다. 하나의 작품이 수용되는 양상은 그 예술의 장에 의한 "구조적-기능적 상동성의 결과"라는 것이다.[9] 생산과 유통, 그리고 수용의 구조와 기능, 즉 작동 방식이 동일하다는 것은 필연적으로 분류, 위계화, 구별, 투쟁이 장 내부에서 일어나게 됨을 의미한다.

　　생산자들은, 오직 특수한 이해관심만이 핵심적인 쟁점이 되어 있다고 확신하거나 아니면 그와 반대로 전적으로 무관심한 채 자신들이 장기간 또는 단기간에 걸쳐 특정한 대중을 위해 수행하는 역할에 대해 전혀 의식하지 못한 채, 그러면서도 특정한 계급이나 계급분파의 기대에 대한 반응을 한순간도 멈추지 못한 채, 다른 생산

8　피에르 부르디외, 『구별짓기: 문화와 취향의 사회학』, 최종철 역, 새물결, 2006, 414쪽.

9　같은 책, 425쪽.

자들과의 내부투쟁에 연루되어 헤어나오지 못할 수도 있다.[10]

그러므로 장은 끊임없이 그 특유의 방식으로 역동성을 띠고 변화한다. 더욱이 구조화되어 있는 예술의 장은 — 그것이 더 구조화될수록 — 계속해서 내부로 침잠하고 이른바 '선택적 친화'를 감행한다. 취향과 계급은 마치 사회적 관계 속 인간의 결합이 그러하듯 예술 내부에서도 '행복한 우연'을 가장해 문화적 '아비투스'로 작동하게 되는데, 이러한 부르디외의 논의를 1970년대 프랑스에서 2020년대의 한국문학 장으로 옮겨와본다.

첫째로 문학의 '생산'이다. 문학은 누가 어디에서 만들어내는가. 한 사람의 창작자가 자신의 작품을 써 내려가는 과정, 그 시공간을 문학의 현장이라 부를 수 있을까. 문학작품의 생산에 관여하는 무수한 맥락을 현장이라는 이름으로 명명하지 않을 이유가 있을까. 작품을 만들어내는 작가의 흔적 — 노트나 펜 같은 도구로부터 작업실이나 취재, 조사한 자료에 이르기까지 — 은 그저 문학관에서나 전시해두어야 할 목록일까. 문학작품의 생산물이 책이라는 물성을 가질 때 비로소 현장이라는 개념을 적용할 수 있다면 책이 되지 못하고 실패한 경우에 문학의 현장은 존재할 수 없는 것일까.

일상과 예술이 통합되어 있던 과거로부터 그것이 분리되어온 과정이 예술사의 전개라고 할 때 생산의 측면에서 이는 확연하게 증명된다. 고대의 동굴 벽화와 현대의 회화 사이에는 명백한 유사성이 있지만, 동시에 분명한 비유사성도 존재한다. 래리 샤이너는 광범위하고 오래된 예술(art) 개념과 "하나의 사회적 혹은 문화적 복합체"로서 출현한 순수예

---

10 같은 책, 421쪽.

미학이 필요한 순간: 문학과 미술의 동시대적 모색

술(Art)을 구별하고 규범이나 관행, 제도가 결합된 예술의 '발명'을 논한 바 있다.[11] 이에 따르면 작품 생산의 현장은 본질적으로 다르게 구획된다. 자신이 예술의 창작자임을 인지하고 어떤 예술 장르의 작품을 만들어내는지 자각한 상태에서 그 유통과 수용을 전제한 생산은 동굴에 벽화를 그리는 행위와는 비교할 수 없다. 그러나 작품의 생산을 둘러싼 시간과 공간은 어떨까. 문학의 사례로 보자면 놀랍게도 전혀 차이가 없다. 작가는 어딘가에서 시간을 들여 언어로 구성된 작품을 만들어내고 그것은 어두컴컴한 동굴 안일 수도, 하얗게 빛나는 모니터 앞일 수도 있다.

　　문학 생산의 현장이 의미가 있다면 그것은 박물관에 수집된 작품 제작의 흔적들이 아니라 일상과 결합된 예술의 형태로부터 기인하는 것이다. 포스트모더니즘을 위시한 21세기의 문화 예술은 그간 발명된 예술의 제도로부터 벗어나려 했고 이것은 일상과 새로운 방식의 재결합을 통해 다시 발명되고 있다. 2025년 한국문학의 생산 현장 역시 기존의 문학적 전통과는 비교할 수 없을 정도로 달라졌고 또 복잡해졌다. 실험적으로 즉석에서 작품을 만들어내기도 하고 작업 과정을 실시간으로 공유하면서 그것 자체가 문학작품이 되는 방식으로도 문학의 현장은 발명된다. 가장 순수하고 단순한 형태의 예술이라 여겨지는, 즉 그저 말하고 쓰는 행위로도 충분한 문학의 예술적 조건과는 무관하게 혹은 어쩌면 그렇기 때문에 문학 생산의 현장은 '재발견'될 수 있다.

　　문학은 예술 활동을 통한 수입이 가장 적은 축에 속하지만,[12] 여

11　래리 샤이너, 『순수 예술의 발명』, 조주연 역, 바다출판사, 2023, 19-20쪽.

12　가장 최근의 문학 관련 실태조사에 따르면 문학 분야의 경우 월 100만 원 미만의 소득 응답 비율이 32.5%로 가장 높았다. 예년에 비해 수입이 줄었다는 응답 비율도 높았으며 문학 창작 활동 이외의 경제활동을 병행하는 비중도 59.8%였다(『2024년 문학실태조사』, 문화체육관광부, 2024). 또한 2025년 한국문화예술위원회 '원고료 평균 지급단가 기준 가이드라

타의 예술 분야와는 비교할 수 없을 정도로 투입 비용이 적다. 따라서 부르디외가 언급했듯 문학 내부의 담론적 흐름 같은 특수한 쟁점만이 핵심이라고 확신하거나 아예 그것과 무관하게 자기 작업에 몰두하거나, 혹은 특정 집단에 매몰되는 경우 문학 장의 생산자들은 "다른 생산자들과의 내부투쟁에 연루되어 헤어나오지 못할 수도 있다." 실패와 손실의 위험성이 적은 문학 장르가 때때로 역설적이게도 매우 폐쇄적이고 배타적으로 작동하는 것은 바로 그러한 이유에서 기인하는 것일지도 모른다. 한국문학의 여러 구조적 문제가 심화되는 것 역시 문학 생산의 특수성을 배제할 수 없을 것이다. 문학은 지극히 개인적인 생산물에 가깝지만, 한국문학의 구조는 거의 집단적 승인을 전제로 하기 때문이다.

흔히 예술가는 다른 전문직 종사자들이 공식적이고 제도적인 환경 안에서 활동하는 것과 달리 대부분 그러한 환경 바깥에 있다고 여겨진다. 예술가들이 임금 노동자로서 생활할 수 있는 제도적 여건이 거의 갖춰져 있지 못하기 때문일 것이다. 아주 극소수의 예술가만이 자신의 전문성을 통해 안정적인 지위를 확보할 수 있고, 바로 그 이유로 인해 많은 문제가 파생되기도 한다.[13] 그런데 문학의 경우 더 중요한 것은 예술 활동

인'은 다음과 같다.

분야	기준분량	평균 금액(원)
시	편당	89,212
동시		85,201
시조		68,868
동화	1매당	9,802
소설		11,820
비평/평론		10,183
에세이		11,679

13 권범철은 이러한 예술가의 제도적 배제가 필연적으로 네트워크 형성을 가져온다고 말한다. 특히 그것이 공적인 예술 지원 제도와 결합하면서 비공식적 네트워크 기반의 예술 활동

을 시작하는 단계에서 제도적 증명을 획득해야 한다는 점에 있다. 이를테면 어떤 창작자가 자신이 쓴 소설로 작가 활동을 시작하려고 할 때 어떤 경로를 거쳐야 할까. 일반적인 경우라면 아마도 자신이 쓴 원고를 출판사에 투고해 출간 여부를 검토해달라고 할 것이다. 어떤 원고가 무수한 거절 끝에 겨우 출간되어 엄청난 주목을 받았다는 식의 서사는 해외 출판계에서는 흔하다. 한국에서도 『82년생 김지영』 같은 사례가 있기는 해서 투고작으로 검토되었던 그 원고는 편집자의 혜안을 거쳐 대형 베스트셀러가 되었다. 그러나 한국문학의 시스템에서 그런 일은 좀처럼 일어나지 않는다. 아마 작가도, 편집자도 투고가 아니라 공모전을 통한 문학상 수상을 도모하려 할 것이다.

여기에서 '등단'이라는 말을 꺼내지 않을 수 없다.[14] 요즘은 대부분의 문학 창작자들이 사용하기를 꺼리는 이 말은 문학 장에 데뷔하여

과 정부 정책의 공적 용역의 성격을 지닌 예술 활동이 기묘하게 공존하는 풍경이 만들어진다고 설명한다. 그가 분석하는 도시 예술가들의 공동체 스콰(squat)은 한국문학의 사례와 일치하지는 않겠지만, 여러모로 지금 한국의 문학 창작자들이 처해 있는 상황을 자주 떠올리게 만든다. 권범철, 『예술과 공통장』, 갈무리, 2024, 10-11쪽.

14 2024년 노벨문학상 수상자 한강 작가를 소개하는 노벨상 위원회의 멘트에는 이런 대목이 있다. "Han Kang began her career in 1993 with the publication of a number of poems in the magazine 문학과사회("Literature and Society"). Her prose debut came in 1995 with the short story collection 여수의 사랑("Love of Yeosu"), followed soon afterwards by several other prose works, both novels and short stories." 한강 작가가 『문학과사회』에 시를 발표하면서 작품 활동을 시작했다는 정보를 자세히(?) 제공한 것과 달리 1994년 서울신문 신춘문예에 소설이 당선되었다는 점은 생략되어 있다. 한강 작가의 영문 홈페이지나 한국문학번역원이 관여한 위키피디아 페이지에는 이것이 "She began her career as a novelist the next year by winning the 1994 Seoul Shinmun Spring Literary Contest with "Red Anchor""의 형태로 표기되어 있다는 점을 고려하면 아마도 한국에서의 작가 소개에서는 웬만해서는 생략될 수 없을 '등단'의 정보가 해외 심사위원의 눈에는 그다지 비중 있게 여겨지지 않았을지도 모른다는 흥미로운 추론을 해볼 수도 있겠다. https://www.nobelprize.org/prizes/literature/2024/bio-bibliography; https://han-kang.net/Biography; https://en.wikipedia.org/wiki/Han_Kang(검색일: 2025.02.10)

작품 활동을 시작했다는 단순한 뜻이지만, 어떤 제도를 통과했다는 함의를 강하게 갖는다. 등단했다는, 즉 어떤 형태의 승인을 거쳐 작가가 되었다는 것은 그 제도 바깥의 수많은 창작자를 '미등단자'로 만든다. 그리고 끝내 등단하지 못한 창작자는 작가로 추인받지 못하고 문단의 안쪽으로 들어올 수 없게 된다. 21세기 이후 한국문학 장의 가장 중요한 구조적 갈등 중 하나는 등단과 비등단의 경계를 해체하는 것이기도 했다.

　　　　1910년을 전후해 신문이나 잡지 등 근대 매체의 '현상문예'로부터 시작된 문학의 등단 제도는 동인지 체제의 추천이나 투고 등을 거쳐 '신춘문예'라는 이름으로 자리를 잡는다.[15] 이 제도를 시작했던 일본의 경우 그 영향력이나 규모가 매우 축소되었지만, 한국의 경우 여전히 그 명맥을 공고히 유지해오고 있다. 매년 12월 분야별로 공모해 1월 1일자 신문에 그 결과를 발표하는 신춘문예는 30여 개 이상의 언론사가 시행하고 있으며,[16] 매년 응모자가 늘고 있는 추세이기도 하다.[17] 여기에 더해 문예지를 통한 등단 제도 역시 적지 않게 시행되고 있다. 월간『현대문학』의 경우 1955년부터 신인추천제도를 운영해오고 있고, 현재 발간되고 있는 거의 모든 문예지에서 신인상을 시행하고 있다. 그렇게 보면 매년 상당한 수의 창작자들이 공인된 루트를 통해 작가로서 승인을 받고 활동을 시작하는 셈이다. 그렇게 보면 한국문학 생산의 현장은 언론과 잡지가 주도하는 미디어에 자리하고 있다.

15 　분야별로 상금을 내걸고 진행한 본격적인 신춘문예는 1925년 동아일보로 여겨진다.

16 　주요 일간지 중 한겨레신문이 신춘문예 제도를 실시하지 않고 있고, 중앙일보의 경우 2020년을 끝으로 폐지했다.

17 　2025년 기준 주요 일간지에 투고된 시, 소설 작품 편수는 아래와 같다. 대체로 시는 3편 이상을 요구하며 소설도 다수의 작품을 보내는 경우가 있다. 또 원칙적으로 별개의 작품은 중복 투고가 가능하다는 점도 고려해야 한다.

어떤 예술 제도가 더 공정하고 효율적이냐의 문제는 사실 따지기 어려운 문제다. 신춘문예의 경우 심사의 불공정성이나 '신춘문예형' 작품의 양산 같은 문제가 대두되기도 했으나 그것이 해외의 작품 발표 과정과 비교해 완전히 불합리하다고 보기는 어렵고 한국적인 맥락에서 용인될 수 있는 지점도 있기 때문이다.[18] 따라서 더 중요한 것은 단지 작가로 승인받는 절차에 관한 것만이 아니라 이 제도가 다른 문학적 구조와 어떻게 밀접하게 연관되어 있느냐는 것이다. 물론 오로지 등단만이 작가로서의 활동을 시작할 수 있는 길은 아니다. 그럼에도 문학 생산의 현장에서 등단을 언급하지 않을 수 없는 것은 이것이 문학 장의 핵심 현장과 매우 밀접하게 연결되어 있기 때문이다. 작가로서의 데뷔 기회를 제공하는 것은 신춘문예를 운영하는 언론사, 신인상을 운영하는 출판사이고 그 과정을 심사하는 것은 문학평론가와 기성 시인, 소설가들이며 상당수가 대학의 교원이다. 게다가 등단은 누군가가 스스로를 예술가로서 증명하는 자격이 되기도 한다. 지금은 요건이 완화되었지만, 한국문화예술위원회 및 한국예술인복지재단의 각종 지원 사업의 수혜를 입기 위해서는 등

구분	시	소설
경향신문	3,620	707
동아일보	5,404	1,042(중편: 358 단편: 684)
문화일보	4,088	699
서울신문	4,099	680
세계일보	2,808	635
조선일보	4,689	590
한국일보	4,540	751
계	29,248	5,104

18 한국문학의 유일무이한 문학적 시스템을 문(文)에 대한 전통적인 숭상, 조선 시대 과거제도와 연결하는 것까지는 다소 무리일 수 있지만 적어도 '입시-공채' 시스템에서 안정감을 느끼는 대중 감각과는 무관하지 않은 듯하다. 이에 관해서는 장강명, 『당선, 합격, 계급』, 민음사, 2018, 18쪽.

단을 통해 자신이 예술가임을 '증빙'했어야 했다. 즉 작가의 등단 과정에는 언론, 출판, 대학, 공공기관 등이 직간접적으로 관여하고 있다는 의미다. 말할 것도 없이 문화·학력·계급·사회 자본이 긴밀하게 결합되어 있는 부르디외적 장의 명백한 예시다.

둘째로 문학의 '유통'이다. 현대의 예술작품은 생산과 동시에 유통된다. 아니, 정확히 말하면 유통하기 위해 생산된다. 그런데 전시나 상연(영)처럼 시공간적 점유를 전제로 한 현장성의 유통과 달리 문학은 다소 까다로운 특징을 지닌다. 문학 유통의 현장은 언제, 어디에서 이루어질까. 단행본으로 제작된 상품으로서의 책이 거래되는 서점을 우선 떠올릴 수 있겠다. 또는 도서관을 비롯해 문학작품을 향유할 수 있는 몇몇 공간을 함께 고려할 수도 있을 것이다. 다소 예외적이지만 개인적·집단적 자체 판매, 각종 문학 행사의 부스, 나아가 지하철 역사에 전시되어 있는 시도 문학 유통의 현장이 아닐 수 없을 것이다. 그런데 문학 유통의 문제는 그것이 수용의 현장과 분리되어 있다는 점이다. 대체로 시각·공연 예술은 유통의 현장과 수용의 현장이 일치한다. 영화의 사례를 들자면 유통, 즉 극장에서의 판매는 곧바로 해당 작품의 관람으로 이어진다. 하지만 문학의 경우 몇몇 특수한 경우를 제외하면 유통의 현장과 수용의 현장은 별개로 이루어진다.

이러한 문학적 유통의 특수성 때문에 한국문학의 장에서는 유통을 위한 수용이 선제적으로 이루어진다. 한국의 문예지가 단행본으로 발간되기 전의 작품들을 매우 체계적인 방식으로 게재하는 것은 상품으로서의 문학을 예비하는 과정이다. 문학 잡지를 통해 창작자들이 작품 발표의 기회를 얻으며, 현장의 독자를 만나는 과정은 동시에 좁은 의미로서의 비평적 독해와 병행된다. 현장성을 강하게 띤 '신작'을 극소수의 평단이 수용함으로써 본격적인 유통을 준비하는 것이다.

미학이 필요한 순간: 문학과 미술의 동시대적 모색

한국문화예술위원회가 매년 한국의 문화예술 분야별 현황을 수집·기록·분석하는 『문예연감 2024』를 보면 2023년 국내에서 발간된 문예지는 총 712종이다. 해마다 조금씩 다르기는 하지만, 700종을 넘나드는 이 문학 잡지들이 하는 일은 시장 논리에 전혀 부합하지 않는다. 상품으로서의 문학이 유통되기 위한 기본적인 체계조차 갖추지 않은 이곳에 그럼에도 불구하고 수많은 창작자들이 작품을 발표한다. 그런 의미에서 문예지는 유통이 아니라 앞서 살펴본 문학 생산의 현장에 오히려 가까울지도 모르겠다. 문학이 가지는 독특한 지위, 즉 생산과 유통에 있어 매우 낮은 비용이 투입된다는 점은 이러한 비상업적 유통에 바탕으로 기능하며, 읽는 일보다 쓰는 일에 골몰할 수 있는 훌륭한 조건이 된다. 여타 장르의 '애호가'들이 그 예술의 생산자로 뛰어드는 일은 매우 드물지만 문학의 경우 그런 일은 비일비재하고, 많은 창작자들이 누군가의 호응을 기대하지 않은 채로 '그저' 쓴다. 예술을 향유하는 가장 훌륭한 방식 중 하나가 직접 그 예술을 창작하는 것이라면 문학은 그 대표적인 사례일 것이고 그 자체로 현장성을 띤다고 할 수 있을 것이다.

그런데 문예지 혹은 나아가 언론사, 출판사 등이 문학의 상업적 유통을 추구하지 않는 것은 아니다. 대표적인 것이 문학상이다. 부르디외는 몇 가지 질문, 즉 문학 단행본을 최근 구매한 일이 있는지, 문학상 수상작을 구매한 일이 있는지, 문학상의 심사나 결과에 대해 수긍하는지 등에 관하여 직종(계급)별로 설문을 실시했고 이를 통해 '인지'와 '승인'의 격차를 언급한 바 있다. 간단히 말하자면 문학상에 대해 잘 알고 있는 경우 그 상의 권위를 선뜻 승인하지 않고, 문학상에 관해 모를 경우 그 상의 권위를 대체로 수용한다는 것이다.[19]

---

19 부르디외는 이를 바탕으로 자신이 주안점을 두고 있는 '중간계급'의 독특한 문화적 선의

한강 작가의 노벨문학상 수상을 계기로 작가의 작품들이 상상할 수 없었던 숫자로 팔려나갔는데,[20] 이런 예외적인 상황은 차치하더라도 문학상은 한국문학의 유통 상당수를 책임지고 있는 구조의 일부다. 국내에서 시행 중인 문학상은 『문예연감 2024』를 통해 조사된 것만 367개에 이르고, 문학상 수상작의 이름으로 판매되는 단행본 역시 적지 않다. 인지와 승인을 통해 문학작품이 유통되는 것이다. 그렇다면 문학의 유통에서 문학상이 진행되는 과정, 이를테면 작품의 심사라든가 시상식 같은 것은 문학의 현장이라고 이름 붙일 수 있을까. 이례적으로 생중계되었던 한강 작가의 노벨문학상 수여식, 그리고 '노벨 주간(Novel Week)'이 열린 스톡홀름은 그야말로 세계문학의 현장일까.

수많은 인파가 방문해서 화제가 되었던 작년 서울국제도서전의 열기를 떠올려보자.[21] 다양한 출판사의 부스가 차려지고 관람객이 책을 매개로 여러 경험을 할 수 있었던 그곳을 문학의 현장이라 부르지 못할 이유는 없을 것이다. 하지만 이곳은 엄밀히 말하면 책의 수용, 다시 말해 독서가 이루어지는 장소가 아니다. 문학의 현장이 단순한 교류나 만남 혹은 소개나 홍보를 넘어 작품을 매개로 각각의 문학 주체들에게 의미 있는 공간이 되려면 더 큰 고민이 필요할 수밖에 없다. 흥미로운 도서 관련 프로그램들만으로 결국 해결할 수 없는 것은 책을 '읽게 만드는 일'이다.

(善意)에 관해 논지를 전개해나가는데, 거기까지 소개할 필요는 없을 듯하다. 피에르 부르디외, 앞의 책, 584-599쪽.

20 한 기사에 따르면 노벨상 수상 이후 판매된 수량만 대략 집계해도 400만 부에 가깝다고 한다. "한국 첫 노벨문학상, 뜨겁게 화답한 독자들", 『중앙일보』, 2024.12.28. https://www.joongang.co.kr/article/25303440(검색일: 2025.02.10)

21 "책은 죽었다고? … 서울국제도서전 'n차 관람' 15만 인파 몰렸다", 『한겨레신문』, 2024.07.01. https://www.hani.co.kr/arti/culture/culture_general/1147257.html(검색일: 2025.02.10)

마지막으로 문학의 '수용'이다. 문학의 현장은 결국 수용자인 독자에게 그 핵심이 달려 있다. 문학에 현장성이라는 가치를 부여할 수 있다면 그것은 작품이 읽히고 공유되는 순간이다. 작가와 작품, 그리고 독자가 만나는 곳만을 현장이라 칭한다면 사실 그것은 아주 왜소해질 것이다. 여타의 모든 예술 장르와 마찬가지로 문학의 생산자는 작품의 유통과 수용에 있어 결국 철저하게 보조적인 존재로 남게 된다. 작가의 강연, 낭독회, 사인회 등이 지금 이야기하고 있는 문학의 현장이 될 수 없는 이유다. 문학에서 현장은 사후적 개념이 될 수밖에 없다. 문학의 수용 이후, 작품의 감상 이후에 현장이 만들어진다고 할 때 작가와 작품은 필요 조건이 될 뿐, 현장의 주체는 오로지 독자의 행위에 달려 있다. 그런데 또 단순히 읽는 것만으로 현장성이 생겨나지는 않아서 이를테면 도서관을 두고 문학의 현장이라 명명하기는 다소 어렵다는 점을 인식하지 않을 수 없다.

핵심은 문학작품을 읽고 나서 무언가를 한다는 점에 있다는 것이고, 이는 의심의 여지 없이 '비평'이다. 문학 비평이 가지는 독특한 속성, 즉 생산의 도구인 언어를 함께 쓴다는 것, 그리하여 문학의 하위 장르로 비평이 자리매김할 수 있다는 특수성이 결국 문학 현장의 특수성도 만들어내게 된다. 대부분의 시각·공연 예술이 현장성의 조건으로 작품 자체의 동시간적 수용을 전제로 하는 것과 달리 문학 장르는 작품의 개별적인 수용 '이후'에 방점이 찍혀 있다. 극단적으로 말하자면 한 시인이 자신의 시집 전체를 낭독하는 행사에 어떤 독자가 참여했다고 하더라도 그가 그 책을 '읽었다'고 할 수는 없다. 문학의 수용 행위가 갖는 도저한 개별성과 특수성은 문학의 현장을 근본적으로 고민하게 만드는 이유가 된다.

요컨대 문학의 현장에서 작품의 수용 양상이나 과정, 즉 독서 행위마저 현장성을 만들어내지는 못한다는 것이다. 최근의 한국문학 논의에서 여러 차례 '독자'가 소환되어왔지만, 그것이 대체로 비평적 '상상'의 형태로 이루어졌다는 지적들은 이런 차원에서 수긍할 만하다. 독자로부터 시작된 한국문학의 변화를 증명하기 위해 실제 독자의 목소리를 적극적으로 반영하거나 온라인 공간을 통해 '공론장'을 만들어가려는 노력 등은 문학 현장의 감각을 바꾸어보려는 중요한 시도라 생각된다. 그러나 여전히 이때의 독자란 자발적으로 목소리를 내는 일군의 주체를 가리키고, 그렇게 형성된 현장은 기존의 전통적인 형태와 크게 달라지지 않는다. 이른바 독서 커뮤니티라고 할 수 있을 독자 공동체 역시 작품에 대한 감상을 나눈다는 목적 이상의 지향점을 갖기는 어렵다. 곧 조금 더 자세히 언급하겠지만, 최근 몇 년간 활발하게 이루어졌던 다양한 독립문예지 ― 현재는 『베개』 정도만 남아 있는 ― 와 웹 플랫폼, 메일링 등의 시도도 상당 부분 축소된 상태다.

　　　　　　　미학이 필요한 순간: 문학과 미술의 동시대적 모색

3
순문학이라는
장르

　　한국문학을 일종의 제도로 볼 때 끊임없이 제기되는 문제가 순수문학·장르문학의 구도다. 많은 사람이 더 이상 그러한 구분이 유용하지 않고, 정확하지도 않으며, 불필요한 경계와 권위를 형성한다고 말한다. 물론 이제 어떤 사람들에게는 아직도 순수문학과 장르문학을 구분해서 말하는 일 자체가 불필요해 보일지 모르겠다. 영역을 나누고 경계를 짓고 그룹을 만드는 일은 문학이 할 일이 아니라고도 생각할 것이고, 언어로 표현된 모든 텍스트는 일종의 대문자 문학이라고 여길 수도 있으며, 문학이 아니라 '이야기'를 말하면서 매체의 차이를 무화시킬 수도 있을 것이다.

　　그러나 모든 예술의 첫 번째 인식은 장르다. 어떤 작품이 속한 문화적 체계를 인식하지 않고서는 하나의 작품을 이해할 수 없다. 위대한 작품은 늘 그 체계를 깨뜨리며 등장하는데 그것은 곧 예술의 체계, 즉 장르가 선행되어야만 가능한 일이다. 문학사 연구에서 장르론으로 한 획을 그은 폴 헤르나디(Paul Hernadi)는 자신의 저서 *Beyond Genre*(1972)에서 문학비평의 개념 중에서 장르의 개념만큼 '문학적'인 것은 없다고 말한 바 있다. 문학은 언어예술로서 미술이나 음악 등과 우선 구별되고 다시 운문, 산문, 희곡 또는 서정, 서사, 극 같은 방식으로 나뉠 수 있다. 다시 그 아래에는 시와 소설 같은 장르가 자리하고, 앞으로 계속 논의하게 될 소설 역시 무수한 이형(異形)을 갖고 있다. 이럴 때 근본적인 궁금증이 생기는 것은 자연스러운 일이다. 각자의 기준에 따라 유형을 나누고, 텍스트의 종류를 설정하는 일이 도대체 왜 필요할까.

폴 헤르나디의 답은 이렇다. 첫째, 텍스트 전체를 충분히 이해하지 못한 채 개별적 텍스트를 이해할 수 없다는 것이다. 그 반대도 물론 마찬가지인데, "한 텍스트에 대한 우리의 정확한 이해는 우리가 그 작품에 적용하는 '최후의 확고한 장르 개념'의 영향에서 이루어진다"[22]는 언급을 참조할 수 있다. 둘째, 문학작품을 읽어낼 때 장르의 관점을 피하는 일이 그렇지 않은 경우보다 훨씬 어렵기 때문이다. 문학은 다 문학이지 장르를 구분하고 유형화하는 일은 불필요하다고 생각하는 사람이 있다면, 그는 명백히 문학의 장르적 '유사성'을 인지하고 있는 것이라고 폴 헤르나디는 설명한다. 우리는 늘 작품 속에서 어떤 '유사성'을 찾으려고 하면서도 동시에 '의외성'을 발견하는 일에 환호하는데, 이 역시 장르적 관점이 전제되어야 가능한 일이다.

(…) 그런데 문학이나 영화와 같은 서사물에서는 '장르물'이라는 이상한 말이 사용됩니다. 마치 다른 것들은 장르에 속해 있지 않은 것처럼. 정말 이상하지 않아요? 소설이라면 일단 소설 자체가 장르인걸요.

'장르물'의 반대는 무엇일까요? 문학에서는 종종 '순문학'이

---

22 폴 헤르나디, 『장르론』, 김준오 역, 문장사, 1983, 13–14쪽.

미학이 필요한 순간: 문학과 미술의 동시대적 모색

이에 대비되는 개념으로 등장합니다. 이들 사이에 vs.를 넣고 토론하는 글들이 꽤 보이네요.

그런데 '순문학'이란 괴상한 단어죠. 아무도 '순음악'이나 '순미술'이란 말을 쓰지 않잖아요. '순수미술' 같은 단어가 쓰이긴 하지만 그건 '실용미술'에 대응하는 개념으로 '순문학'과는 의미가 다릅니다.[23]

문학과 영화를 포괄하여 자신의 장르적 관점과 취향을 다채롭게 보여주는 듀나의 책에서 "장르물이란 무엇인가?"라는 챕터는 당연히 제일 처음에 위치한다. 그는 "이야기꾼들에게 장르물의 재료들은 낯선 무언가가 아니며 순수성은 의미가 없"[24]다고 말하면서 예컨대 가즈오 이시구로의 『나를 보내지 마』, 마거릿 애트우드의 『시녀 이야기』, 최진영의 『해가 지는 곳으로』, 이종산의 『커스터머』 같은 작품이 순문학과 장르문학을 구분하려는 시도 아래에서는 설명하기 어려워진다고 서술하고 있다.

흔히 "경계를 없애자"는 주장의 근거가 바로 하나의 장르적 성격으로 설명이 불가능한 작품들의 등장이다. "한국문학의 장르적 정체성이 급격한 해체"을 겪고 "각 문학 장르 간의 이질혼효가 두드러지는 현상"[25]은 2000년대 이후 특히 두드러졌고, 이제 순문학에서의 '장르적' 차용은 전혀 새로운 일이 아니다.[26] 그리고 이제는 누구도 — 확신할 수는

---

23 듀나, 『장르 세계를 떠도는 듀나의 탐사기: 도대체 이야기가 뭐냐고 물으신다면』, 도서출판 우리학교, 2019, 18쪽.

24 같은 책, 23쪽.

25 복도훈, 『SF는 공상하지 않는다』, 은행나무, 2019, 172쪽.

26 편혜영이 『홀』(문학과지성사, 2016)로 미국의 미스터리 문학상 '셜리 잭슨상'을 수상하고

없지만 — 장르소설을 문학이 아니라고 말할 사람은 없을 것이다. 하지만 또 분명한 것은 장르소설을 '순문학'이라고 했을 때도 썩 유쾌하지 않을 사람이 대부분이라는 점이다.

여기에서 '순수문학'이라는 용어를 짚고 넘어가지 않을 수 없다. 장르의 개념은 유(類)와 종(種)을 어떤 기준에 의해 구분·설정하는 것으로 시작하는데, 한국문학은 그런 점에서 무척 취약하다. 우선 대부분 사람들이 '문학'이라는 단어를 거의 '소설' 개념으로 쓰고 있다는 것부터 지적하지 않을 수 없다. 사실 순수문학이 무엇이냐고 질문했을 때, 시만큼 적절한 사례는 없다. 실용미술과 대비되는 순수미술, 대중음악과 구분되는 클래식, 상업영화가 아닌 예술영화 등의 사례를 참조하면 문학에서는 시가 '순수'에 가깝다고 여겨진다. 그럼에도 우리가 순수문학·장르문학이라고 명명할 때 이미 소설 이외의 텍스트는 그다지 고려되고 있지 않다. 또 장르를 구분해보자고 말하면서 '장르문학'이라는 용어를 쓰는 것도, '순수'라는 말이 문학 앞에 붙는 것도 아주 이상한 일이기는 하다. 하지만 장르문학이라는 용어에서의 '장르'가 서브컬처 담론에서 파생된 용어로서 본래 의미와 조금 다르게 여겨지는 것처럼, 순수문학에서의 '순수' 역시 사전적 의미와는 다르다.[27] 오히려 문제가 되는 것은 '순수'라는 수식어가 아니라 '문학적'이라는 표현이다. 문학적이라는 말은 '미술적'이나 '음악적'과 달리 가치평가의 의미를 담고 있다. 일견 실체가 없어 보

김연수의 『설계자들』(문학동네, 2010)이 독일 '범죄스릴러 베스트셀러' 2위에 오르는 등 한국의 순문학 작가가 장르소설로 해외 독자의 주목을 받는 일은 의외로 빈번하다.

27 래리 샤이너에 따르면 '순수예술(fine arts)'은 현대에 이르러 '발명'된 개념이다. 본래 예술 (art)은 "솜씨 좋게 우아하게 또 만들어졌고 실용적 그리고/또는 상징적 목적을 염두에 둔 것이라면 어떤 물건이든 또는 어떤 활동이든 모두 포함하는 광대한 영역"이었다. 그러나 후대에 예술을 '그 자체로' 감상하려는 움직임이 있었고, 그것이 18세기 서구에서 일련의 과정을 거쳐 '순수'라는 이름을 획득하게 되었다고 설명한다. 래리 샤이너, 앞의 책, 21쪽.

이는 문학적이라는 말은 사실 문학이 형성하고 있는 단단한 제도를 가리킨다.

우선은 흔히 사용하듯 한국소설에서 순문학이라는 용어가 쓰이는 양상에 대해 한번 살펴볼 필요가 있겠다. 순문학이라는 말이 주는 여러 불편한 함의는 본격문학, 문단문학, 주류문학 같은 용어로 대체되기도 하다가 최근에는 제도권문학이라는 말이 자주 쓰이는데, 사실 그 어떤 것도 만족스러운 용어는 아니다. 다만 분명한 것은 순문학이라는 개념이 체제나 제도에 상당 부분 기반하고 있다는 점이다. 장르문학이라는 말이 SF, 판타지, 추리, 스릴러, 미스터리, 공포(호러), 탐정, 로맨스, 모험, 팩션, 무협 등 이야기의 소재나 문법이 유사한 일련의 계열을 묶어 부르는 용어로 이해하면 크게 무리가 없는 것에 비해 순문학은 이런 방식의 분류나 설명이 거의 불가능하다.

한국에서의 순문학은 신춘문예나 문예지를 통해 등단한 작가가 주로 문예지에 발표하고 또 보통은 문예지를 발간하는 출판사에서 출간하는 작품을 말한다. 앞서 언급했듯 '등단/데뷔 → 문예지 → 문학상 → 아카데미 → 단행본'의 순환이 원활하게 이루어지는 곳이기도 하다. 장르문학이 이런 방식의 작가 발굴 시스템이나 문학상 제도를 사용하지 않는 것은 아니고, 순문학 역시 최근에는 제도의 바깥에서 등장하는 작가가 종종 나온다는 점을 감안하면 반드시 '문단이라는 체제'가 순문학의 조건이라고 볼 수는 없지만, 작품 자체의 성격보다는 작가의 탄생과 활동 무대로 우선 구획되는 측면이 강한 것은 사실이다.

그럼에도 우리가 순문학이라는 범주의 명명을 포기하지 않는다면, 혹은 어떤 이유에서든 포기할 수 없다면 조금 수상쩍고 모호한 이 개념을 '제도'가 아니라 '장르'의 관점에서 최대한 정리해볼 필요는 있을 것이다. 순문학은 겉으로는 모든 소재와 기법을 포괄하는 듯 보이기 때문에 그것만의 특징을 이야기하기는 쉽지 않다. 하지만 대체로 순문학은 작품을 통해 하나의 세계를 창조하기보다 인물의 내면에 좀 더 집중하고, 문장의 깊이를 중시하면서 묘사에 공을 들이며, 이야기 자체의 재미나 흥미보다는 그것으로부터 삶이나 인간에 대한 더욱 근본적인 사유에 가까워지려는 성격을 지닌다고 할 수는 있을 것이다. 이를테면 장르문학이 '내가 만든 세계'에 가깝다면 순문학은 '내가 보는 세계', '내가 경험한 세계'에 가까울지도 모르겠다. 물론 순문학이라고 해서 반드시 그런 것도 아니고, 장르문학에도 그러한 성격이 없다고 할 수 없다.

그러니까 순문학은 정말로 이상한 '장르'다. 오히려 소설(fiction)이라는 장르 아래에 문학(literature)이 위치한다고 생각해야 더 자연스러워 보이기도 한다. 즉, 우리가 늘 순문학이 훨씬 더 크고 본질적인 개념이라고 여기는 것은 착각일 가능성이 크다는 것이다. 그리고 그 혼동과 오해는 굉장히 뿌리가 깊다. 모든 글쓰기를 포함하는 대문자 문학 중에서 순문학은 언어예술의 한 장르이고, 진입 장벽이 아주 높은 영역이다. 대체로 한국의 순문학이 '교과서'를 통해 학습되기 때문에 단순한 이야기 이상의 것, 현실을 깊이 들여다보는 눈, 공들인 묘사와 문장, 보편적 주제의식 같은 것이 교과 과정을 통해 우리에게 자연스럽게 '문학적'인 것으로 받아들여지게 된다. 나아가 더 큰 문제는 한국 순문학을 '학습'한 대부분 독자들이 한국어로 쓰여 있고, 한국의 작가가 한국의 이야기를 할 테니 못 읽을 이유가 없다고 당연히 생각한다는 것이다. 그런 관점에서 순문학을 읽을 때 부딪히는 난관은 꽤 커서 결국 대부분의 독자는 떨어져 나가고, 향유의 단계에 진입한 아주 소수의 독자만이 순문학의 영역에 남는다.

물론 이런 특징은 장르문학이라고 해서 크게 다를 것 같지는 않다. 장르의 '문법'이라는 이름으로 소수의 마니아만 확보한 채 일종의 관습적 편견을 낳아 많은 신규 독자를 배제하기도 하고, 장르적 전회와 월경 같은 일들이 발생할 때 그것이 장르의 동력이 아니라 후퇴로 이어지는 일도 많다. 요컨대 '장르'의 운명은 늘 그런 것이고, 순문학이라고 해서 다르지는 않다는 말이다.

순문학이라는 장르는 문예지에 실리는 단편소설로 유통되며 문학적 깊이에 따라 평가를 받는다. 소설의 외피를 입고 있지만 사실상 시적인 독법이 동원되는 이 순문학은 short story로 번역되지 않는 문예지 '단편'이라는 고유명사에 가깝다. 앞서 통계적으로도 확인했듯 한국의 순문학 장에서 생산되는 단편소설은 1년에 400여 편이다. 월간, 격월간, 계간, 반연간 등의 (웹을 포함한) 문예지에 주로 발표되며, 대부분 작가의 소설집에 향후 실리게 될 작품들이다. 한국문학을 순문학이라고 지칭할 때, 소설 분야로 한정한다면 그것은 문예지 단편소설을 정확히 가리킨다. 장편소설은 흔히 말하는 본격문학, 문단문학, 주류문학, 특히 제도권문학이라는 개념과 들어맞지 않는다. 문예지 단편을 쓰는 작가가 또 그 문예지를 통해 연재하거나 문예지를 발행하는 출판사를 통해 장편소설을 펴내기 때문에 그렇게 묶이는 것뿐이다. 한 권의 책으로 발간된 서사물에 순문학이라는 딱지를 붙일 수 있는 것은 문예지 단편소설 모음집뿐이다.

조금 더 직접적으로 말하자면, 어떤 작가가 한국문학 장에 등장했다면 그는 반드시 문예지에 단편소설을 발표해야 한다. 그렇지 않으면 순문학 작가가 되지 못한다. 아무리 독자들로부터 인정받는다고 해도, 꾸준히 장편소설을 발간한다고 해도 문예지에 단편소설을 발표하지 못하면 순문학 장에서 그는 계속 바깥으로 튕겨져나간다. 물론 문예지에 단편소설을 발표했다고 하더라도 대부분 작가들은 유의미한 반응을 얻지 못한다. 대체로 문예지의 독자는 문학 장의 내부에 있는 사람들이고, 이것은 곧 그 작품이 일종의 심사 대상이 됨을 의미한다. 그리고 한 해가 마무리될 때쯤 드디어 앞서 언급한 문학상의 장이 열린다. 한 해 동안 발표된 중·단편소설 전부를 대상으로 한다는 그 문학상들에서 호명을 받는다면 그는 단행본 계약을 따낼 가능성이 크다. 만약 그렇지 못하다면 그에게 단행본의 기회는 무척 요원해진다. 그렇게 해서 주요 출판사로부터 소설집을 펴내게 된 작가는 다시 문예지로 호출된다. 꾸준히 단편소설을 발표하게 될 가능성이 크고, 어쩌면 장편 연재의 기회도 주어질지 모른다. 그렇게 다시 문학상의 후보가 되고, 수상자로 선정된다면? 그는 이제 확실하게 주목받는 작가가 된다.

미학이 필요한 순간: 문학과 미술의 동시대적 모색

4
독립이라는
대안

　새삼스럽지만 '독립'이라는 말은 번역어임을 감안하더라도 여러모로 예술 앞에 붙기에는 어색한 수식어다. 대체로 그것은 상업성이 전제되지 않는, 수익의 발생 여부가 창작 과정에 영향을 끼치지 않는 일종의 '비(非)의존'을 뜻한다고 이해될 수 있지만, 예술이 그 자체로 자족적이거나 순수한 영역일 수 없음을 떠올린다면 '독립'은 여전히 의아한 표현이기 때문이다.

　더욱이 한국문학 장에서 '독립'이라는 수식어가 유통되는 양상은 특이하다. 예컨대 독립영화, 독립만화 등의 표현은 그다지 낯설지 않고, 이들 장르가 자신들의 플랫폼을 나름대로 혁신해가며 그 난경을 헤쳐나가고 있음은 어렵지 않게 확인이 가능하다. 다시 말해 '상업'이라는 뚜렷한 대척점, 그리고 장르의 기반이 되는 기술의 발달, 플랫폼의 변화가 이를 견인했다고 거칠게 요약할 수 있을 텐데, 그것은 곧 문학이 왜 '독립'의 기치를 획득하지 못했는지 짐작할 수 있게 하는 면이 있다.

　독립문학이라는 말은 왜 형성될 수 없었을까. 설마 문학은 그러한 구분이 필요 없을 정도로 충분히 민주적이고 공정한 필드를 가지고 있었던 것일까. 당연히 그렇지는 않다. 특히 한국문학에서라면 '대중'이나 '상업'이라는 딱지가 붙은 작품들을 배제하려는 완고한 분위기가 늘 있었고, 주류와 비주류, 본격과 장르, 메이저와 마이너 등 구별 짓기의 시도 역시 빈번했던 것이 사실이다. 문제는 여타 장르의 논의와 달리 한국문학에서는 그것이 얼마나 '순수'하냐는 질문으로 거의 귀결되었다는 점이다.

소위 순문학에 있어 제도적·상업적 독립의 관점은 거의 고려되지 않는다. 제도는 문학의 권위를 담보하고, 상업성은 추구해서는 안 된다는 전제가 언제나 깔려 있어서 그 믿음은 형식이 아니라 내용을 늘 문제 삼는다. 독자의 흥미를 유발하기 위해, 그리하여 판매를 통한 수익을 올리기 위해 쓰는 글이 아니라 작가 정신에 입각해 인간 존재의 근원적인 사유를 촉발하는 글이 '순수'하다거나 '본격'적이라는 평가를 받는다. 그러나 당연하게도 그러한 글이 발표되고 유통되는 과정은 순수하지 않고, 순수할 수도 없다.

그래서 문제는 문학의 '권력'으로 이어진다. 작품을 실을 수 있는 자격, 자주 호명될 수 있는 조건, 문학상을 수상하고 꾸준히 단행본을 낼 수 있는 토대 등은 문단의 견고한 제도에서 파생된다. 한국문학은 제도권 주류문학이 상업성으로부터 '독립'되어 있다는 일종의 환상에 빠져 기본적인 노동 환경과 창작 시스템을 정착시키지 못하고 기형적인 구조를 형성해왔다. 그 결과 문학에서의 독립은 문학이 아니라 '문예지'의 형태로, 또 아이러니하게도 유통의 건전성과 최대한의 상업성을 추구하는 방향으로 이어지고 있는 것이 사실이다.

문학 권력의 문제나 독립문예지에 대한 논의가 다시 주목받는 것은 2000년대 초·중반의 양상과는 다소 다르다. 독자로부터 문예지가 외면받고 있으며 다채로운 문학적 시도가 가능해야 한다는 원론적인 입장은 동일하지만, 이제 창작자들은 "이윤만을 중시하는 풍토 속에서 문

미학이 필요한 순간: 문학과 미술의 동시대적 모색

학의 진정성을 지키는"[28] 일에 골몰하지 않는다. 오히려 작품이 합당하고 정당한 대우를 받아야 한다는 것, 비윤리적이고 비합리적인 관행적 의사결정 구조를 바꿔야 한다는 것, 문학의 유통 역시 예술 노동을 전제로 한 계약 행위라는 것 등이 시대적 변화에 따른 인식이자 새로운 세대의 요구다.[29]

그러므로 이러한 현상은 상업적 유통의 바깥 혹은 공적 영역으로부터의 이탈, 소위 '아마추어리즘'의 발현이라는 독립의 기치에 사실상 반한다. 그것은 독립이라는 수식어가 문학 자체에 붙지 못하고 문예지, 출판사, 서점 같은 플랫폼에 달라붙는 현상과도 같다. 이럴 때 "모두가 경험 가능한 가치가 독립출판이라는 만듦과 유통의 과정을 통해 각자에게서 발현되고 경험되는지, 사실은 그것이 관습에 기댄 또 다른 동일성만을 드러내지 않"[30]는지 질문하는 것은 중요하다. 즉 독립이 문학을 둘러싼 제도나 유통의 차원이 아니라 문학 그 자체의 독립, 다시 말해 '독립문학은 가능한지' 물어야 한다.

2015년 신경숙 작가의 표절 사태 이후 문학 권력 문제가 다시 가시화되고, 문단 내 성폭력 이슈와 미투운동 등을 거쳐 여러 문예지의 변화가 있었음은 주지의 사실이다. 혁신이라는 이름 아래, 많은 문예지가 편집위원을 새로 구성하고, 잡지의 체제를 바꾸었으며, 폐간과 창간도 속

28　최강민, 「독립 문예지의 의미와 가능성」, 『오늘의 문예비평』, 2010년 여름호, 55쪽.

29　2023년 9월, 시, 소설, SF, 르포, 에세이, 칼럼, 평론, 어린이, 번역, 사회과학, 웹소설 작가들이 모여 '작가노조준비위원회'를 꾸렸고, 『작가노동선언』(오월의봄, 2025) 출간의 성과로 이어진 바 있다.

30　이여로, 「독립 출판을 어떻게 해석할 것인가?」, 『문장웹진』, 2020년 7월호. https://webzine.munjang.or.kr/archives/146329 (검색일: 2025.02.10)

속 이어졌다.[31] 대체로 주요 문예지들은 "제도권 안에 포함되어 있되, 제도권 안에서 활용 가능하면서 부분으로써 독립성을 살리"[32]려는 데 그 목적을 두었다고 할 수 있다. 바꾸어 말하면 한국문학의 단행본을 출간하는 출판사로서의 역할은 유지하면서 전통적인 문예지의 한계를 벗어나고자 하는 시도였다고도 할 수 있겠다. 따라서 이때의 '독립성'은 최소한의 개방 정도를 의미하는 것이었다.[33] 비·미등단 작가가 작품을 발표하는 일, 장르나 성향이 현저히 다른 작품이 수록되는 일, 다양한 형태의 문학이 실리는 일 등이 드물게 있었지만 여전히 기성 문예지의 소위 청탁 시스템이 작동되는 경우가 많았다.

2015년 5월에 창간되었던 『더 멀리』는 "문학·비문학, 등단·비등단 혹은 여기와 저기를 구분하지 않"는다고 표방하면서 활발한 투고 검토를 진행한 바 있고, 그 결과 2017년 3월 12호를 끝으로 종간하기까지 새로운 필자가 여럿 등장할 수 있었다. 2016년 2월에 창간된 『영향력』 역시 전업작가가 아니더라도 누구나, 언제든지 글을 쓸 수 있다는 의미에서 '키친테이블라이팅 계간문예지'로 스스로를 소개하면서 매호 투고를

---

31 소설가들이 주축이 된 『Axt』와 편집자 중심의 『Littor』, 문학실험실의 『쓺』, 다산북스의 『에픽』 창간을 비롯해 창비의 『문학3』, 『문학과사회』의 '하이픈', 『자음과모음』의 복간과 이후 '게스트에디터' 체제, 문학동네의 웹 연재 플랫폼 〈주간 문학동네〉 등 기성 출판사 문예지의 변화가 지속되었으며, 『세계의문학』, 『작가세계』, 『문예중앙』, 『21세기문학』 등은 폐간 수순을 밟았다. 또한 '걷는사람', '아침달', '워크룸프레스' 등의 신생 출판사가 등장해 문학 출간이 다양화되기도 했다.

32 백다흠, 「문예지의 변신은 문학의 변신인가? 『악스트』의 사례」, 강동호 외, 『지금 다시, 문예지』, 미디어버스, 2016, 31쪽.

33 장은정은 이 시기 주요 문예지들의 창간과 혁신을 '설계-비평'이라는 용어로 정리한 바 있다. 지면으로서의 비평의 비중은 줄어들었지만 문예지의 기획과 구조화에 있어 비평적 '행위'는 확대되었으며, 그것이 새로운 형태의 운동성을 갖게 되리라고 예측하고 있다. 장은정, 「설계-비평」, 『창작과비평』, 2018년 봄호, 309-320쪽 참조.

미학이 필요한 순간: 문학과 미술의 동시대적 모색

받았다.『영향력』은 13호를 끝으로 폐간 결정을 내렸지만, 등단에 관계없이 다양한 필자들이 글을 실었으며 주요 필자였던 나일선 작가의 소설집『우리는 우리가 읽는 만큼 기억될 것이다』(밤의출항, 2019)를 발간하기도 했다. 또 2017년 5월에 창간된『베개』는 원고를 상시 접수하면서 '느슨한 연결'과 '수평적 관계'를 강조해왔고, 잡지에 발표된 산문들을 모아『지난 여름의 구름』(시옷, 2020)을 펴냈다. 이들 잡지를 통해 작품 활동을 시작한 시인·소설가들이 적지 않았고, 각자가 꾸린 지면을 통해 지속적으로 발표를 이어올 수 있었던 것은 다행한 일이다. 하지만 여전히 지면을 유지하고 있는 것은『베개』가 유일하다.[34] 독립문예지는 어쨌든 "자본으로부터 독립할 수 없"고, 또 "언제든 폐간을 선택할 수 있다"는 점에서 결국 늘 불안에 시달리게 되는 것이 사실이다.[35]

　　『젤리와 만년필』과『소녀문학』같이 소수자 정체성을 표방한 흥미로운 잡지들도 2018년 각각 3호, 4호에서 휴간을 선택하지 않을 수 없을 정도로 대안매체를 유지하는 일은 버겁다. 대다수의 독립문예지가 텀블벅 등의 펀딩 사이트를 통해 독자를 모으고 이를 기반으로 최소한의 안전망을 확보하려 하지만, 적자를 조금 줄이는 수준에 그칠 뿐이다.[36] 패션과 문학을 결합한 '비주얼문예지'로 화제를 모았던『MOTIF』도 재정적 어려움을 여러 차례 토로한 바 있고, 비정기적으로 4호까지 발행했으나 이후 더 이상 발간되지 못했다.

34　2025년 현재 이 지면에서 언급되고 있는 많은 독립 매체 중 거의 유일하게 지속적 발간을 이어오는 잡지가『베개』다. 상당 부분을 편집장의 애정과 의지에 의존하고 있긴 하지만, 대안적 매체의 존속이 장기간 가능할 수 있음을 보여주는 중요한 사례라 할 수 있다.

35　김현,「독립, 상업, 실험」,『실천문학』, 2015년 가을호, 220쪽.

36　한국문화예술위원회가 시행하는 문예지발간지원사업으로 2020년도에 총 47종의 문예지가 7억 4천만 원의 예산을 지원받았고, 신생 독립 매체 중『모티프』와『토이박스』가 수혜를 받은 바 있으나 이후 모두 폐간 수순을 밟았다.

많은 독립문예지들이 활발하게 만들어졌던 것은 창작자들이 스스로 지면을 확보하기 위함이라고 봐야 할 것이다. '등단'이라는 한국문학 특유의 시스템이 여전히 공고한 상황에서 그 관문을 통과하기 위해 애쓰기보다 독자를 직접 만나기 위한 수고를 감수하는 편이 더 낫다는 판단이기도 할 것이다. 실제로 많은 독립문예지들이 등단과 비등단의 경계를 허무는 일에 큰 역할을 했고, 그 효과는 상당히 컸다. 등단 과정을 거치지 않았음에도 단행본을 출간하는 시인·소설가가 늘어나고 기성 문예지의 청탁에도 비·미등단자가 그 대상이 되고 있으며, 각종 문학 지원 사업 역시 등단 여부보다는 '활동 증명'이 기준이 되고 있다.

그러나 독립문예지가 개별 창작자의 기성 문단 진입의 교두보 역할만 하고, 자체적인 매체의 지속성을 갖지 못한다면 이는 곧 등단의 대체재로 기능할 우려가 크다. 요컨대 이제 한국문단은 좋은 작품을 써내는 것에 더해 어떤 기획과 조직의 능력까지 창작자에게 요구하게 된 것일지도 모른다. 마음이 맞는 동료들과 가볍게 동인지를 만드는 것이 아니라 문학의 구조를 혁신해야 한다는 짐을 짊어진 채로 투신해야 하는 상황이 독립문예지에 있었다. 그것은 2020년대를 전후해 한국문학 장에 드리워진 길고 무거운 그림자이기도 하다. 젊은 창작자에게 요구되는 문학의 구조와 제도에 대한 성찰은 마치 그 질문에 올바른 답을 준비하지 않으면 제도와 제도 바깥 양쪽에서 배제될지 모른다는 불안을 형성하게 만들기도 했다.

문학의 경계를 허물고 그 범위를 넓히면서 말 그대로 '독립'의 가치를 실현하기 위해 이루어졌던 시도들을 살펴보자. 첫째로 팀 단위 기획을 통해 매체의 다양성과 지속성을 동시에 확보하는 방식이다. 이른바 동인지의 방식이라 할 수 있을 텐데, 기존의 문학 동인지가 각자의 작품을 모아 책자로 간행하는 다소 단순한 형태였다면 이러한 팀 단위 문예지는 주제를 선정하고 꼭지를 기획하여 외부 필자를 섭외하는 등 조금 더 역동적인 구성을 도모하는 형태라고 할 수 있다. '문학스튜디오 무시'가 펴내는 '올-라운드 문예지' 『TOYBOX』는 2018년부터 2022년까지 총 7호의 잡지를 펴냈다. 다양한 필자와 신선한 주제로 주목받았던 『토이박스』는 많은 호응을 받았던 매체 중 하나였다. 16명의 여성 기획 편집자들이 모인 '팀 소동'이 발행한 『NOIZY』는 "여성 소수 약자 문예잡지"를 표방하면서 여성 창작자들의 작품과 인터뷰, 리뷰와 좌담까지 일관성 있게 구성하고 있다. 비록 창간호를 끝으로 더 내지 못했으나 이후 메일링 서비스로 전환하고 활동을 이어가기도 했다. 광주의 작은 문학 스터디에서 시작된 문학모임 '공통점'도 "우리는 문학을 통해 같은 통점이 된다"는 모토로 『공통점』 4호까지 발간했다. 시가 중심이지만 테마가 있는 산문이나 인터뷰 등 지면이 조금씩 다채로워지고, 지역 문예지로서 지역 문화예술지원사업의 혜택을 다소나마 받을 수 있다는 점이 안정성을 주는 면이 있었으나 2021년 이후로는 더 이상 문예지 발간은 하지 못하고 여러 동인 활동만 하고 있다. 대학문예지라는 이름을 표방했다가 '백색문예지'라는 수식으로 바꾼 『스펙트럼』도 비정기적으로 발간 중이며, 온라인을 통해서도 여러 활동을 기획 중인 것으로 보인다.

둘째로 한 작가를 중심으로 잡지를 만드는 방식이다. 우선 해당 작가 독자들의 호응을 기대할 수 있고, 일반적인 기성 문예지의 작가 특집과 달리 긴 호흡으로 상당한 분량을 할애해 작가를 조명할 수 있어 소구력이 크다고 할 수 있다. 4호까지 발간한 『비릿 be:lit』이 대표적이다. 오선영, 박정윤, 이랑 등의 작가가 참여했고, 마지막 4호는 독립문예지를 만드는 동료들의 목소리를 싣기도 했다. 시, 소설, 에세이, 인터뷰, 만화, 사진 등 다양한 형태가 실렸으며 부산 지역 문예지로서 지역성에 대한 고민도 엿볼 수 있다. 『DOXA』와 『After Sentimental』, 『글리프』도 작가 특집

호의 구성을 가진다. 『DOXA』는 1호 이산화, 2호 한켠 작가를 다루었고, '재미있는 비평'을 표방했다. 단언할 수는 없겠지만 장르문학 작가들에게 관심을 두고 있는 듯하고, 2차 창작까지 시도하고 있다는 점이 특징이라고 할 수 있겠다. 『After Sentimental』은 1호에서 김사과, 2호에서 황정은 작가를 다루었다. 작품에 대한 다양한 해석과 감상이 실려 있어 풍성하게 읽힌다. 『글리프』는 '작가 덕질 아카이빙'이라는 표제에 걸맞게 해당 작가에 대한 거의 모든 정보를 수집하여 정리하는데, 양적으로도 방대하고 질적으로도 상세해서 무척 인상적이다. 1호 정세랑을 시작으로 최근 8호 작가로 박상영을 다룬 바 있다. 작가의 생애와 작품의 타임라인 구성, '모의덕력평가 문제지' 같은 콘텐츠가 신선하다. 이 잡지는 이른바 작가론의 토대가 될 자료로서의 역할뿐만 아니라 한 작가의 과거와 현재를 찬찬히 조망할 수 있다는 점에서 분명한 강점을 가지는데, 특히 여기서 언급되고 있는 잡지 중 여전히 발간되고 있는 몇 안 되는 잡지이기도 하다.

　세 번째는 웹을 중심으로 한 문예 플랫폼이다. 문예위에서 운영하는 〈문장웹진〉과 2018년부터 서울문화재단의 지원을 받아 시작된 〈웹진 비유〉가 대표적인 웹 문예지라고 할 수 있는데, 특히 〈웹진 비유〉는 신진작가 발굴, 유연한 기획과 프로젝트 운영 등 이른바 독립문예지의 특성도 상당 부분 갖추고 있다. 다만 두 매체 모두 공적 지원을 받는 매체라는 점에서 독립 혹은 대안 매체로 정의하기는 어려울 것이다.[37]

　웹 플랫폼은 초기 구축 비용이 꽤 요구되는 편이며 플랫폼을 유

---

[37]　3호까지 발간하고 중단된 웹진 〈과자당〉의 사례를 떠올리면 공적 지원을 받더라도 매체의 지속성은 쉽게 보장될 수 있는 것이 아니다. 한편 서울문화재단의 지원을 받아 연극 분야에서 오랫동안 중요한 비평적 논의를 전개해 온 웹진 〈연극in〉도 최근 후일을 기약하기 어려운 잠정적 휴간에 들어갔다. https://www.sfac.or.kr/site/theater/ex/bbs/View.do?pageIndex=1&cbIdx=1017&bcIdx=136696&tgtTypeCd=&searchKey=(검색일: 2025.06.10)

지·관리할 수 있는 관리자의 능력이 필수지만 많은 인원이 투입되지 않아도, 또 복잡하고 번거로운 인쇄 및 출판 과정을 거치지 않아도 된다는 장점이 있다. 차현지 작가가 홀로 운영했던 문학 웹 플랫폼 〈SRS〉, 온라인 결제 시스템을 도입했던 문학 플랫폼 〈던전〉, 웹진 〈아는 사람〉 등은 웹 공간의 문학적 가능성을 다채롭게 보여준 사례이지만, 이러한 플랫폼의 장기적 운영이 얼마나 어려운지 보여준 사례이기도 하다. 현재 활발하게 운영되고 있는 각종 문학 웹 플랫폼은 대형 출판사의 자본이 투입된 문학동네의 〈주간 문학동네〉, 열림원의 〈림LIM〉, 위즈덤하우스의 〈위클리 픽션〉 정도가 있다.

마지막으로 메일링 서비스를 소개하지 않을 수 없다. 〈일간 이슬아〉의 성공 사례[38]가 개별 창작자들에게 새로운 가능성을 열어준 것은 분명해 보인다. 일일이 언급하기 어려울 만큼 많은 시인·작가·평론가들이 메일링 서비스를 시도했고 여전히 하고 있다. 대체로 월간 구독의 방식으로 독자를 모아 월 1만 원의 구독료를 받고 주 1회 정도 메일로 글을 보내주는 형태를 취하고 있다. 창작자의 입장에서 메일링 서비스는 "누구나 글을 쓸 수 있는 지면이 확보 가능한 시스템"이며, "능동적으로 지면을 만들 수 있다는 점"이 가장 큰 매력이라고 할 수 있겠다.[39] 하지만 독자의 입장에서 알 수 없는 글에 대해 직접 당사자에게 계좌 이체를 통해 가격을 지불해야 한다는 점은 번거로운 일이며, 결국 개인 간의 약소한 거래 수준에서 서비스가 이루어질 가능성이 커 장기적이고 안정적인 대안 매체라고 보기는 어려울 듯하다.

---

38 이에 관해서는 이슬아, 「〈일간 이슬아〉는 어떻게 확장될까」, 『자음과모음』, 2019년 봄호, 188-195쪽 참조.

39 한지윤, 「메일링, 누구나 지면을 확보할 수 있는 시스템」, 『기획회의』 514, 2020, 43쪽.

앞서 대체로 문예지 중심으로 독립문학의 가능성을 살펴보았지만, 사실 문학의 확장은 다양한 형태로 진화하고 있다. 기성 출판사들도 전통적인 문학 출판과 기획 방식에서 벗어나 다채로운 시도를 하고 있고 여러 독립서점의 기획과 콘텐츠, 각종 예술지원사업에서 파생되는 프로그램 등 문학의 형태는 끊임없이 변주되고 있다. 또 창작 지면으로서의 역할이라기보다 문학을 매개로 한 콘텐츠 생산이 대부분이기는 하지만 팟캐스트나 유튜브 등의 매체를 활용해 자기 영역을 구축해나가는 사례도 적지 않다. 여기에 제도권 문학이 아니라 장르문학, 나아가 웹소설 등의 영역까지 확장하면 실로 문학의 양태는 그 어느 때보다 다양한 것처럼 느껴진다.

이럴 때 독립문학을 한다는 것, 혹은 독립문학을 추구한다는 것은 어떤 의미일까. 자유롭게 자신이 쓰고 싶은 글을 써서 자본에 구애받지 않고 어딘가에 발표하면 그걸로 된 것일까. 그렇지는 않을 것이다. 독립문예지, 독립출판, 독립서점, 웹 플랫폼, 메일링 서비스, 팟캐스트와 유튜브 등의 다양해진 문학 매체가 고민하는 것은 결국 '독자'의 문제다. 지금 열거한 매체들이 어떤 형태라고 하더라도 SNS를 통하지 않을 수 없다는 것은 문학이 가장 피하고 싶은 것이 '고립'임을 보여준다고 할 수 있다.[40] 지금은 대부분 사라진 독립문예지, 매체의 운영자·참여자들은 각

---

[40] 「던전」의 운영자였던 서호준 시인은 플랫폼 운영에 있어서 가장 큰 고충을 '홍보의 어려움'이라고 말한 바 있다. 시스템을 구축하고, 좋은 작품을 업로드하고, 원활한 사용자 환경을 만드는 일은 돈과 시간, 노동력으로 가능하지만 이 공간을 알리는 일, 독자들에게 가 닿는 일이야말로 독립매체가 직면하는 최대의 난관이라고 언급했다(노태훈·이유리·서호준·차도하·한의연, "2020년 예술위 현장소통소위원회·문장웹진 공동기획 연속좌담: IV. 신진의 시선으로", 〈문장웹진〉, 2020년 7월호. https://webzine.munjang.or.kr/archives/146222)[검색일: 2025.02.10]. 또한 메일링 서비스 통합 홍보용 계정(@mailing-service9)을 운영하는 한지윤도 홍보에 어려움을 겪는 동료들 때문에 계정을 개설하게 되었다고 말한 바 있다(한지윤, 같은 글).

미학이 필요한 순간: 문학과 미술의 동시대적 모색

자의 영역에서 서로의 작업에 대해 지지를 보내고 때때로 지원도 하면서 공통의 네트워크를 만들어나간 바 있다. 현재는 극소수의 매체만이 남아 있지만 2020년을 전후해 문학 장의 변화를 만들어내려고 했던 그러한 노력은 견고했던 한국문학의 제도들에 꽤 균열을 발생시킨 것으로 보인다. 특히 우리가 문학에 대해 논할 때 그것이 예술이나 미학의 이름을 딴 '장르적'인 것이라기보다 이를 수용하고 판단하는 '젠더적'인 것에 가깝다고 할 때 '누가' 읽느냐의 문제는 핵심이 된다. 즉, 당대의 한국문학 장이 만들어내는 공동체는 생산과 소비를 동시에 수행하는 매우 독특한 집단이며 그것은 다시 하나의 공통 장을 형성한다. 이 공통 장은 한국문학의 젠더를 묻고 재현의 윤리를 심문한다. 만약 한국문학에서 순수나 제도, 독립 같은 개념들이 긍정적으로 쓰일 수 있다면 그것은 오로지 새로운 문학 공동체가 만들어낸 풍경 덕분일 것이다.

이럴 때 문학 현장이 고민해야 할 것은 인정이나 승인을 요구할 필요가 없는 비평적 태도, 즉 독자(讀者/獨自)적인 것의 실현이지 않을까. 쓰는 사람이 곧 읽는 사람이었던 시절을 지나 이제 쓰는 사람이 읽는 사람보다 훨씬 많다는 문학 장의 자조적 이야기는 사실 지금의 문학 현장이 무척 역동적이라는 방증일지 모른다. 월간 비밀문예지 『시크릿포엠』은 매달 편집위원으로 참여하는 창작자·독자들이 고료를 모아 한 시인에게 신작 시 1편을 청탁한다.[41] 이 작품은 그저 문예지의 편집위원이 첫 독자가 되어 읽을 뿐 공개되지 않는다. 이것은 그저 몇몇 창작자가 십시일반으로 동료 시인을 지원해주기 위한 펀딩에 지나지 않는 것일까. 『시크릿포엠』이 공개하고 있는 원고청탁서를 보면 편집위원들은 "좋아하는 시인에게 원고료를 지급하고 신작 시를 제일 먼저 읽을 수 있다는" 기쁨을 누

---

41 이 프로젝트 역시 2025년 4월 제12호를 끝으로 종료되었다 .

리겠다고 공표하고 있다. 어쩌면 이것은 모든 문예지가 최초에 꿈꾸었던 목표였을지도 모르겠다. 하지만 문예지에 좋은 작품을 싣는 것만으로 그 역할을 다했다고 할 수는 없다. 문학 단행본도 마찬가지겠지만 결국 작품이 실린 이후 이것을 독자와 함께 어떻게 읽어나갈 것인가를 고민하는 것이 곧 문학의 현장성을 만들어나가는 일이 될 것이다. 그것은 부르디외가 그토록 강조했던 '실천'에 가까울 것 같다. 한국문학의 장에서 문예지가 이른바 아비투스로 기능할 때 문학에 대한 교조적이고 때로는 공허한 원론적 태도를 견지할 것이 아니라 문학 장이라는 특수한 구조 내의 행위자(agent)로서 감각적이고도 지각적인 실천의 전략들을 궁구해야 하지 않을까. 그것은 전통적인 비평적 행위가 될 수도 있고, 더 다양한 문학적 이벤트일 수도 있으며, 혹은 전혀 예상치 못한 어떤 것일 수도 있을 것이다.

그러니까 어떤 '상상력'이 필요한 것이다. 이제 책을 읽는 사람으로서의 독자가 아니라 읽고 말하는 사람으로서의 독자가, 책을 읽고 글을 쓰는 비평이 아니라 읽고 무언가 다른 일을 도모하는 비평이 요구되는 것이다. 문학의 현장은 그저 있는 것이 아니라 만들어진다. 문학이 생산되고 유통되어 수용되는 순간들은 그 자체로 진정한 의미의 현장이 될 수 없다. 사후적으로 생성되고 독후에 교차하는 문학적 시공간이 흥미롭게 펼쳐질 때 비로소 문학 장은 진화한다. 그것은 때로 전통과 관습을 비트는 방식으로, 아카이브라는 저항의 형태로, 즉흥적인 아마추어리즘으로 나타나기도 할 텐데 어쩌면 우리는 이미 그런 현장을 경험했거나 경험하고 있는지도 모른다.

미학이 필요한 순간: 문학과 미술의 동시대적 모색

참고문헌

권범철. 『예술과 공통장』. 갈무리, 2024.

김현. 「독립, 상업, 실험」. 『실천문학』, 2015년 가을호.

노태훈. 『현장비평』. 민음사, 2023.

듀나. 『장르 세계를 떠도는 듀나의 탐사기: 도대체 이야기가 뭐냐고 물으신다면』. 도서출판
　　　우리학교, 2019.

래리 샤이너. 『순수 예술의 발명』. 조주연 역. 바다출판사, 2023.

백다흠. 「문예지의 변신은 문학의 변신인가? 『악스트』의 사례」. 강동호 외. 『지금 다시, 문예지』.
　　　미디어버스, 2016.

보리스 그로이스. 『새로움에 대하여』. 김남시 역. 현실문화, 2017.

복도훈. 『SF는 공상하지 않는다』. 은행나무, 2019.

아서 단토. 『무엇이 예술인가』. 김한영 역. 은행나무, 2015.

오쓰카 에이지. 『감정화하는 사회』. 선정우 역. 리시올, 2020.

이슬아. 「〈일간 이슬아〉는 어떻게 확장될까」. 『자음과모음』, 2019년 봄호.

이여로. 「독립 출판을 어떻게 해석할 것인가?」. 〈문장웹진〉, 2020년 7월호. https://
　　　webzine.munjang.or.kr/archives/146329

장강명. 『당선, 합격, 계급』. 민음사, 2018.

장은정. 「설계-비평」. 『창작과비평』, 2018년 봄호.

조수삼. 『추재기이(秋齋紀異)』. 안대회 역. 한겨레출판, 2010.

차도하. 『미래의 손』. 봄날의책, 2024.

최강민. 「독립 문예지의 의미와 가능성」. 『오늘의 문예비평』, 2010년 여름호.

폴 헤르나디.『장르론』. 김준오 역. 문장사, 1983.

피에르 부르디외.『구별짓기: 문화와 취향의 사회학』. 최종철 역. 새물결, 2006.

한지윤.「메일링, 누구나 지면을 확보할 수 있는 시스템」.『기획회의』514, 2020.

V

동시대 한국 미술의 동시대성:

독립미술 공간의 분화와 자생을 중심으로

안소현
독립 큐레이터

1
동시대와
동시대

    이 글의 제목에는 '동시대'가 두 번 등장한다. 그리고 그사이에 한국 미술이 있다. 대개의 수사적 동어반복이 그러하듯, 두 번째 '동시대'는 첫 번째와 다르게 받아들여질 것을 요청한다.[1] 전자의 동시대는 '지금 이 시대'의 미술로 보편적으로 받아들여지고 그렇게 소비되는 것, 미끄러지듯 자연스럽게 한국 미술과 결합하는 것으로, 굳이 따져 묻지 않아도 소통할 수 있는 것이다. 반면 후자의 '동시대', '동시대성'은 그것을 정체화할 수 있는 보편적 특징이 무엇인지, 혹은 무엇이어야 하는지 질문한다. 임마누엘 칸트(Immanuel Kant)의 용어로 하면 전자의 '동시대'는 주어져 있는 보편에 특수를 포섭하는 규정적 판단의 대상에 가깝고, 후자의 '동시대(성)'는 특수를 포섭할 보편을 찾아야 하는 반성적 판단의 대상에 가

---

1   동시대에 대한 이런 동어반복 형식의 질문은 클레어 비숍(Claire Bishop)이 미술관에 대해 던진 바 있다. 클레어 비숍, 『래디컬 뮤지엄: 동시대 미술관에서 무엇이 '동시대적'인가?』, 구정연 · 김해주 외 역, 현실문화, 2016. Claire Bishop (Ed.), Dan Perjovschi (Illustrator), *Radical Museology: Or What's Contemporary in Museums of Contemporary Art?*, Walther König, Köln, 2014.

깝다. 간단히 말해 이 제목은 규정적 판단의 대상에 머물러 있는 '동시대 한국 미술'을 반성적으로 판단해보자는 요청이다.

사실 동시대 미술에 대한 반성적 판단은 이미 작동하고 있었다. 만약 "그 작가의 신작은 동시대적이지 않다"라는 문장이 비평적으로 유의미하게 받아들여진다면, 그것은 반성적 판단을 포함하고 있다. 이때 동시대는 단순히 지금 시대에 새로 등장한 것이 아니라 가치들로 이루어진 무언가가 되며, 영원한 현재일 수 없고, 따라서 그 새로움이 무엇인지 파악하려는 노력이 수반되어야 하기 때문이다.

동시대에 대한 반성적 판단은 또한 필요한 것이기도 하다. 동시대가 아무리 정의하기 어렵고 일관성이 없다 해도 동시대는 최소한의 마디를 필요로 한다. 물론 비평이 마디에만 매달려 그사이에서 벌어진 사건들을 손쉽게 묶어버리는 것은 어쩐지 낡고 소모적이면서 동시대적이지 않아 보이긴 한다. 하지만 그렇다고 해서 동시대를 특수한 것들의 연쇄로 그냥 내버려둔다면, 가장 수요 많은 것이 가장 동시대적인 것이 되고, 결국 비평은 사라질 것이다. "현재의 순간을 우리 사고의 지평과 종착지로 간주하는"[2] 현재주의(presentism)의 유혹을 잘 피하면서 동시대 미술의 최소한의 윤곽이라도 그려보려는 노력이 필요한 이유다. 조르조 아감벤(Giorgio Agamben)이 니체를 인용해 동시대란 시대의 요구에 무조건 순응하지 않는 위상차(sfasatura)라는 점을 강조하면서도, 동시대인은 결국 시대에서 벗어날 수 없다고 한 것도 같은 맥락이다. 따라서 그는 동시대성을 "위상차와 시대착오를 통해 시대에 들러붙음으로써 시대와 맺는 관계"[3]

---

2   클레어 비숍, 앞의 책, pp. 11-12.

3   조르조 아감벤, 『장치란 무엇인가? 장치학을 위한 서론』, 양창렬 역, 난장, 2010, p. 72. 한국어판 번역자는 이탈리아어 'sfasatura'를 '시차'로 의역할 것을 제안했고 나름의 타당성을 갖고 있으나, 이 글에서는 단어의 원래 의미인 위상차가 매우 적확하게 드러내는 측면이 있

미학이 필요한 순간: 문학과 미술의 동시대적 모색

라고 정의한다.

그런데 어떤 이유에서 '독립미술공간'[4]을 통해 동시대 한국 미술에 대한 반성적 판단을 시도하려 하는가? 첫 번째 이유는 단순히 시기적 일치 때문이다. 동시대를 모더니즘 이후로 보건, 포스트모더니즘 이후로 보건, 혹은 그 어떤 시대 구분도 받아들이지 않는 혼란스러운 시대로 보건 간에 한국에서 동시대 미술이라는 개념이 본격적으로 논의되기 시작한 시기는 독립미술공간, 특히 이른바 대안공간이라고 불리는 공간이 확산되기 시작한 시기와 거의 일치한다. 1990년대 말 '대안공간'이라는 이름으로 확산되기 시작한 독립미술공간은 2010년대 '신생공간'이 부상하면서 여러 갈래로 나뉘기 시작했고, 현재는 그 신생공간도 2세대, 3세대로 분화하고 있다. 독립미술공간의 출현과 분화는 급변하는 사회상을 반영해왔으며 제도의 본성과 빈 곳을 드러내는 내생적 징후였다. 뒤에서 살펴보겠지만, 다른 지역에서도 동시대는 지역 간 시차(時差)가 사라지면서 전 세계적으로 거의 동시다발적으로 나타나기 시작한 현상이었으며 구체적으로 그 시점을 1989년 이후라고 특정하기도 한다. 두 번째 이유는 동시대 미술은 탈식민 담론의 확산과 함께 소위 '글로벌' 미술의 경향

어 원래의 의미로 옮겼다. 아감벤은 '동시대'라는 개념이 시대의 요구를 따르지 않는 일종의 반시대성을 내포하면서도 그 시대에서 완전히 벗어나는 것이 아님을 가리킨다고 보았다. 위상차(phase difference)는 같은 주파수를 갖는 두 개의 파동이 시간적 차이를 갖는 것을 가리키며 위상차를 어떻게 제어하느냐에 따라 전력, 통신, 신호 처리 등에 생산적으로 활용할 수 있게 된다. 따라서 이 비유는 동시대를 수동적으로 흘러가는 현재가 아니라 차이에 의한 생산적인 개념으로 인식하게 하는 아감벤의 관점을 날카롭게 드러낸다. 또한 이 글에서는 이후 동시대 미술에서 지역 간 시차의 축소를 언급하기 때문에 혼동의 여지를 없애기 위해 원래 의미로 옮겼다.

이 글에서는 일반적으로 사용되는 '비영리전시공간' 대신 '독립미술공간'이라는 표현을 쓴다. 비영리라는 개념이 이들 공간의 방향성과는 무관한 용어일 뿐만 아니라 실제로 전혀 비영리적 성격이 아닌 사례들을 다룰 것이기 때문이다.

에 일치시키려는 시도, 마리아 미즈(Maria Mies) 식으로 표현하면 '따라잡기' 논리에서 차츰 벗어났는데, 독립미술공간들 역시 유사한 문제의식을 보여주었기 때문이다. 독립미술공간들은 (물론 저마다 차이는 있겠지만) 그 이름이 드러내듯 기성 미술제도로부터의 '독립'을 모색했기 때문에 시대적 요구에 부응하기보다는 지역의 맥락에서 제기되는 내생적 문제 해결과 대안 마련에 집중해왔다.

　　　따라서 아래에서는 동시대 미술을 특징짓는 최소한의 윤곽을 그리려는 논의들을 살펴본 후, 그런 특징들이 대표적인 독립미술공간인 대안공간과 신생공간에서 어떤 방식으로 나타났는지 따라가보기로 한다.

　　　　　미학이 필요한 순간: 문학과 미술의 동시대적 모색

2
동시대의
윤곽과 징후

동시대성의 최소한의 윤곽은 어떻게 그릴 수 있을까? 동시대 미술의 비일관성, 이율배반성, 휘발성 등은 이미 악명이 높다. 심지어 그 것은 "보편적 일반진술을 거부하고, 나아가 그 거부에 대한 일반화마저 거부할 정도로 심한 이율배반적 모순 사이의 알력에 의해 형성된 모습"[5]으로 그려진다. 동시대성은 직전 시대와 차별화하기 위해 고군분투했던 모더니즘과 포스트모더니즘과는 분명히 근본적으로 다른 양상을 띤다. 그런데 이렇게 보편적 진술을 거부하는 '동시대'에도 부인할 수 없는 보편적 경향이 있는데, 그것은 바로 지역 간 시차(時差)의 축소 혹은 상실이다. 비엔날레를 계기로 수없이 많은 눈이 돌아다니고 그들을 통해 스펙터클 자본주의와 세계화를 비판하는 경향이 확산했다. 이런 경향은 결국 지역 간, 국가 간의 담론적 시차를 좁히는 계기가 되어 테리 스미스(Terry

---

5   테리 스미스, 『컨템포러리 아트란 무엇인가?』, 김경운 역, 마로니에북스, 2013, p. 19. 번역은 필자가 맥락에 맞게 일부 수정함. Terry Smith, *What is Contemporary Art?*, University of Chicago Press, Chicago, 2009.

Smith)는 "1989년을 전후하여 전 세계의 모든 문화환경에서 모던 아트로부터 컨템포러리 아트로의 이행이, 그것도 두드러지게 각각 일어났음을 자각하기 시작하고 있다"[6]고 단언한다. 스미스는 2000년대 초 서구 미술에서 생산된 자료(책, 기사, 전시 도록, 소책자 등)에서 '동시대'라는 용어가 사용된 사례에 대한 통계연구의 결과를 다음과 같이 압축적으로 '시대화'했다.

> "'동시대 미술'의 개념은 일상에서 오늘날의 미술을 의미 있는 전체로 포괄하는 일반용어로 쓰이며, 많은 이들의 삶과 가치에 여전히 그림자를 드리우고 있을지라도 실질적으로 완료된 역사적 시기의 미술인 모던 아트와 구분되어 이해된다. '포스트모던'이라는 용어는 만약 사용되기만 하면, 이들 두 시대 사이의 이행기, 1970년대와 1980년대로부터 비롯된 반시대성(anachronism)을 상기시킨다. 이들 가정은 1990년대를 거쳐 전 세계적 미술 담론에서 정설이 되었다."[7]

그는 이 접근법의 한계도 분명히 지적했다. 그에 따르면 "눈부시고, 현란하고, 정신 산란한" 현장의 답변보다 확장된 관점의 심화한 답변이 필요한데, 그 이유는 현장의 답변들이 질문을 수동적 수용으로 대체하면서 문제를 은폐하기 때문이다. 또한 모더니즘이나 포스트모더니즘의 경향과는 대조적으로, 동시대에 대해서는 유독 '탈역사적' 접근이 많기 때문에 그런 접근은 무엇보다 동시대 미술 제도를 무비판적으로 받아

---

6 앞의 책, p. 22.

7 앞의 책, p. 371. 번역은 필자가 맥락에 맞게 일부 수정함.

미학이 필요한 순간: 문학과 미술의 동시대적 모색

들이게 한다는 것이다.[8]

　　반면 클레어 비숍(Claire Bishop)은 이런 탈역사성을 무조건 문제라고 보지 않는다. 비숍은 '동시대'를 시기로 구분하려는 시도들이 계속 흔들려왔고, 무엇보다 남미를 비롯한 다른 지역에서는 포스트모던과 동시대의 구분 자체가 유효하지 않음을 지적하면서, 동시대를 이론화하기 위한 담론적 접근을 크게 두 가지로 요약했다.

　　"[동시대에 대한] 담론적 접근들은 두 가지 진영 가운데 하나와 관련 있어 보인다. 하나는 동시대성이 정체(stasis)[즉, 동시대성은 포스트모더니즘의 포스트-역사적 교착 상태가 이어지는 것이라는 것]를 의미하는 것이고, 다른 하나는 시간성에 관한 **다원적이고 이접적**인 관계를 주장하면서 **포스트모더니즘과의 절연**을 보여주는 경우다. 물론 후자가 더 생성적(generative)인데, 이것은 전통을 포기하고 새로운 것을 향해 추진하는 모더니즘의 역사성, 그리고 과거와 미래가 정신분열적으로 붕괴되어 확장된 현재가 되는 것과 동일시되는 포스트모더니즘의 역사성 모두로부터 우리를 멀어지게 하기 때문이다."[9]

　　동시대를 포스트모더니즘과 마찬가지로 역사주의에서 벗어나려는 시도로 보는 관점과 그런 포스트모더니즘과도 절연하면서 이접적 시간성에 주목하는 관점이 있는데, 비숍은 특히 후자의 의미에 주목한다. 저자는 최근 전쟁이나 정치적 격변 상황을 다루는 작가들이 보여준 이접적 시간성을 '변증법적 동시대성'이라고 부르면서, 그것을 몇몇 동시대

8　앞의 책, pp. 372-374.
9　클레어 비숍, 앞의 책, p. 31. 강조는 필자. 번역은 필자가 맥락에 맞게 일부 수정함.

미술관이 소장품 활용에서 취한 '동시대적' 전략과도 연결시킴으로써 이 탈역사적인 시간성이 갖는 의미를 찾아내려 한다.

그런데 동시대 미술 현장에서 진행된 여러 질문과 답변에 나타나는 '동시대'는 스미스의 우려처럼 산발적이었고 비숍이 말하는 생산적인 시간성으로 결정화되지 않은 경우도 많았지만, 분명히 이전과는 달라진 태도와 관점을 드러낸 것도 사실이다. 잡지 『옥토버』(October)에서 2009년 약 70명의 비평가와 큐레이터에게 보낸 「'동시대'에 대한 설문」[10]의 결과를 출판할 때, 핼 포스터(Hal Foster)는 질문들이 미국과 유럽 특정적(specific)이며, 큐레이터들의 답이 매우 적었다는 주석을 덧붙였다. 그리고 설문에 참여한 필자들이 활동하는 도시와 대학을 상세히 밝혔다. 이것들은 주요 질문의 내용과 직결되는 요소는 아니었지만, 동시대가 모든 지역에서 동일하게 나타나지 않는다는 암묵적 전제를 표출했다. 또한 현장에서 동시대 미술을 직접 다루고 있는 큐레이터들이 동시대를 '개념화'하고 있지 않다는 사실을 보여주었기 때문에 그만큼 동시대는 개념화 이전에 '징후'로 읽어내야 함을 뜻하는 것이기도 했다. 실제로 답변들에서는 공통적인 징후가 발견되었는데, 그중 하나가 바로 탈식민주의적 태도였다. 포스터가 받은 답변 중 일부를 발췌[11]한 내용을 보면 "장소-특정적 독해"(Yates Mckee), "중국의 동시대 미술"(권미원), "극히 다른 문화와 자신들 사이에 존재하는 차이"(Grant Kester), "타자에 대한 신식민주의적 관계"(T. J. Demos) 등 탈식민적 관점에 대한 강조가 두드러진다. 오쿠이 엔위저(Okui Enwesor) 같은 기획자들은 비엔날레를 통해 이런 탈식민화의 경향을 가속

---

10 Hal Foster for the Editors, "Questionnaire on 'The Contemporary,'" *October* 130(Fall 2009), pp. 3-124.

11 핼 포스터, 「동시대 미술에 대한 발췌된 답변들」, 문혜진 역, 『아트인컬쳐』, 2013년 1월호. Hal Foster, "Contemporary Extracts," *e-flux Journal*, #12 January 2010.

했으며, 서구적 헤게모니에서 벗어나려는 노력 자체는 동시대 미술의 하나의 '징후'가 되었다.[12] 팀 그리핀(Tim Griffin)은 이런 현상이 나타나기 시작한 시점을 1989년으로 본다.

> "천안문 사태 이후 중국 동시대 미술은 서구 평단이나 시장에서 완전히 독립된 하나의 경제·문화적 현상으로 전개됐다. 그러한 움직임은 동시대 미술에 관한 뉴욕·서유럽의 '헤게모니'에서 의도적으로 벗어나겠다는, 혹은 전혀 개의치 않겠다는 뜻으로 보인다."[13]

따라서 비서구 지역에서는 이 답변들의 내용을 분석하기보다 자신들이 살고 있는 지역의 현장 실행자들의 의견을 통해 동시대 이미지를 뭉쳐내려는 새로운 설문조사를 진행했는데, 대표적인 예가 2012년 홍콩의 아시아 아트 아카이브(Asia Art Archive)에서 진행한 「동시대에 대한 확장된 설문」[14]이다.

---

12 동시대성과 관련하여 탈식민주의 논의를 전개한 대표적인 논문으로는 다음을 보라. Okwui Enzewor, "The Postcolonial Constellation: Contemporary Art in a State of Permanent Transition," *Research in African Literature* 34, no. 4, 2003, pp. 57–82; Reedited and reprinted in Terry Smith, Okui Enwezor, Nancy Condee (Ed.), *Antinomies of Art and Culture: Modernity, Postmodernity, Contemporaneity*, Durham&London: Duke University Press, 2008, pp. 207–234.

13 알렉산더 덤베이즈, 수잰 허드슨 편, 『라운드 테이블: 1989년 이후 동시대 미술 현장을 이야기하다』, 서울시립미술관 학예연구부 역, 예경, 2015, p. 13. Alexander Dumbadze & Suzanne Hudson (Ed.), *Contemporary Art: 1989 to the Present*, John Wiley & Sons, Hoboken, 2013.

14 "An Expanded Questionnaire on the Contemporary," Asia Art Archive, https://aaa. org.hk/en/like-a-fever/like-a-fever/an-expanded-questionnaire-on-the-contemporary-part-i/type/essays(검색일: 2025.02.25) 필자도 이 설문에 참여해서 동시대를 지역적

요컨대 미술에서 전 지구의 시계를 하나로 맞출 수 있게 되었지만, 각 지역(심지어 서구를 포함한 지역)에서는 서구적 헤게모니에서 벗어나 차별화하려는 시도가 바로 동시대 미술의 특징이었다. 이 관점에 따르면 서구에서 특정 시기에 공통적으로 나타난 일련의 미술 실천들이 반드시 동시대 한국 미술에서 나타날 이유는 없다. 실제로 스미스가 동시대 미술의 한 경향으로 언급한 '퇴행성-선정주의', 즉 데미안 허스트(Damian Hirst)와 제프 쿤스(Jeff Koons), 무라카미 다카시(村上隆)로 대표되는 경향은 한국 미술에서는 (그것이 선호되지 않아서인지, 막대한 자본이 따라 움직이지 않아서인지 알 수 없으나) 두드러지게 나타나지 않았다. 비평가 김종길은 오늘날 동시대성을 '동시화'로 바꿔 말할 수 있는 상황이 되었지만, "1990년대에 들어와서 시간차를 줄이는 것이 곧 시각차(視覺差)를 줄이는 것과 동일시되기 시작했다는 점은 문제"라고 지적하면서, 그것을 전면적 동일시로 착각해서는 안 된다고 차별화를 강조한다.[15] 마찬가지 이유로, 누가 먼저 한국에서 최초로 동시대를 개념화했느냐는 낡은 질문과 더불어 마치 개념을 외부로부터 흡수해서 어떤 미술사적 시대로 진입한다는 전제는 더 이상 작동하지 않게 되었다. 동시대성은 동일하고 지배적인 사상이 시차를 두고 다른 지역으로 전파되어 형성된 시대 구분이라기보다는 상이한 지역에서 동시다발적으로 혹은 뒤엉킨 시간 속에서 각자 자신들이 경험한 무차별적 신자유주의에 대응하기 위한 차별화의 징후로 나타났다고 볼 수 있다.

그렇다면 한국 미술 현장에서 동시대적 징후는 어떤 것이 있었는가? 한국 미술에서도 탈역사와 탈식민, 혹은 시차의 상실과 지역적 차

현안에 대한 문제 제기로 바라보아야 한다는 답변을 보냈다.

15 김종길, 『한국 현대미술 연대기 1987-2017①: 현대미술의 동시대성, 실재인가 환상인가?』, 디어북스, 2018, p. 73.

미학이 필요한 순간: 문학과 미술의 동시대적 모색

별화 경향은 예외가 아니었다. 다만 한국에서는 포스트모더니즘이 활발하게 논의되기 시작한 1990년대에 자연스럽게 '동시대 미술'이라는 용어를 사용하기 시작했으며, 포스트모더니즘 이후의 담론으로서 동시대 담론이 등장했다기보다는 포스트모더니즘이 급속도로 쇠락하면서 동시대라는 개념만 살아남아 헤게모니를 갖게 되었다고 보는 편이 적절해 보인다. 용어의 사용이 어떻든 간에 '동시대'의 징후는 미술 현장 곳곳에서 나타났다. 필자는 그런 징후가 최근 독립미술공간들이 분화해가는 과정에서 선명하게 드러난다고 보고 그 분화 과정을 간략히 살펴보려 한다.

3
대안공간과
제도비판적
포스트모더니즘

1990년대 말 한국 미술계에서는 이른바 '대안공간(alternative space)'들이 속속 문을 열었다. 대안공간은 미술제도, 즉 미술관과 미술시장이 수용하지 않는 미술을 위한 공간을 만들겠다는 방향성을 보여주었고, 저마다 정도상의 차이는 있었지만 제도에 대한 비판적인 태도를 견지하려고 했다. 이 때문에 대안공간들은 제도의 안팎을 비교적 선명하게 구분하고 그 바깥에 위치해야 한다는 정체성을 강조하면서도 끊임없이 재정적 자립을 위한 고민을 할 수밖에 없었다. 당시의 문제의식은 '대안공간 풀'의 전신인 '이십일세기 화랑'을 운영했던 작가 최민화가 대안공간과 관련하여 남긴 메모에도 생생하게 담겨 있다.

- 대관은 불가피하다. 그러나 지금 같은 단순 대관은 안 된다. 한국식 상업주의에 다름 아니다. 비상업은 비현실이 아니다. 이것을 실현한다.
- (돈을 내건, 그림을 한 점 주건) 이것은 단순히 장소를 빌리는 것에 불과하다. 화랑의 전문성과는 아무런 관련이 없다. 그렇다

미학이 필요한 순간: 문학과 미술의 동시대적 모색

면 대관이 아니면 기획을 받아야 하는데, 그것은 판매 가능
성 여부와 깊은 관련이 있는 것이 현실이다. 내가 전시를 하
고 싶을 때, 나는 할 수 없다. 전시가 가능하려면 대관을 하
거나 기획을 받는 것이다. 전자는 쉽지만 공허하며, 후자는
합리적이지만 우리의 심정에서 볼 때 상업주의의 냄새가 난
다. 또, 고객은 어떤 수준인가? 대부분이 완성된(그것도 상업
적으로) 작가에게 천착한다. 그러면 우리에게 새로운 대중은
불가능한 것인가? 신뢰받으며, 반상업적이면서도 현실성
있는 전시기획이 요구된다.[16]

이런 고민의 시기를 거친 후, 1999년에는 1세대 대안공간으로
불리는 '대안공간 루프', '대안공간 풀', '프로젝트 스페이스 사루비아 다
방' 등이 잇따라 개관했다.[17] 여기에 상업적 정체성으로 인해 논란은 있었
지만, 당시 '대안적' 역할을 했다는 평가를 받는 '쌈지 스페이스'와 정부
기관에서 운영해 역시 대안공간으로 분류될 수 있는가 하는 논란이 있었
던 '인사미술공간' 역시 1세대 대안공간으로 분류되곤 한다. 처음부터 대
안공간에 대한 정의가 있었던 것은 아니고 실제로 각 공간은 다양한 운
영 방식을 채택했지만, '쌈지 스페이스'와 '인사미술공간'의 논란만 보아

---

16 최민화의 수기 메모로, "우리의 대안은 무엇인가?: 그 모순과 혼란"(1995년 1월)이라는 좌
담회의 내용으로 보인다. 이때 "대안공간으로서의 '이십일세기'"라고 명명하면서 '대안공
간' 또는 '복합문화공간'이라는 이름을 사용했다.

17 대안공간들은 주로 서울에 밀집해 있었지만, 이후 지역에서도 '대안공간'의 이름을 내걸거
나 대안적 성격을 표방하는 자생적인 공간들이 나타났다. 1999년 문을 연 부산의 '대안공
간 섬'은 2002년 '대안공간 반디'로 이름을 바꾸고 2011년까지 운영되었다. 본격적인 실태
조사가 이루어진 2007년에는 약 20~30개의 대안공간이 있었으며, 이후 '비영리전시공간'
이라는 이름으로 통합·확대되어 현재는 정확히 '대안공간'만의 숫자는 집계하기 어렵다.

도 '대안공간'이 비상업적이며 비제도적이어야 한다는 암묵적 전제가 매우 강하게 작동하고 있었다. 이 때문에 2005년 대안공간들이 모여 구성한 '대안공간네트워크'는 이후 아예 '비영리전시공간협의회'로 명칭을 바꾸어서 정체성을 더 선명하게 하려고 했다. 하지만 이 '비영리'라는 규정은 기금지원을 용이하게 했을지는 몰라도 그 기준이 매우 모호했을 뿐만 아니라 '대안'이라는 개념을 예산과 관련된 매우 한정적인 틀 안에 가둔다는 한계가 있었다. 2007년 진행된 「한국의 대안공간 실태 연구」에서는 비영리나 비주류 같은 개념들이 '대안'을 설명하기에는 충분치 않을 뿐만 아니라, '대안'이 반드시 '비영리'여야 할 필요는 없다고 지적했다. 하지만 "'대관 전문 대안공간'이라는 이름을 내거는 촌극이 벌어졌다"고 하면서 대안공간이 대관사업을 할 수 없다고 못을 박았다.[18] 오늘날 대다수의 비영리 공간이 대관에 의존해 운영되고 있는 현실과 비교해보면, 당시에는 '제도의 안팎'을 구분하는 기준들이 선명하고 이분법적이었음을 알 수 있다. 그러나 '제도 바깥'이라는 개념은 대안공간들이 2000년대 초반부터 공공기금의 혜택을 받기 시작하면서 한층 모호해지기 시작했다. 공공기금은 대안공간들이 안정되는 데 기여했지만, 문제는 기금 제도에 의존하다 보면 제도 비판적 성격은 약화하기 쉬웠고, 실제로 갑작스러운 기금축소는 대안공간들의 활동에 실질적인 타격을 주어 효과적인 통제 수단으로 작용하기도 했다.

　　그러나 사실 재정적인 문제보다 더 까다로웠던 것은 '대안적 미술'이라는 개념이었다. 물론 처음 대안공간이 출현할 때만 해도 전에 없던 시스템이 도입된 것이었기 때문에 그 대안성은 의심받지 않았다. 김종

18　이동연 · 김상우 · 민병직 · 김성윤 · 양기민, 『한국의 대안공간 실태 연구』, 문화사회연구소, 2007.

길은 대안공간이 출현하면서 미술의 정치학에서 새로운 시야를 제공했다고 회고했다.

> "90년대 말 한국 미술은 억압적 체계와의 투쟁이 아니라, 그
> 체계와는 다르고 새로운 시스템을 유발했다는 점에서, 우리에게
> 미술의 정치학에서 새로운 시야(視野)를 제공했다. 지젝의 개념으
> 로 말하자면, 미술과 정치, 그리고 미술의 정치적 역량과 테크닉 교
> 본(그런 것이 가능하다면)에 '시차적 관점(the parallax view)' 하나를 열어
> 준 것이다. 그것은 그때까지 미술에 관한 관성적 사고가 이분법의
> 대립항으로 정의한 관계로는 파악할 수 없는 층위에서 미술이 정치
> 적일 수 있음을 보여준 시야이고 [⋯] 대표적인 예를 들어, 99년부
> 터 거의 동시다발적으로 문을 연 한국의 대안공간들은 그간 대관화
> 랑 아니면 미술관이라는 매우 단순한 주류 전시공간 체제에 그야말
> 로 '대안'으로 등장했다."[19]

바로 이 지점에서 대안공간이 제시했던 대안은 여러 지점에서 포스트모더니즘과의 친연성을 드러냈다. 우선, 가장 단순하게는 당시 포스트모더니즘 이론을 한국에 적극적으로 소개했던 작가나 비평가들이 대안공간을 중심으로 많은 활동을 펼친 것과 관련이 있다. 뉴욕 브루클린에서 1985년부터 1989년까지 '마이너 인저리(Minor Injury)'라는 대안공간을 운영했고 2001년 '대안공간 풀'에서 개인전을 열었던 박모(박이소)는 포스트모더니즘을 우리의 현실에 맞게 재맥락화하고 비판적으로 수용할

---

19 김종길, 앞의 책, p. 79.

것을 주장하는 글을 썼으며,[20] 미술비평연구회를 이끌었고, 이후 핼 포스터의 포스트모더니즘론을 번역하고 소개했던 이영욱은 직접 '대안공간 풀'의 설립과 운영에 참여하기도 했다. 그러나 이런 직접적인 관계보다 중요한 것은 1세대 대안공간들이 제도비판의 전략을 수립하는 데 당시 여러 분야에서 큰 반향을 일으켰던 포스트모더니즘 이론이 근본적인 영향을 미쳤다는 점이다.

> "이들[미술비평연구회]의 주요 관심사는 과거 민중미술의 성과를 계승하면서 현실주의 정신을 어떻게 변화된 문화 환경에 실질적으로 적용할 것인가였다. 이 과정에서 민중미술 진영의 진보론자들이 모색한 **대안이 제도비판적 포스트모더니즘의 일부 전략을 참조하거나 유사점을 보였기 때문**이고, 보다 근본적으로는 이들의 새로운 현실주의 미술이 한국식 포스트모더니티라고 부를 수 있는 소비문화 환경에 대응한 결과였기 때문이다."[21] [강조는 필자]

물론 다양한 대안공간들이 특정한 담론으로부터 직접적인 영향을 받았다고 단정 지을 수는 없으며, 모든 공간이 비평 활동을 수행한 것도 아니다. 다만 단일하고 절대적인 서사가 힘을 잃었다는 변화의 감각과 더불어 미술 실천의 장이 다변화되어야 한다는 주장이 공통적으로 힘을 얻었고, 대안공간들은 당시 한국 미술계에서 '신흥 엔진'으로 불리며

---

20 박모, 「포스트모더니즘의 의미와 한국 미술」(1992), 미술비평연구회, 『문화변동과 미술비평의 대응: 90년대 한국 미술의 진단과 모색』, 시각과언어, 1994, pp. 145–173.

21 문혜진, 『90년대 한국 미술과 포스트모더니즘』, 현실문화, 2015, p. 234. 단, 이 책은 연구 대상을 1990년대 초의 포스트모더니즘 비평과 논쟁에 초점을 맞추기 때문에 2000년대에 등장한 대안공간에 대해서는 본격적으로 다루지 않는다.

현재도 왕성하게 활동하고 있는 중견 작가들을 다수 배출했다.

그러나 대안공간의 이런 활동들은 2008년 서브프라임 모기지 사태로 인한 세계금융위기가 닥치면서 위축될 수밖에 없었다. 기업 자본에 의지하던 '쌈지 스페이스'가 10년 만에 문을 닫았고, 공공기금이 급격히 축소되면서 '대안공간 풀'도 이름을 '아트 스페이스 풀'로 바꾸고 인사동을 떠나 구기동으로 자리를 옮겼다. 재정 문제보다 더 어려운 문제는 미술 제도조차 자본의 속성을 점점 닮아가서 모든 비제도적인 것들까지 흡수해버린다는 것이었다. 미술관과 시장이 기존에는 받아들이지 않던 젊은 작가들의 작품이나 새로운 형식의 작품들에 눈을 돌리고 적극적으로 흡수하기 시작했으며, 제도의 바깥을 규정하기가 점점 더 어려워졌다. 김종길은 대안공간이 "비영리와 영리를 줄타기하는 모험을 감행했던 것은 그들의 섬이 자본주의라는 바다 위에 떠 있었기 때문이었다"[22]고 했는데, 이 섬에서는 썰물도 밀물도, 제도가 대안공간의 미술을 배제할 때도 흡수할 때도 모두 위기였다. 원론적으로 '대안'의 개념은 현실에 따라 바뀌기 마련이며, 대안공간이 시대에 따라 다른 의제를 설정하는 것이 이상할 것은 없었다. 하지만 대안공간이 형성해온 비평적 의제 자체를 이미 제도에서 흡수해버린 상황에서, 2010년대에는 대안공간과는 완전히 다른 노선을 취하는 신생공간들이 등장해 젊은 예술인들을 위한 공간이 되면서 대안공간의 입지는 더욱 좁아졌다.

『옥토버』가 진행한 동시대에 관한 설문에서 패멀라 리(Pamela Lee)는 "지극히 긴급하고 중요해 보이던 문제가 얼마 안 되어 절실함을 잃을 때 무엇을 할 것인가?"[23]라고 되물었는데, 이 질문은 포스트모더니즘

---

22 김종길, 앞의 책, p. 102.

23 핼 포스터, 같은 글.

이 사그라드는 장면에도, 대안공간이 위축되는 과정에도 등장할 수밖에 없는 질문이었다. 스미스는 서구 미술 담론에서 동시대성이 우위를 점하게 된 과정을 설명하면서, "무엇이 조건인가 하는 조건"이 근본적으로 변화했다고 지적했다.

"만약 지난 두 세기 동안 동시대성의 요소가 현대성을 이루는 강력한 힘을 보조하는 데 그쳐왔다면, 최근 동시대적인 것이 우위를 점하도록 만든 것은 무엇인가? 일반적으로는 언어 사용에서, 그리고 특수하게는 미술 담론에서 이들 변화는 어떻게 더듬어볼 수 있겠는가? 그러나 이 전환은 한 상태(모더니즘)로부터 또 다른 유사한 상태(동시대성)로의 단순한 이전이나 번역이 아니었다. 무엇이 상태인가 하는 상태, 무엇이 조건인가 하는 조건이 바뀌어 있다. 그러므로 역사적 관점에서 현재와 미래에 관해 고찰할 때, 시대 구분은 이제 더 이상 가능하지 않을지도 모른다. 미술사적 관점에서 우리는 모든 것을 포괄하는 하나의 동시대 양식이 다음 차례로 도래함에 관해 얘기하고 있는 게 아니다. 이는 이런 양식의 즉각적인 죽음을 뜻하는 건 아니다. 하지만 그것은 **바로 어떤 양식이든 지속되긴 한다면 그 지속 자체가 시대착오적인 일이 되리란 의미다.**"[24]

앞서 언급했듯이, 한국 미술에서 '동시대'라는 말은 포스트모더니즘과 거의 비슷한 시기에 확산되기 시작했고, 명확히 포스트모더니즘으로부터 단절한 다음 시대를 가리킨다고 하기 어렵다. 그렇지만 한국 미술에서도 분명히 포스트모더니스트들이 절실하게 생각했던 문제와 확연

---

24 테리 스미스, 앞의 책, p. 390. 필자가 강조 및 번역 일부 수정.

히 단절하는 동시대 미술 장면이 나타났다. 제도의 안과 밖을 나누는 기본 조건을 더 이상 고려하지 않으며, 특정한 이념을 지향하면서 지속하는 것에 무관심한 이들이 나타나 열정적으로 네트워크를 구성하기 시작했는데, 그것은 바로 '신생공간'이었다. 신생공간은 일종의 독립미술공간으로 기성 미술 생태계에 대한 비판적 논의로 등장했지만, 제도의 밖에 위치하려 하기보다는 스스로 제도를 만들고자 했고, 자생을 추구하면서도 지속하기보다는 휘발하는 쪽을 택하는 완전히 다른 논리를 보여주었다.

4
신생공간과
동시대적
생존주의

신생공간은 주로 2010년대에 부상한 독립공간들로, 역시 명확한 정의가 있었던 것은 아니며 훨씬 전부터 운영되었던 공간들도 포함되는 데다가 '신생'이라는 말이 내포가 희박하고 시간이 지나면 그 내포마저 잃을 것이 분명하기 때문에 그 이름의 적절성에 대해서는 의견이 분분했다. 그러나 이름이라는 것이 늘 그렇듯 반복적으로 사용되는 가운데 '획득한' 의미가 더 커지기 마련이기 때문에 신생공간, 특히 1세대 신생공간은 특정 시기 아주 명확한 활동을 하고 사라진 공간들을 가리키는 이름으로 주로 사용되고 있다. 신생공간이 나타나게 된 계기가 젊은 예술인들이 기성 미술 제도의 한계를 극복하기 위한 것이었다는 점에서 근본적으로 대안공간과 크게 다르지 않다고 보는 견해도 있다.[25] 그리고 아마도 행정적인 편의를 위해 대안공간과 신생공간을 통칭 비영리전시공간으로 묶어서 연구하기도 했는데, 이런 분류는 1세대 신생공간이 가진 특수

---

25 『비영리 전시공간 실태조사 및 현황분석 연구』, 한국문화예술위원회 예술정책연구, 2019, 제2장.

미학이 필요한 순간: 문학과 미술의 동시대적 모색

성을 잘 드러내지 못하는 데다 '비영리'라는 규정이 결정적으로 어긋나는 면도 있다. 왜냐하면 2014년과 2015년에는 신생공간을 중심으로 〈굿-즈 2015〉나 〈더 스크랩〉처럼 판매를 전제로 한 행사들이 큰 반향을 일으켜 신생공간의 정체성과 담론을 형성하는 데 많은 영향을 미쳤기 때문이다. 여기서는 신생공간의 정의나 현황 파악에 집중하기보다는 그들을 일괄 청년 세대 담론으로 묶어버리면서 부각되지 못한 '동시대성'을 2010년대 중반 생산된 몇몇 텍스트와 인터뷰를 통해 살펴보려 한다.

신생공간이 부상하기 시작한 시점에 대해서는 여러 의견이 있지만, 공통으로 하나의 기점으로 보는 것은 커먼센터에서 열린 〈청춘과 잉여〉(2014) 전시였고 이 전시를 계기로 전개된 국립현대미술관 '청년관'의 움직임으로 인해 신생공간에 대한 논의를 하나의 세대론으로 보는 경향이 있다. 주요 사건들을 다양한 관점에서 연대기적으로 정리한 일지들은 이미 서울시립미술관 서소문 본관에서 당시 주요 신생공간들을 한자리에 모은 〈서울 바벨〉(2016) 전시 도록[26]에 수록되어 있기 때문에 여기서는 다루지 않는다. 이 글에서는 역으로 청년 세대를 위한 자리를 마련해 달라는 요청만으로는 잘 설명되지 않았던 미술 제도와 시장에 대한 미세하고 복잡한 고민들을 살펴보려 한다.

작가 강정석은 신생공간 '오픈베타공간 반지하 B1/2F'의 텀블러(Tumblr)에 「서울의 인스턴스 던전들」이라는 글을 올리면서 '신생공간'이라는 아무런 정보를 주지 못하는 이름을 가진 공간들의 대략적인 윤곽을 그려보기 위해 글을 쓴다고 밝힌다. 마치 마이클 애셔(Michael Asher)가 미술제도에 대한 1차적인 비판은 미술관의 건축구조에서부터 출발한다고 했던 것과 유사하게, 강정석은 스마트폰의 보급으로 전시공간으로의

---

26 『2016 SeMA Blue 서울 바벨』, 서울시립미술관, 2016.

접근방법이 완전히 달라졌다는 사실에서부터 출발하는 일종의 제도비평을 시도한다. 2009년 스마트폰의 등장으로 관객 입장에서는 공간의 접근성이 큰 문제가 되지 않기 시작했고, 전시공간 운영자 입장에서도 SNS를 통해 전시 정보를 제공하고 주어진 제약 조건 속에서 전시 활동의 어떤 요소들을 과감히 생략하고, 운영에 모든 것을 걸지 않게 되었다고 했다. 강정석은 이런 전시의 휘발성에서 쾌감을 느낀다고 하면서 "신생공간의 운영자에게 주어진 물리·경제적 제약이 공간의 존재방식에 스며들어 있다"고 했다. 그는 신생공간을 게임 시스템인 '인스턴스 던전(Instance Dungeon)[27]에 비유하면서 적은 에너지로, 일시적으로, '자신만을 위한 공간'에 원하는 시간에 들어가 사냥을 마치면 되는 것으로 소개한다.

> "오늘날 신생공간의 존재 방식과 공간을 만들기 이전 운영자
> 의 내면에 그려진 어떤 욕망을 '인스턴싱(instancing)'이라고 상상할
> 수 있지 않을까? […] 인스턴싱은 과도한 경쟁 속에서 자신의 '기대
> 되는 성취'를 끊임없이 지연(Lag)해야 하는 플레이어(젊은 작가/기획
> 자)에게, 싱글 플레이어 RPG의 세계관을 열어주는 행위다.[28]

강정석은 근본적으로 달라진 전시에 대한 접근방식을 짚어냈을 뿐만 아니라 중심부로의 접근성이 요구하는 자본과 에너지를 구하려

---

27 온라인 게임에서 특정 유저를 위해 별도로 생성한 지역에 입장하는 것을 뜻한다. 유저 간에 '파티(Party)'를 구성하지 않는 한 다른 유저가 들어올 수 없다. 초창기 온라인 게임에서 한정된 공간을 여러 사람이 공유하는 데서 비롯되는 문제를 막기 위해 만든 시스템이다. 젊은 예술가들이 기성 미술 제도에서 제 자리를 찾는 것이 아니라 자신들만의 공간을 만들고 운영하는 신생공간을 비유한 말이다.

28 이 글은 이후 다음 책의 일부로 출판되었다. 강정석, 「서울의 인스턴스 던전들」, 『메타유니버스: 2000년대 한국 미술의 세대, 지역, 공간, 매체』, 미디어버스, 2015.

고 애쓰지 말고 재빨리 내려놓아도 괜찮다고 말한다. 기존 전시들이 요구해온 것들을 못 하는 것이 아니라 안 하는 것, 더 많은 관람객을 오게 하는 것이 아니라 소수의 관람객이 "소수이기 때문에 더 즐거운 활동의 자리를 만드는 것"이 신생공간의 특징이라고 함으로써 신생공간이 기성 제도로 진입하기 위한 발판이 아니라는 점을 강조했다.

신생공간이라는 이름이 등장하기 훨씬 전인 2007년부터 2020년까지 '아카이브 봄'을 운영했던 윤율리는 2015년 〈굿-즈〉[29]를 앞두고 「하나의 유령이 미술을 배회하고 있다」[30]라는 글을 썼다. 인상적이게도 카를 마르크스(Karl Marx)의 『공산당선언』의 첫 문장을 패러디한 제목의 이 글은 청년 세대론보다 그들을 긴급히 호출한 '기성의 욕망들'에 대해 이야기한다.

"어느 날 무언가가 우리 사이에 나타났다고 말해야 한다면, 그것은 청년이라는 뜬금없는 자의식이나 신생공간 같은 것이 아니라, 기실 청년을 긴급히 호출해야만 하는 어떤 다급한 요청이나 그에 투사된 또 다른 기성의 욕망이지는 않았을까? 이렇게 정정해 말해볼 수도 있겠다. 누군가의 작은 월세방에서, 작가들이 알음알음 모여든 작업실에서, 명시된 이름의 어떤 유·무용한 공간들에서, 청년들의 신생공간들은 2000년대 중반 이후 늘 꾸준히 존재해왔다. 다

---

29 〈굿-즈〉(세종문화회관 예술동, 2015.10.14~2015.10.18)는 "동시대 미술의 환경/조건에 대해 고민하는 시각예술작가들이 자신의 작업/'굿-즈', 소량 제작된 에디션, 작업의 파생물 등을 직접 판매하는 행사"라고 소개되어 있다. 주로 1세대 신생공간 운영자들이 중심이 되어 개최했으며, 약 80명/팀의 작가들이 참여했다. 이 행사가 크게 회자되면서 1세대 신생공간을 '굿-즈 세대' 신생공간이라고 부르기도 한다.

30 윤율리, 「하나의 유령이 미술을 배회하고 있다」, 2015.08.03. https://vanziha.tumblr.com/tagged/text(검색일: 2025.02.25)

만, 이제 그것은 그들을 '신생공간'으로 명명하고자 하는 몇 가지 요구에 의해 이종의 전류처럼 서로를 간섭하게 되었다."

저자는 가장 반자본주의적인 것까지도 흡수하는 자본, 가장 비제도적인 것까지도 흡수하는 제도에 대한 의구심을 계속 내비치면서, 신생공간들의 새로운 움직임들이 신자유주의의 전형적인 논리에 포섭되지 않도록 경계한다. 게다가 아직 열리지 않은 〈굿-즈〉가 위기가 될 것을 예감하면서 들뜨게 하기보다는 가라앉히는 질문들을 반복한다.

"우리가 무엇을 증명해야 한다면 그것은 새로움이 아니라 새롭지 않음에 대한 것이다. 이 어려운 숙제는 세대라는 주어를 동시대로, 신생이라는 시선에 담긴 특별함을 보편으로 돌려보내는 일이다. 그러므로 다가올 〈굿-즈 2015〉는 기회라기에는 위기에 가까울 것임을 예감하지만, 어떤 욕망의 제의가 지금의 신생공간(세대론)을 소환한 것이든, 어차피 더 이상 그들이 해줄 수 있는 것이 별로 없다. 우리는 왜 하나도 새롭지 않은가? 우리는 무엇의 연속인가?"

새로운 움직임에서 새롭지 않은 것을 이야기하고, 단절 속에서 무엇의 연속인지 묻고, 아직 열지도 않은 행사를 위기로 보는 것은 괜한 멜랑콜리는 아닌 것으로 보인다. 이는 모든 새로움을 집어삼키면서 끊임없이 새로움을 생산할 것을 강요하는 자본주의에서 벗어나지는 못하더라도 신자유주의의 트랙에서 어떻게 빠져나올 것인지에 대한 고민으로, 실제로 〈굿-즈 2015〉는 애초부터 단 1회만 개최하기로 함으로써 작가들이 '팔린 작품'의 영향을 받지 않게 하려고 했다. 다른 글에서 윤율리는 좀 더 직접적으로 '진짜 시장'과 선을 긋는다.

미학이 필요한 순간: 문학과 미술의 동시대적 모색

"78. 상품을 만들어내는 예술가의 활동이 특별히 비난받을 이
유는 없지만, 현대미술 이벤트에서 무언가를 접하며 그 작가가 예
쁜 천 가방을 만드는 사람이라는 것 외에는 아무것도 알 수 없다면
그것은 판매자에게나 구매자에게나 피차 불행한 일일 것이다.

79. 이것은 달리 말해, 〈굿-즈〉가 '진짜 시장'을 펼쳐놓는 것에
별 관심이 없다는 뜻이기도 하다.

[…]

81. 시장이 우리가 탈출할 수 없는 옥타곤의 스테이지가 되었
음에도 규칙을 정하는 것이 여전히 개별 플레이어에게 주어진 몫이
라면, 예술가는 예술가만의 방식을 가지는 것이 좋다."[31]

2014년부터 2015년까지 신생공간 '공간 지금여기'(이하 '지금여
기')를 작가 김익현과 함께 운영했고 일종의 사진 구매 플랫폼인 〈더 스크
랩〉(2016~2019)의 기획에 참여한 작가 홍진훤은 인터뷰[32]에서 신생공간들
을 하나로 묶을 수는 없음을 분명히 하면서도 당시 1세대 신생공간들이
제도와 시장에 대해 가졌던 태도와 문제의식이 어떤 것이었는지를 선명
하게 밝힌다.

"대안공간과 달리 신생공간에는 선재하는 이데올로기가 없
었다고 생각한다. 그러니까 어떤 (이념적) 목적을 위해 애쓰기보다
는 단지 자생하면서 내가 하는 미술을 보여주겠다는 것이 전부였

---

31   윤율리, 「100개의 문장들」, 『서울 바벨』, 서울시립미술관, 2016, p. 236.

32   2024년 3월 16일 서울 마포구에서 진행된 필자와의 인터뷰로, 이하에서 인용된 홍진훤의
      발언은 모두 이 인터뷰를 정리한 것이다.

다. 대안공간은 나의 문제라기보다는 공통의 문제를 다루고 있었기 때문에 쉽게 문을 닫을 수 없었던 반면, 각자의 결핍과 필요에 의해 작동했던 신생공간이 문을 닫는 것은 아주 자연스러웠다고 생각한다. '지금여기'의 경우에는 어느 순간 많은 이들이 전시하고 싶어 하는 공간이 되어버렸을 때 권력 공간이 되는 것이 부담스러웠다. 또한 마지막에는 전시장이라는 상시적·물리적 공간이 꼭 필요한지, 지금의 전시는 어디에서 이루어져야 하는지 묻기도 했다. 신생공간은 대부분 아티스트 런 스페이스(artist-run space)였는데, 전시공간을 운영해보니 많은 돈과 노동력이 필요했고, 그로 인해 운영자인 작가들이 작업을 할 수 없는 상황이 되면 무슨 의미가 있는지 되묻게 되었다. 또한 전시에 참여하는 작가들에게 적절한 대가를 지불하지 못하면서 전시를 만드는 것에 대한 고민도 있었다. 실제로 반드시 물리적 공간이 필요해서 신생공간을 만든 경우보다는 자생과 자립이 필요했고, 자신이 서 있는 위치가 마음에 들지 않았으며, 스스로 무언가를 해야 한다고 생각했던 것 같다. 힘을 보태주는 친구들이 많았고, 가장 중요한 것은 당시 트위터[Twitter, 현재의 '엑스(X)']의 전성기여서 네트워킹이 매우 쉬웠고 관객도 쉽게 유입되었다는 점이다. 당시에는 심지어 신생공간을 열기 위해서는 트위터 계정과 흑백의 플랫한 아이콘만 있으면 된다고 말하는 이들도 있었다."(홍진훤과의 인터뷰 중에서)

홍진훤에 따르면, 신생공간은 대안공간처럼 미리 공통의 이념적 목표를 설정하고 있었던 것이 아니기 때문에 '자립'이라는 목표에 맞지 않다고 생각할 때 짧게 지속하고 문을 닫는 것이 자연스러웠다고 한다. 그리고 자립을 목표로 했기 때문에 홍진훤은 신생공간이 기성 제도인

미학이 필요한 순간: 문학과 미술의 동시대적 모색

미술관 전시의 일부로 참여하거나 작품을 판매하는 것에 대해서도 거부감이 없었다고 밝힌다. 이는 대안공간이 제도의 안팎을 이분법적으로 나누고 어디에 위치할 것인가를 고민했던 것과도 확연히 구분된다.

"2016년 〈서울 바벨〉[33] 전시 당시, 신생공간들을 공공 미술관에 모아놓는 전시에 참여하는 것이 바람직한가에 관한 논의가 있었고, 드러나지 않은 논쟁도 있었다. '지금여기'는 참여하기로 했지만, 참여하지 않기로 한 공간도 있었다. 이 경우만 보아도 신생공간들이 확실히 하나의 정책이나 노선으로 뭉쳐지는 집단은 아니었음을 알 수 있다.

만약 시장이 단순히 작품 판매를 말하는 것이라면, 내 경우에는 그에 대해 거부감은 크게 없었고 '지금여기'에서도 가능하다면 작품을 팔거나 작가들한테 도움이 된다면 무엇이든 하려고 했다. 기억해보면 우리는 분명히 '자립'이라는 말을 아주 많이 썼다. 더 이상 우리가 손 벌릴 곳이 없다는 인식이 있었다. '지금여기'가 만들어진 것도 사진계에서 그전에는 보이던 길들이 더 이상 보이지 않고,

---

33 〈서울 바벨〉(서울시립미술관 서소문 본관, 2016.01.19~2016.04.05) 전시는 서울시립미술관에서 해마다 진행하는 젊은 유망작가의 그룹전인 SeMA 블루의 일환으로, 2016년 서울시에서 자생적으로 운영되고 있는 예술 플랫폼을 조명하기 위해 각 플랫폼이 기획한 개별 전시를 한자리에 모으는 옴니버스 전시 형식으로 구성되었다. 17개의 플랫폼은 통칭 '신생공간'이라고 불리는 전시공간 또는 공동체였으며, 전시 서문에서는 이들을 다음과 같이 규정했다. "SNS서비스와 스마트폰 등 다양한 매체의 발달로 인해 공간의 물리적 접근성과는 무관하게 산발적 혹은 한시적 성격의 프로젝트를 선보이고 있다. 이는 60년대 시작된 서구의 작가 운영 예술공간(artist-run spaces) 또는 90년대 말 국내에 등장한 대안공간과 차별화되는 지점이기도 하다."(https://sema.seoul.go.kr/kr/whatson/exhibition/detail?ex-No=454&glolangType=KOR, 검색일: 2025.02.25)

기성 방식의 작업이 더 이상 유의미해 보이지 않았기 때문이다. 우리끼리 하면 기성보다 더 잘할 수도 있지 않을까 하는 생각이 있었고 동시에 우리는 어떻게 먹고살 것인가를 함께 고민했다. '지금여기'를 열기 전 한 좌담회[34]에 장소를 제공한 적 있었는데, 작가들이 작업으로 먹고사는 방법을 고민하는 자리였다. 창신동 산꼭대기에 200명 가까운 사람들이 찾아오는 장면을 보면서 우리도 전시공간의 정체성을 잡아나가게 되었다."(홍진훤과의 인터뷰 중에서)

그런데 이렇게 제도나 시장으로부터 선을 긋지 않았다고 해서 그것이 기성의 방법론을 적극적으로 수용했음을 의미하는 것은 아니다. 오히려 강정석이 온라인 게임의 '인스턴싱'에 주목하고, 윤율리가 '진짜 시장'을 펼쳐놓는 일에 관심이 없다고 한 것과 마찬가지로, 홍진훤 역시 미술 생태계 내에서 자립하기 위한 새로운 방법론을 계속해서 찾고 있었음을 밝히면서 그런 시도를 '기존 매체를 쓰지 않는 매체론'이라고 부르기도 한다.

"당시 신생공간에는 나름 매체론적 접근도 있었다고 생각한다. 나는 기존 매체를 쓰지 않는 것도 일종의 매체론이라고 보는데, 예를 들면 '공간 사일삼[35] 같은 경우 내가 보기에 가장 중요한 매체는 매뉴얼(manual)이었다. 전시를 위한 매뉴얼을 계속해서 업데이트하면서 작가들이 공간에 들어와서 스스로 협력을 만들고 어떻게 전

---

34 2015년 1월 17일 미술, 문학, 영화, 무용 등 각 분야의 패널 12명이 모여 개최한 좌담회로 제목은 "접속유지: 밥벌이로 이어지는 작업, 작업으로 이어지는 밥벌이"였으며, '지금여기'에서 장소를 제공했다.

35 2023년 '413 Beta'로 이름을 변경했다.

미학이 필요한 순간: 문학과 미술의 동시대적 모색

시를 만들어가는지 관찰하고 실험하는 것이 그 공간의 중요한 작업이었고, 그런 식으로 가장 결핍된 것들을 각자의 방식으로 찾아보기 시작했던 것 같다."(홍진훤과의 인터뷰 중에서)

이렇게 기성 제도의 방식을 답습하지 않기 위한 고민이 가장 잘 드러난 전시는 다름 아닌 일종의 판매 플랫폼인 〈더 스크랩〉이었다. 전시이자 판매 플랫폼은 일종의 사진 아트페어로 인식되었으며 실제로 판매와 구매가 이루어지는 시장이라는 점에는 이견이 있을 수 없지만, 그 세부 내용을 살펴보면 새로운 시장 시스템을 만들어내면서 기존 시장의 한계나 폐단을 극복하기 위한 여러 '규칙'이 있었다. 2016년부터 2019년까지 개최된 〈더 스크랩〉에서는 매년 100여 명의 작가를 선정해 작가마다 10점의 사진을 출품하게 해서 약 1천 점의 사진을 전시했다. 관객은 '쇼룸(Show room)'에서 작가명이나 제목 등의 정보가 주어지지 않은 상태로 사진 이미지만 보고 사진을 5장, 10장 단위로 골라 체크리스트를 '스토리지 룸(Storage room)'으로 가져가면 동일한 인화 방식(C-print)과 크기(A4)로 프린트된 사진과 정보를 받았다. 물론 판매를 촉진하기 위한 방식이었지만, 1천여 점의 사진을 오로지 이미지로만 고르는 드문 경험을 통해 관객은 비평적 안목을 기르게 되고, 전시는 사진이 확산되고 소비되는 새로운 방식, 즉 일종의 새로운 매체론을 제안하려고 했다.

"〈더 스크랩〉은 어떻게 하면 사진가들이 사진을 팔 수 있을까 하는 단순한 고민에서 시작되었다. 〈굿-즈〉가 미술 일반의 자립과 자생을 위한 시도였으니, 사진의 특수성을 고려한 무언가도 해볼 수 있지 않을까 해서 10여 명의 사진가가 모여 기획한 것이었다. 사진 판매가 주목적이었지만, 기성 사진 아트페어와는 구별 짓고 싶었기 때문에 규칙을 하나씩 만들어나갔다. 주관객 및 소비층을 20대로 상정하고 그들의 주거공간이 대부분 원룸일 것을 고려하여 전시장을 이케아(IKEA) 가구로 꾸미고 그에 잘 맞는 분위기를 만들고 가장 어울릴 만한 A4로 사진 크기를 정해서 프린트했다. 첫날 그렇게 많은 사람이 와서 사진을 사는 것을 보고 다들 어리둥절했다."(홍진훤과의 인터뷰 중에서)

흥미로운 점은 이 행사가 최대한 많은 수익을 내는 시장 구조를 찾으려고 한 것이 아니라는 점이다. 우선 일반적으로 큰 구매력을 갖지 못한 20대를 주요 관객층으로 삼았고, 새로운 사진 관객 내지는 컬렉터를 발굴해내는 일에 초점을 맞추었다. 가장 놀라운 점은 수익 배분 구조였는데, 전체 수익을 작가 수만큼 배분하는 '사회주의적' 실험을 했다는 점이다. 이 구조에서 중요한 것은 작가들에게는 누구의 어떤 작품이 얼마나 팔렸는지 알 수 없게 함으로써 그들이 이후에 기성의 사진 아트페어에서처럼 '팔릴 작품'을 하지 않도록 하는 것이었다. 즉 〈더 스크랩〉은 단순히 시장 밖에 위치하려 하지 않으면서도 '시장 논리'에 종속되지 않는 새로운 시장 시스템을 만들어보려고 했다.

"하지만 판매 수익을 약 100명의 작가에게 N등분했기 때문에 결과적으로 유의미한 이윤이 창출되지는 않았다. 2회, 3회에서 시스템을 재정비했지만 쉽지 않았다. 수익을 N등분한 이유는 개인적으로 사회주의 모델의 실험에 관심이 없었다고 할 수는 없지만, 가장 중요한 이유는 〈굿-즈〉에서 그랬듯이 판매 수익으로 인해 작가들이 아트페어를 위한 팔릴 만한 작업만 하지 않도록 하기 위함이었다. 〈더 스크랩〉은 매년 사진의 스펙트럼을 최대한 넓게 볼 수 있

미학이 필요한 순간: 문학과 미술의 동시대적 모색

도록 신생공간 중심의 작가들뿐만 아니라 기성 방식으로 작업하는 작가들과 사진 기자들도 선정했다. 따라서 잘 팔린 작업, 잘 팔릴 만한 작업만 하게 될 위험을 경계해서 어떤 작품이 얼마나 팔렸는지 공개하지 않았다. '공간 사일삼'의 경우에도 누구든지 와서 매뉴얼에 따라 자신의 노동을 투입하고 자생적인 협력을 도모함으로써 제도에서 벗어난 자립의 목적이 더 컸다고 생각한다. 그것은 상징 자본으로부터 자유로워지고자 하는 의지였다고 생각한다."(홍진훤과의 인터뷰 중에서)

　　당연히, 이 세 명의 신생공간 운영자들의 생각이 다른 신생공간의 입장과 같다고 일반화할 수는 없다. 또 이들의 고민이 현장에서 제대로 공유되거나 작동하고 있었는지도 알 수 없다. 실제로 많은 작가들이 〈굿-즈〉에서 아트 상품을 파는 데 만족했으며, 〈더 스크랩〉에서는 유명 작가의 사진을 원하는 기성 갤러리 관계자가 다량의 사진을 쓸어가기도 했다고 한다. 이후에 등장한 소위 2세대, 3세대 신생공간들은 '굿-즈 세대 신생공간'의 주요 동력이었던 네트워크를 의식적으로 거부하고 자신들을 '포스트-신생공간'이라고 부르면서 1세대 신생공간과 거리를 두려는 움직임을 보이고 있다. 그렇지만 이들이 일으킨 흥분과 즐거운 소란은 1990년대 대안공간의 등장과 노선이 그랬던 것과 마찬가지로, 2010년대 중반 동시대 한국 미술의 한 장면이 되었다는 것만은 분명해 보인다.

　　신생공간들이 시도한 시스템에서 눈여겨볼 지점은 이들이 제도나 시장을 획일적인 방식으로 간주하고 거기서 벗어나느냐 아니냐를 고민하기보다 그 안에서 자립을 위한 방법을 마련하려고 했다는 것이다. 그들은 기성 시스템을 일방적으로 부정하기보다는 그것들에 숨은 욕망을 세심하게 읽고 그것을 이용하고 그러면서도 궁극적으로는 거기에 종속되지 않을 방법을 찾으려 했다. 그래서 그들은 단순히 창작 활동을 통해 경제적 이익을 얻는 것이 아니라 어떻게 하면 창작 활동을 지속할 수 있는지를 고민했다. 그들에게 중요했던 것은 독립미술공간 자체의 지속이 아니라 개별 창작 주체들이 지속적으로 작업할 수 있는 환경을 만들어가는 것이었던 셈이다.

그리고 이런 현상은 한국 미술에서만 특수하게 나타난 것은 아닌 것으로 보인다. 서구 미술의 동시대성을 규정하기 위해 다양한 방식의 연구를 진행한 스미스는 기성 현장에는 잘 나타나지 않는 동시대 미술이 있음을 확인하고, 이런 경향을 새로운 세대의 '생존주의'라고 부르면서 그 특징을 다음과 같이 설명한다.

"널리 퍼진 동시대성의 미술은 이들 현장에는 잘 안 나타난다. 비록 기관들이 생존을 위해 적응하고 몇몇 작가도 순응함에 따라 그중 일부는 틀림없이 이들 무대에 모습을 드러내긴 하지만, 이 미술은 대안공간, 임시 공공 전시, 인터넷, 잡지, 그리고 여타 소규모의 독자적 네트워크 등을 더욱 선호한다. [...] 이 세대의 작가들이 지닌 사고방식과 작업 양식으로 인해 그들은 동시대 미술이란 무엇인가라는 물음에 대해 어떤 단일한 답도 공유하지 않는다. 사실 그들의 작업 레이더, 즉 그들의 정치학은 탈식민 작가들을 움직이는 세계적 관점보다 대개 더 나지막하고 우회적이면서도 더욱 네트워크화되어 있으며, 리모더니스트들에게 여전히 중요한 미술 자체에 관한 일반화에는 관심이 없다. **그들 대부분은 스펙터클의 피상성이 우리 모두의 삶에 스며들어 있음을 아무리 잘 알고 있더라도 그 피상성을 혐오한다.** 그들은 현재 속에 사는 자신들의 삶의 경험으로부터 출발하며, 그래서 그들이 던지는 물음은 무엇이 동시대

미술인가의 문제보다는 지금 어떤 종류의 미술이 만들어질 것인가, 그리고 그것들이 어떤 인접한 것들과 함께 만들어질 것인가에 관한 문제가 된다."[36] (강조는 필자)

    만약 전 지구적 스펙터클 자본주의가 모든 지역의 동시대 미술의 시차를 없애버리고 제도와 시장 바깥의 대안조차 허락하지 않는 상태로 만들어버렸다면, 아마도 그 상황에 가장 많이 타격을 받고 예민하게 반응하는 것은 젊은 예술가들일 수밖에 없을 것이다. 그들이 제도와 시장의 바깥으로 나가는 것에 매달리지 않고 휘발되는 것에 매료되고 소수의 즐거움에 탐닉하는 것 역시 전 지구적 현상이라면, 그것이 긍정적이든 부정적이든 '동시대성'으로 규정될 수 있을 것이다. 그리고 적어도 한국 미술 현장에서는 대안공간이 의지했던 제도 비판적 포스트모더니즘과 단절했지만, 신생공간들이 자신들만의 네트워크를 구성함으로써 스스로의 제도 비판 언어를 마련해가는 장면은 가장 선명하게 동시대적인 장면이었다고 할 수 있을 것이다.

---

36   테리 스미스, 앞의 책, pp. 405-406.

5
글을
마무리하며:
전기밭의 고민

　　서두에서 언급했듯이, 많은 연구자들이 이율배반적이고 보편화를 거부하며 탈역사화하는 동시대 미술이 기성 미술 제도에 순응하게 한다며 우려를 표했고, 따라서 동시대 미술의 동시대성에 대해 반성적으로 접근할 필요성을 강조했다. 그렇게 살펴본 동시대 미술은 지역 간 시차의 상실과 탈식민주의적 경향이라는 공통적인 특징을 보였고, 시대를 구획하는 이념을 내려놓고 각 지역의 미술 현장에서 그 환경과 조건에 대해 국지적으로 대응하는 양상을 보였다.

　　그러한 국지적 대응의 사례로서 한국의 독립미술공간에는 1990년대에 등장한 대안공간과 2010년대에 확산된 신생공간이 있는데, 그들은 모두 기성 제도에 대한 문제의식을 가지고 있었지만 그에 대한 대응은 달랐다. 대안공간이 포스트모더니즘 제도 비판의 영향하에 제도의 안팎을 구분하고 그 문제점들을 지적하면서 어떻게 제도와 시장 밖에서 대안이 될 수 있는지를 고민했다면, 신생공간은 굳이 제도와 시장 밖으로 나가려고 하지 않고 그 안에서 새로운 시스템, 새로운 게임을 제안하면서 그 한계를 극복하려고 했다.

신생공간은 제도와 시장의 폐단에 종속되지 않으려 했으며, 독립미술공간의 지속보다는 각 개인이 자립할 방안을 마련하려고 했다. 신생공간을 중심으로 제안된 새로운 방법론과 활성화된 일련의 판매 플랫폼은 무조건 더 많은 경제적 이익을 얻기 위한 것이 아니라 기성 제도와 시장에 종속되지 않는 창작자와 감상자를 만들어내기 위한 노력을 수반했다. 물론, 모든 대안공간이 제도 바깥을 고민한 것은 아닌 것처럼 모든 신생공간이 새로운 게임을 제안한 것은 아니며, 그 흐름에 있었던 많은 사람과 생각들이 서둘러 제도화되었다. 기성 제도는 자본과 함께 모든 낯설고 뻐딱한 것들을 흡수해버렸다. 그럼에도 동시대가 그냥 지나가는 현재이기만 한 것이 아니라 나름의 규칙과 전략, 경계심들을 보이면서 실험을 보여주었다는 점에서, 그리고 시장에 영합하는 방향성 없는 산발적 흐름이 난무하는 동시대에 반성적 판단을 가능하게 했다는 점에서 이 장면들은 분명히 동시대성을 특징짓는 것이었다.

1세대 대안공간을 운영하고 문을 닫은 바 있는 필자는 하나의 장면을 함께 상상해볼 것을 제안하며 글을 마무리하려 한다. '전기밭'이라는 것이 있다. 농사를 짓던 땅에 어느 날 태양광 패널 설비가 들어왔다. 누군가는 그것이 친환경적이어서 미래 에너지 이념에 적합하다고 했고, 누군가는 기후변화로 농사가 소득을 보장해주지 못하는 불안정한 상황에서 살아남기 위해 선택할 수밖에 없는, 현재로서는 가장 효율적인 방법이라고 했다. 개인들이 만든 전기를 사가는 전력회사를 포함하여 모두가 나름대로 최선을 다하고 있었고 책임감도, 만족감도 있었을 것이다.

이 장면에서 독립미술공간, 특히 대안공간과 신생공간이 자꾸만 떠오르는 것은 왜일까? 독립미술공간이 자생하기 위해 각자의 믿음대로 최선을 다한 결과 만들어낸 것이 전기밭 정도가 아니었을까? 전기밭은 유의미한 생존 전략일 수는 있으나 그 논리에서 한 발짝만 벗어나 바라보면 직관적으로 매우 기이한 장면이었다. 환경파괴나 산사태 같은 부작용은 논외로 하고 무조건 순수한 자연으로 돌아가야 한다는 생태적 근본주의의 태도를 취하지 않는다고 할지라도 무엇을 위해 그토록 끊임없이 전기를 생산해야 하는가라는 근본적인 질문을 생략한 것은 아닐까? 모든 것을 제도화하는 세계 안에서 독립미술공간을 운영하는 일은 좀 더 근본적으로 새로운 일이 될 수는 없었을까? 아니면 그 모든 골치 아픈 조건들을 버리고 완전히 새로운 정치적 상상력을 위한 토대를 꿈꿀 수는 없을까? 이 질문들에 답하기 위해서는, 아니면 최소한 그 질문들을 던지는 것이 더 이상 의미가 없다는 결론에 도달하기 위해서는 현재로서는 한국미술의 동시대성의 윤곽을 그리는 일을 계속하는 수밖에 없을 것이다. 그것이 더 이상 규정되지 않은 보편으로 남아있지 않은 때가 되면, 완전히 새로운 토대를 찾기 위한 노력이 등장할 것이라 믿는다.

참고문헌

강정석. 「서울의 인스턴스 던전들」. 『메타유니버스: 2000년대 한국 미술의 세대, 지역, 공간, 매체』. 미디어버스, 2015.

김종길. 『한국 현대미술 연대기 1987-2017①: 현대미술의 동시대성, 실재인가 환상인가?』. 디어북스, 2018.

문혜진. 『90년대 한국 미술과 포스트모더니즘』. 현실문화, 2015.

박모. 「포스트모더니즘의 의미와 한국 미술」(1992). 미술비평연구회. 『문화변동과 미술비평의 대응: 90년대 한국 미술의 진단과 모색』. 시각과 언어, 1994.

알렉산더 덤베이즈, 수잰 허드슨 편. 『라운드 테이블: 1989년 이후 동시대 미술 현장을 이야기하다』. 서울시립미술관 학예연구부 역. 예경, 2015.

윤율리. 「하나의 유령이 미술을 배회하고 있다」. 2015.08.03. https://vanziha.tumblr.com/tagged/text(검색일: 2025.02.25)

_____. 「100개의 문장들」. 『서울 바벨』. 서울시립미술관, 2016, p. 236.

이동연·김상우·민병직·김성윤·양기민. 『한국의 대안공간 실태 연구』. 문화사회연구소, 2007.

조르조 아감벤. 『장치란 무엇인가? 장치학을 위한 서론』. 양창렬 역. 난장, p. 72.

최민화. 「좌담회 "우리의 대안은 무엇인가?: 그 모순과 혼란"(1995년 1월)의 발표를 위한 메모」. 1995(미간행).

클레어 비숍. 『래디컬 뮤지엄: 동시대 미술관에서 무엇이 '동시대적'인가?』. 구정연·김해주 외 역. 현실문화, 2016.

테리 스미스. 『컨템포러리 아트란 무엇인가?』. 김경운 역. 마로니에북스, 2013.

핼 포스터. 「동시대 미술에 대한 발췌된 답변들」. 문혜진 역. 『아트인컬처』, 2013년 1월호.

홍진훤. 「2024년 3월 16일 서울 마포구에서 진행된 필자와의 인터뷰」, 2024(미간행).

『2016 SeMA Blue 서울 바벨』. 서울시립미술관, 2016.

『비영리 전시공간 실태조사 및 현황분석 연구』. 한국문화예술위원회 예술정책연구, 2019.

〈서울 바벨〉(서울시립미술관 서소문 본관, 2016.01.19~2016.04.05) 전시 웹사이트(https://
    sema.seoul.go.kr/kr/whatson/exhibition/detail?exNo=454&glolangType=
    KOR, 검색일: 2025.02.25)

"An Expanded Questionnaire on the Contemporary." *Asia Art Archive*. https://
    aaa.org.hk/en/like-a-fever/like-a-fever/an-expanded-questionnaire-on-
    the-contemporary-part-i/type/essays(검색일: 2025.02.25)

Bishop, Claire(Ed.). Dan Perjovschi (Illustrator). *Radical Museology: Or What's
    Contemporary in Museums of Contemporary Art?*. Köln: Walther König, 2014.

Dumbadze, Alexander & Suzanne Hudson (Ed.). *Contemporary Art: 1989 to the
    Present*. Hoboken: John Wiley & Sons, 2013.

Enzewor, Okwui, "The Postcolonial Constellation: Contemporary Art in a State
    of Permanent Transition." *Research in African Literature* 34. no. 4, 2003.
    Reedited and reprinted in Terry Smith, Okui Enwezor, Nancy Condee (Ed.).
    Antinomies of Art and Culture: Modernity, Postmodernity, Contemporaneity.
    Durham&London: Duke University Press, 2008.

Foster, Hal, "Contemporary Extracts." *e-flux Journal*. #12 January 2010.

Foster, Hal for the Editors. "Questionnaire on 'The Contemporary.'" *October* 130(Fall
    2009).

Smith, Terry, *What is Contemporary Art?*. Chicago: University of Chicago Press,
    2009.

찾아보기

ㄱ

거대사물 102

거래 180

관계미학 138

교환 180

군도 127

권력 206

그레이엄 하먼 112

깊이감 159

ㄴ

노동 180

노벨문학상 194

느낌의 구조 146

니콜라 부리오 126

ㄷ

다문화주의 129

단편소설 203

대안공간 223, 232, 233, 234, 252

도나 해러웨이 104

독립문예지 209

독립문학 205

독자 196

동시대 221

동시대 미술 123, 222, 226, 228, 229, 231, 239, 253

동시대성 122

둘 다이기도 하고 아니기도 한 151

등단 189

디지모더니즘 21, 23, 148

디지털 인문학 98

ㄹ

래디컨트 132

레자 네가레스타니 100

로빈 반 덴 아커 145

롤랑 바르트 81

리모더니즘 21

ㅁ

망명 131

메일링 213

메타모더니즘 21, 145

메타모던 124, 145

메탁시스 151

모더니즘 17

모더니티 18, 127

모던 18, 19, 21, 22, 23, 33, 35, 36, 45, 48, 51, 57, 64, 67, 145

모래주의 100

무한 33, 36, 38, 39, 41, 42, 45, 46, 49, 51, 54, 62, 67

무한한 37, 40, 43, 44, 48

문단 183

문예연감 193

문예지 192

문예 플랫폼 212

문학상 189

문학 잡지 192

미술계의 포스트모던 125

미학 42

미학적 모더니티 39, 51, 54

ㅂ

번역 127

보편자 59

보편적 23, 26, 57, 60, 61, 62

보편주의 55, 58, 60, 61, 62

비인간 전환 105

비인간 타자 98

비평 195

ㅅ

생산 186

세계화 127

소진의 문학 75

수용 195

순문학 201

스티븐 그린블라트 90

스티븐 냅스 85

시뮬라크르 129

신생공간 223, 239, 240, 241, 243, 244, 245, 246, 251

신역사주의 90

신춘문예 190

ㅇ

아서 단토 73

알터모더니즘 21, 31

알터모더니티 130

알터모던 124

언론사 191

언어적 전환 83

여행 131

역사주의 124

예술 179

예술의 죽음 73

오쿠이 엔위저 134

오토모더니즘 21, 23, 25, 148

외부 40, 58

월터 벤 마이클스 85

유통 192

윤리적 전회 27, 28, 31, 32, 34, 48, 58, 67

이동 127

이시성 131

이주 131

인터미디어 76

ㅈ

자본세 101

자유 41

장르 197

장르문학 201

재생의 문학 77

제도 190

제이슨 무어 101

존 바스 75

주체 27, 34, 36, 44, 45, 46, 47, 56, 57, 58, 60, 63, 65

ㅊ

차용 129

출판사 191

ㅋ

칸트 150

캐리 울프 105

캐서린 헤일스 106

크레올화 127

클레어 비숍 123

ㅌ

탈식민주의 134

테리 스미스 165

트랜스모더니즘 21

티머시 모턴 102

티모테우스 베르뮬렌 145

ㅍ

평등 38

포스트모더니즘 17, 124, 223, 231, 232,
    236, 237, 238, 254

포스트모더니티 168

포스트모던 17, 18, 19, 20, 21, 22, 23,
    25, 26, 27, 29, 31, 32, 34, 35, 48,
    51, 54, 64, 66, 67

프레드릭 제임슨 151

ㅎ

하이퍼모더니즘 21, 23

하이퍼모던 148

핼 포스터 169

현장 184

현장성 195

현재주의 123

화폐 180

W

W. J. T. 미첼 85

미학이 필요한 순간: 문학과 미술의 동시대적 모색

집필진 소개

박기순　서울대학교 미학과와 동 대학원 철학과를 졸업하고 파리 소르본대학에서 스피노자에 관한 논문으로 박사학위를 취득했다. 서울대학교 인문학연구원 HK연구교수를 거쳐 현재는 충북대학교 철학과에 재직하고 있다. 주요 연구 분야는 스피노자를 중심으로 한 17세기 초 근대철학과 들뢰즈, 바디우, 랑시에르 등으로 대표되는 현대 프랑스 철학 및 미학이며, 최근에는 특별히 (미적) 모더니티에 대한 다양한 논의를 연결하고 통합하는 데 관심을 가지고 있다.

저서 및 논문

『스피노자의 귀환: 현대철학과 함께 돌아온 사유의 혁명가』(공저, 민음사, 2017)

『덕의 귀환: 서양편』(공저, 서울대학교출판문화원, 2017)

『미술은 철학의 눈이다』(공저, 문학과지성사, 2014)

『서양근대미학』(공저, 창비, 2012)

『아이스테시스: 미학적 예술체제의 무대들』(역서, 길, 2024)

『스피노자의 철학』(역서, 민음사, 1999)

「무관심성과 미학적 모더니티」(『미학』, 2022)

「프랑스 미학」(『학문연구의 동향과 쟁점』, 2022)

「스피노자와 스토아 전통: 감정 이론을 중심으로」(『인간연구』, 2020)

「푸코의 헤테로토피아 개념: 문학적 기원에 기초한 미학적 해석」(『미학』, 2017)

이동신 2010년부터 서울대학교 영어영문학과 교수로 재직하고 있다. 포스트휴머니즘을
연구하고 미국현대소설과 SF소설을 주로 가르친다. 2019년부터는 '인간-동물연구
네트워크'를 구성하여 사회학자, 수의학자, 인류학자 등과 함께 인간-동물 관계를
연구하고 있다.

저서 및 논문

『포스트휴머니즘의 세 흐름: 캐서린 헤일스, 캐리 울프, 그레이엄 하먼』(갈무리, 2022)

『SF, 시대정신이 되다: 낯선 세계를 상상하고 현실의 답을 찾는 문학의 힘』
    (21세기북스, 2022)

『다르게 함께 살기: 인간과 동물』(이다북스, 2021)

『물질혐오』(공저, 한울, 2023)

『동물의 품 안에서: 인간-동물 관계 연구』(공저, 포도밭, 2022)

『관계와 경계: 코로나 시대의 인간과 동물』(공저, 포도밭, 2021)

『21세기 사상의 최전선: 전 지구적 공존을 위한 사유의 대전환』
    (공저, 이성과감성, 2020)

『점원』(역서, 을유문화사, 2023)

『샌트 카운티 연감』(역서, 이다북스, 2023)

『갈라테아 2.2』(역서, 을유문화사, 2020)

문혜진 미술비평가이자 미술이론 및 시각문화 연구자로, 주요 연구 분야는 기술매체와 시각성, 동시대 미술 및 시각문화다. KAIST에서 재료공학을, 한국예술종합학교에서 미술이론을, 연세대학교에서 미디어문화연구를 전공했다. 2006년 제8회 사진비평상 평론 부문을, 2023년 제19회 월간미술 대상 평론 부문을 수상했고, 현재 고등과학원 초학제연구 비인간연구단 연구위원, 두산연강예술상 심사위원이며, 서울대학교와 한국예술종합학교에서 강의한다.

저서 및 논문

『90년대 한국 미술과 포스트모더니즘』(현실문화, 2015)

『면세미술』(공역, 워크룸, 2021)

『사진이론』(공역, 두성북스, 2016)

『테마현대미술노트』(역서, 두성북스, 2011)

「백남준 비디오의 체험을 그토록 색다르고 멋지게 만드는 것은 무엇인가?」
　　(백남준아트센터, 『나의 축제는 거칠 것이 없어라: 백남준 탄생 90주년 기념』, 2023)

〈나를 닮았지만 닮지 않은 사람: 분수 조각의 두 가지 다른 방식〉
　　(일민미술관, 『나를 닮은 사람』 전시도록, 2023)

「무엇이 동시대 미술에서 새로움을 결정하는가」(『문학과 사회』 2022년 여름호)

「이미지를 구원하라: 빌어먹게 교육적이고 혼란스러운 슈타이얼 안내서」
　　(『아트인컬쳐』, 2022년 7월호)

「대량 이미지 시대와 동시대 미술 현장의 변화」(『한국근현대미술사학』 42, 2022)

「2000년대 사회비판적 미술의 부흥은 누가 이끌었나」(『문화과학』, 2020년 가을호)

노태훈 인하대학교 국어교육과에서 학생들을 가르치고 있다. 서울대학교 국어국문학과에서
「1990년대 한국소설과 소수성 연구」로 박사학위를 받았다. 2013년부터 문학평론가로
활동해오고 있으며, 계간 『자음과모음』 편집위원을 맡고 있다. 문학 장의 구조와 유통,
소설의 서사적 역동성과 장르론에 관심이 있다.

저서 및 논문

『현장비평』(민음사, 2023)

『소수자와 내러티브』(공저, 역락, 2025)

「젠더가 서사를 재현할 때, 퀴어-쓰기의 한 사례: 트랜스젠더 작가 김비론」
　　(『인문논총』, 2024)

「문학의 자율성이라는 난경:《문학과지성》과《문학과사회》를 다시 연결하며」
　　(『한국근대문학연구』, 2023)

「비평의 시대와 그 무수한 흔적들: 90년대 문학의 매체와 그 지형도」
　　(『현대소설연구』, 2021)

「전형기 소설사의 풍경: 1990년대 초 '새로움'에 관한 논의를 중심으로」
　　(『상허학보』, 2021)

안소현 서울대학교 미학과에서 학사학위를, 동 대학원에서 석사학위를 받았다. 프랑스 장물렝 리옹3대학교에서 미술관학과 뉴미디어(마스터 2기) 과정을 거쳐 미술관학 박사학위를 받았다. 백남준아트센터 큐레이터, 아트스페이스 풀 디렉터를 역임했으며, 현재 독립 큐레이터로 활동하고 있다.

저서 및 논문

『사진에 관한 대화』(공저, 현실문화, 2019)

「자본시간물질소리」(『SYNCOPE』, 오르간프레스, 2023)

「비엔날레의 담론화와 정치성」[『예술과 미디어』 22(2), 2023]

「아시아의 국립 현대미술관은 어떻게 국가주의를 초월할 수 있는가?」
　　(『초국가적 미술관』, MMCA, 2019)

「송상희: 신화에 저항하는 노골(露骨)의 서정」[『현대미술학』 22(1), 2018]

「From Classification to Analysis: The Postmodern Debates of the 1990s
　　Korea」(*Access to Contemporary Korean Art 1980-2010*(ForumA, 2018)

전시기획

《바다는 가라앉지 않는다》(공동기획, 안산문화예술의전당, 보안여관 외, 2019)

《정글의 소금》(KF갤러리, 하노이여성박물관, 2017~2018)

《퇴폐미술전》(아트스페이스 풀, 2016)

《굿모닝 미스터 오웰 2014》(공동기획, 백남준아트센터, 2014)